Andrea Barabino
Nicoletta Marini

GLI ANNI IN TASCA

Letteratura

Poeti e prosatori del Novecento

Antologia

per la scuola secondaria di primo grado

SOCIETÀ EDITRICE INTERNAZIONALE - TORINO

07455
07348

Coordinamento editoriale: Lia Ferrara
Progetto editoriale: Anna Maria Longobardi
Redazione: Giuliana Bertolo
Coordinamento tecnico: Michele Pomponio
Progetto grafico: Rubber Band e Piergiuseppe Anselmo
Impaginazione: Rubber Band
Disegni: Rubber Band
Coordinamento multimediale: Nicola Prinetti
Redazione multimediale: Roberta Ricca
Copertina: Piergiuseppe Anselmo
Illustrazione di copertina: Sonia Maria Luce Possentini

**AZIENDA CON SISTEMA
DI GESTIONE QUALITÀ
CERTIFICATO DA DNV GL
= ISO 9001 =**

Prima edizione: 2014

Ristampa
4 5 6 7 8 9 10
2018

Stampa: Vincenzo Bona - Torino

Indice

LEGENDA CONTRIBUTI MULTIMEDIALI

Quando nel testo compaiono questi simboli, devi aspettarti nella versione digitale:

biografie degli autori ed espansioni

immagini da ingrandire

Il punto di vista del soggetto

Futurismo, Ermetismo

INDICE

Esperienze letterarie

Le parole sottolineate nel testo rimandano all'*Indice delle voci di glossario* di pag. 188. Puoi trovare la loro definizione alla pagina riportata in neretto nell'Indice o, nel libro digitale, cliccando sull'approfondimento.

Il punto di vista del soggetto

Tra Ottocento e Novecento

È un tempio la Natura ove viventi
pilastri a volte confuse parole
mandano fuori; la attraversa l'uomo
tra foreste di simboli dagli occhi familiari

adatt. da Ch. Baudelaire, *Corrispondenze*,
in *I fiori del male*, 1855

Nella poesia a cavallo tra Ottocento e Novecento compaiono frequenti riferimenti alla **natura**, che spesso viene assunta come simbolo dell'esistenza umana. Non si tratta dunque di descrizioni oggettive della natura, perché il poeta ne parla in modo del tutto soggettivo: la natura costituisce una sorta di specchio che il poeta usa per conoscersi e comprendersi.

Come la poesia e, più in generale, la letteratura, anche la pittura non descrive la realtà con le sue contraddizioni, ne evita la concretezza, ma coglie l'attimo di un'emozione e di un'idea.

L'immagine della donna, delineata nella sua essenza di eleganza e di evanescenza, è ben lontana dalle immagini femminili dell'arte classica, con la loro prorompente fisicità. Appare quindi come una musa, cioè tramite ideale tra mondo reale e mondo divino, apparizione intensa e delicatissima di un sogno sospeso tra terra e cielo, e per questo impalpabile e immateriale.

Alphonse Osbert, *La musa al levarsi del sole*, 1918 (Collezione privata).

Il contesto storico

L'imperialismo

A partire dal 1880 l'Europa vive un **periodo di pace** piuttosto lungo, ma la competizione tra le grandi nazioni, delle quali ora fa parte anche l'Impero tedesco (unificatosi nel 1871), continua ad aumentare e si sposta nei territori coloniali che vengono contesi per le risorse economiche, per il prestigio che conferiscono a chi li controlla e soprattutto perché sono mercati di sbocco in cui vendere merci prodotte in Europa, garantendo così profitti stabili alle industrie.
Questa politica di dominio militare ed economico dei territori extraeuropei viene definita **imperialismo** e ha come conseguenza una vera e propria spartizione del mondo che si basa sulla convinzione che esista una superiorità della civiltà europea: gli Stati coloniali più potenti sono Francia e Inghilterra, ma per guadagnare prestigio internazionale anche l'Italia occupa i territori dell'Eritrea e di parte della Somalia, tentando poi senza successo di sottomettere l'Etiopia. Anche la Germania impiega grandi energie (militari ed economiche) nella politica di espansione coloniale, pur ottenendo successi abbastanza limitati. In questa fase si accresce la **rivalità franco-tedesca** e si acuisce anche quella tra Inghilterra e Germania, entrambe impegnate nella costruzione di una potente flotta da guerra. Come conseguenza si assiste a un avvicinamento dell'Inghilterra alla Russia e della Germania all'Impero austroungarico. Si pongono così le basi dei contrasti e delle tensioni internazionali che sfoceranno poi nella Prima guerra mondiale.

Azione militare durante la campagna inglese per la conquista del Sudan, 1884.

Lo sviluppo economico in Europa e negli Stati Uniti

Grazie alle numerose scoperte e invenzioni che vengono utilizzate nella produzione industriale, **l'economia europea continua a crescere**.
Nascono giganteschi complessi industriali che si occupano di tutte le fasi di realizzazione dei prodotti, e anche la produttività agricola aumenta grazie all'impiego sempre più massiccio di macchine e concimi chimici: la maggiore disponibilità di risorse alimentari comporta un **complessivo miglioramento delle condizioni generali di vita** e causa una progressiva riduzione della diffusione di malattie epidemiche e contagiose.
Il più straordinario esempio di crescita economica si verifica negli Stati Uniti, che alla fine del XIX secolo si avviano a diventare la nazione più ricca e potente del pianeta: il benessere diffuso e gli spazi sterminati e poco abitati attirano negli Stati Uniti decine di migliaia di **emigranti**, tra i quali moltissimi contadini italiani, che abbandonano i loro paesi con la speranza di migliorare il proprio destino.

Raffaello Gambogi, *Emigranti*, 1894 (Livorno, Museo Civico Giovanni Fattori).

Le organizzazioni operaie

Una delle conseguenze dell'impetuoso sviluppo industriale è l'**incremento del numero di operai** addetti alle diverse fasi della produzione che, dopo aver accettato per anni qualsiasi condizione di lavoro, sul finire del XIX secolo cominciano a organizzarsi in associazioni per la difesa dei loro diritti.

Le prime **associazioni operaie** nascono in Inghilterra, ma ben presto esse si diffondono in tutta Europa: tra loro assumono un ruolo importantissimo i **sindacati**, che hanno come principali obiettivi il miglioramento dei salari, la riduzione dell'orario di lavoro e la tutela dei lavoratori in caso di malattie e infortuni.

La prima associazione sindacale italiana è la Camera Generale del Lavoro, che nasce a Milano nel 1906.

Léon Fréderic, *Le età dell'operaio*, 1895-1897 (Parigi, Musée d'Orsay).

Il contesto culturale

Il Decadentismo

In una società sempre più dominata dai valori della ricchezza e del successo anche il ruolo degli scrittori si modifica: con l'eccezione di poche figure, come quella del poeta e romanziere Gabriele D'Annunzio, che si auto-attribuisce il ruolo di guida e modello per gli uomini del suo tempo, di solito gli intellettuali si pongono ai margini della società, spesso assumendo una posizione critica rispetto alle idee dominanti.

La ricca complessità culturale di questo periodo è espressa dal **Decadentismo**, un movimento artistico-letterario nato intorno alla rivista francese *Le Décadent* verso il 1880 e affermatosi rapidamente nel resto dell'Europa.

Nel Decadentismo sono presenti varie correnti letterarie, diverse tra loro per tematiche e scelte stilistiche ma accomunate dal rifiuto dell'idea positivista secondo cui la realtà può essere totalmente compresa con il metodo scientifico: per i decadenti, invece, **solo l'artista può giungere all'essenza profonda delle cose**, superando i limiti del reale grazie a intuito, istinto e fantasia.

Il Simbolismo

Una tra le più innovative correnti del Decadentismo è costituita dal **Simbolismo**, un movimento che nasce in Francia nella seconda metà dell'Ottocento e i cui maggiori esponenti sono i poeti Arthur Rimbaud, Paul Verlaine e Stéphane Mallarmé.

Riprendendo tematiche e idee espresse da Charles Baudelaire nella raccolta *I fiori del male* (1857), i simbolisti affermano che il mondo è **mistero** e che il suo vero significato rimane nascosto alla maggior parte degli uomini: **solo il poeta può an-**

Odilon Redon, *Ofelia*, 1900-1905 (New York, Collezione Wildenstein & Co.).

dare oltre le apparenze e intuire i legami profondi tra le cose, che esprime nei suoi versi accostando elementi apparentemente distanti tra loro e scegliendo parole musicali capaci di suggerire ed evocare sensazioni.
Uno dei poeti italiani maggiormente influenzati dal Simbolismo è Giovanni Pascoli, i cui componimenti sono intessuti di parole allusive e di immagini che simboleggiano aspetti sconosciuti e misteriosi della realtà, ma l'influsso di questo movimento continua anche agli inizi del XX secolo, come dimostra la poesia visionaria di Dino Campana.

L'estetismo

Il poeta Gabriele D'Annunzio.

A differenza degli scrittori romantici o veristi, i decadenti non attribuiscono all'arte alcuna funzione sociale e ritengono che essa debba avere come unico obiettivo la **bellezza**, che va ricercata in dettagli insoliti, raffinati e lontani dal gusto comune e quotidiano.
Molti artisti si convincono inoltre che la vita stessa possa essere trasformata in un'**opera d'arte** unica e irripetibile: tra questi c'è lo scrittore Gabriele D'Annunzio, un **esteta** (amante della bellezza) disposto a concedersi ogni esperienza pur di soddisfare il suo desiderio di condurre una **vita inimitabile**.

La crisi dell'uomo contemporaneo

In questo quadro culturale articolato e a tratti contraddittorio, emergono anche atteggiamenti opposti all'entusiasmo e allo slancio con cui gli **esteti** interpretano la vita, come quelli che caratterizzano il **Crepuscolarismo**, un movimento nato in Italia nei primi anni del Novecento. I poeti crepuscolari si rifugiano in una dimensione privata dell'esistenza mettendo l'accento su sentimenti come la malinconia e il nostalgico rimpianto del passato. Tra i principali esponenti ricordiamo Guido Gozzano.
La solitudine interiore di coloro che popolano le grandi città industriali e l'idea che il denaro sia in assoluto il valore più importante provocano una **crisi di identità** che investe molti uomini del primo Novecento e si manifesta nella mancanza di certezze e nell'incapacità di attribuire un senso vero e autentico alla vita.
In Italia questo stato d'animo smarrito e angosciato, che caratterizzerà buona parte del XX secolo, viene analizzato e interpretato con particolare efficacia da **Italo Svevo** e **Luigi Pirandello**, due scrittori che, pur rimanendo estranei alle principali correnti letterarie dell'epoca, costituiscono le voci più profonde e originali del tempo per la loro capacità di portare alla luce le contraddizioni e l'assurdità della condizione umana.

Giovanni Pascoli

Giovanni Pascoli nasce a **San Mauro di Romagna** nel **1855** da una famiglia di modeste condizioni e trascorre un'**infanzia segnata da lutti** e preoccupazioni economiche poiché dopo il padre, assassinato nel 1867, muoiono anche la sorella maggiore, la madre e alcuni fratelli.
Conclusi gli studi liceali nel Collegio dei Padri scolopi di Urbino, nel 1873 vince una borsa di studio che gli permette di frequentare a Bologna la Facoltà di Lettere, dove ha come insegnante il poeta Giosue Carducci.
Influenzato dalle **idee socialiste**, viene incarcerato per un breve periodo per aver partecipato ad alcune manifestazioni contro il governo.
Dopo la laurea si dedica all'**insegnamento**, dapprima nei licei poi, dal 1897, nelle università di Messina, Pisa e infine Bologna, dove occupa la cattedra di Letteratura italiana che era stata di Carducci; negli stessi anni scrive e pubblica numerose opere poetiche.
Nell'ultimi anni si trasferisce con la sorella Maria a Castelvecchio di Barga in Garfagnana, luogo in cui vivrà fino alla morte, avvenuta nel **1912**.

L'opera

Pascoli è autore di numerose **raccolte di versi** tra cui *Myricae*, un volume pubblicato nel 1891 e successivamente ampliato più volte fino all'edizione definitiva del 1903: il titolo, derivante da una parola latina che significa tamerici (cioè piccoli cespugli di campo), rivela la volontà del poeta di cantare argomenti umili e comuni, come paesaggi campestri, fenomeni meteorologici e scene di vita contadina.
Successivamente Pascoli pubblica i *Primi poemetti* (1897), che dedica alla madre, i *Nuovi poemetti* (1909) e i *Canti di Castelvecchio* (1903), una raccolta di poesie molto varie per temi e scelte stilistiche; nelle ultime opere, tra cui ricordiamo *Odi e inni* (1906) e *Poemi italici* (1911), il poeta tocca anche tematiche legate alla situazione sociale dell'epoca.

I temi

Le numerose sciagure familiari che colpiscono Pascoli, oltre a segnarne la vita, caratterizzano profondamente i suoi versi, nei quali riaffiora spesso il **dolore** causato dalla distruzione del nido familiare e il rimpianto per la perduta fanciullezza, unico momento di autentica serenità nella sua travagliata esistenza.
Altro tema caratteristico delle poesie pascoliane è il suo intenso **rapporto con la natura**, che osserva con lo sguardo stupito e ingenuo di un bambino, illuminandone aspetti insoliti e poco appariscenti con brevi ed efficaci pennellate, poiché ritiene che anche la realtà quotidiana celi un mistero e considera gli elementi della natura come simboli di qualcosa che non può essere compreso con la ragione ma solo intuito.
Pur rispettando le regole metriche della tradizione, dal punto di vista linguistico Pascoli è un innovatore poiché sceglie le parole per la loro musicalità e per la capacità di richiamare, mediante i suoni, le immagini descritte.

Novembre

In una luminosa giornata autunnale l'aspetto insolito del paesaggio crea l'illusione della primavera, ma osservando il cielo in cui non svolazzano gli uccellini e i campi privi di vegetazione si scopre che la limpidezza dell'aria nasconde un giorno d'autunno triste e senza vita. L'apparente somiglianza di due stagioni in realtà molto diverse suggerisce un'altra, più profonda contrapposizione: quella tra la vita e la morte, presenti nello stesso momento in ogni cosa.

schema metrico:
quartine (strofe di quattro versi) costituite da tre endecasillabi e un quinario

Gèmmea l'aria, il sole così chiaro[1]
che tu ricerchi gli albicocchi in fiore[2],
e del prunalbo l'odorino amaro
senti nel cuore[3]...

Ma secco è il pruno[4] e le stecchite piante
di nere trame segnano il sereno[5],
e vuoto il cielo[6], e cavo al piè sonante
sembra il terreno[7].

Silenzio, intorno; solo, alle ventate[8]
odi lontano, da giardini ed orti,
di foglie un cadere fragile[9]. È l'estate,
fredda, dei morti[10].

in *Myricae*, Rizzoli

Vittore Grubicy de Dragon, *Poema invernale, mattino*, 1897 (Milano, Civiche Raccolte d'Arte).

1 **Gèmmea l'aria, il sole così chiaro**: l'aria è limpida e trasparente come una pietra preziosa e il sole è così luminoso.

2 **che tu ricerchi gli albicocchi in fiore**: che ti guardi intorno cercando gli albicocchi fioriti, simbolo di primavera.

3 **e del prunalbo l'odorino amaro senti nel cuore**: e immagini di sentire l'odore amaro del biancospino (*prunalbo*).

4 **pruno**: cespuglio di biancospino.

5 **di nere trame segnano il sereno**: con i loro rami secchi disegnano linee nere (*nere trame*) nel cielo.

6 **e vuoto il cielo**: e il cielo è vuoto perché non è attraversato dal volo degli uccelli.

7 **cavo al piè sonante sembra il terreno**: il terreno risuona vuoto al piede che lo calpesta perché è privo di vegetazione.

8 **alle ventate**: ai colpi di vento.

9 **di foglie un cadere fragile**: il fruscio leggero delle foglie che cadono.

10 **È l'estate, fredda, dei morti**: è novembre, mese in cui si commemorano i defunti.

competenze alla prova

LEGGO E...

... COMPRENDO

1. In quale periodo dell'anno crede di essere chi osserva il paesaggio?
2. Quali sono gli elementi reali che ingannano l'osservatore?
3. Quali elementi, invece, sono solo un prodotto della sua immaginazione?
4. In quale stagione è effettivamente ambientata la poesia?

... RICAVO DAL TESTO

5. Individua il colore a cui si fa riferimento nella poesia. Qual è? Che stagione dell'anno caratterizza? A che cosa si contrappone?

... ANALIZZO E INTERPRETO

6. Qual è, secondo te, il tema principale di questa poesia?
   - ☐ La bellezza di una giornata primaverile
   - ☐ Il contrasto tra la vita e la morte
   - ☐ La descrizione della campagna autunnale
   - ☐ Il confronto fra le stagioni
7. Nelle poesie di Pascoli le sensazioni fisiche hanno grande importanza: seguendo l'esempio completa lo schema.

sensazione visive	aria luminosa come una gemma .... cielo vuoto
sensazione olfattive	....
sensazione uditive	rumore vuoto del terreno ....

8. Spiega il significato dell'espressione *"estate, fredda, dei morti"*, tenendo presente che essa contiene il riferimento a due ricorrenze che cadono nel mese di novembre.

LE FORME

Il **CHIASMO** è una figura retorica che consiste nell'incrocio di quattro termini legati fra loro da un punto di vista logico oppure grammaticale:
"Il vento soffia e nevica la frasca..." (G. Pascoli, *Lavandare*)

9. Che figura retorica compare nel primo verso?
   - ☐ Allitterazione
   - ☐ Chiasmo
   - ☐ Onomatopea
   - ☐ Anafora
10. In ogni quartina della poesia ci sono tre versi endecasillabi (cioè di undici sillabe metriche) e un verso quinario (cioè di cinque sillabe): individua il verso quinario e sottolinealo.

L'**OSSIMORO** è una figura retorica che consiste nell'accostare due termini dal significato opposto e incompatibile, allo scopo di suscitare curiosità e stupore in chi legge o ascolta: sono ossimori le espressioni *silenzio assordante*, *urlo silenzioso*, *buio accecante*, *brivido caldo*.

11. Individua l'*ossimoro* presente nell'ultima strofa della poesia.

ORA SCRIVO IO

12. Descrivi una tipica giornata d'autunno (in città o in campagna o al mare) mettendo in particolare evidenza gli elementi visivi (colori) e acustici (suoni, rumori).
13. Fai delle ricerche sull'estate di san Martino: in che periodo cade? A quale episodio leggendario fa riferimento? Utilizza poi le informazioni che hai raccolto per scrivere una breve scheda dal titolo: "La leggenda dell'estate di san Martino".

UN MONDO DI PAROLE

14. Sottolinea nel testo le parole che richiamano il concetto di "mancanza di vita".

X Agosto

Il poeta rievoca la tragica morte del padre, assassinato il 10 agosto del 1867, giorno di san Lorenzo, mentre sta tornando a casa dal mercato di un paese vicino, dove ha acquistato due bambole per le figlie minori.
Il poeta paragona la sorte dell'uomo assassinato a quella della rondine uccisa in volo mentre rientra al suo nido, e i rondinini che aspettano inutilmente alla famiglia del poeta che, ormai priva di sostegno, attende vanamente il ritorno del padre.
Pascoli interpreta in modo simbolico anche il fenomeno delle stelle cadenti, tipico della notte di san Lorenzo, ritenendo che esse siano le lacrime che l'universo versa per il dolore e l'ingiustizia che regnano sulla terra.

Vincent Van Gogh, *Notte stellata*, 1888 (Parigi, Musée d'Orsay).

schema metrico:
sei quartine costituite da decasillabi (versi di dieci sillabe) e novenari (versi di nove sillabe). Rima alternata ABAB

San Lorenzo[1], io lo so perché tanto
di stelle[2] per l'aria tranquilla
arde e cade, perché sì gran pianto[3]
nel concavo cielo sfavilla[4].

Ritornava una rondine al tetto:
l'uccisero: cadde tra spini[5];
ella aveva nel becco un insetto:
la cena dei suoi rondinini.

Ora è là, come in croce[6], che tende
quel verme a quel cielo lontano;
e il suo nido è nell'ombra, che attende,
che pigola sempre più piano.

Anche un uomo tornava al suo nido:
l'uccisero: disse: Perdono;
e restò negli aperti occhi un grido:
portava due bambole in dono.

Ora là, nella casa romita[7],
lo aspettano, aspettano in vano[8]:
egli immobile, attonito, addita[9]
le bambole al cielo lontano.

E tu, Cielo, dall'alto dei mondi
sereni, infinito, immortale,
oh! d'un pianto di stelle lo inondi
quest'atomo opaco del Male[10]!

in *Myricae*, Rizzoli

1 San Lorenzo: nella notte di san Lorenzo è particolarmente visibile il fenomeno delle stelle cadenti, detriti di materia cosmica che, entrando nell'atmosfera terrestre a forte velocità, si incendiano e si consumano, lasciando dietro di sé una scia luminosa.

2 tanto di stelle: una così grande quantità di stelle.

3 sì gran pianto: un pianto tanto forte.

4 nel concavo cielo sfavilla: risplende nel cielo a forma di cupola.

5 spini: rovi, cespugli spinosi.

6 come in croce: con le ali aperte come se fosse crocifissa.

7 romita: solitaria.

8 in vano: inutilmente.

9 attonito, addita: rivolge stupito.

10 quest'atomo opaco del Male: la Terra, piccolissima parte (*atomo*) dell'universo, priva di luce (*opaco*), in cui dominano ingiustizia e malvagità.

scheda

L'assassinio di Ruggero Pascoli

Ruggero Pascoli, il padre del poeta, viene assassinato da ignoti il 10 agosto 1867 mentre torna dal mercato di Cesena. Per tutta la vita il poeta è ossessionato da questo tragico evento, anche perché è convinto di conoscere il nome dell'assassino e non si rassegna all'idea che egli rimanga impunito: secondo Pascoli il padre, che per anni ha amministrato le proprietà terriere della nobile famiglia Torlonia, sarebbe stato ucciso da un uomo che successivamente avrebbe preso il suo posto e che non sarebbe mai stato denunciato grazie alle sue potenti amicizie.

Il poeta è tanto convinto della responsabilità di quest'uomo che in un'altra poesia, *La cavallina storna*, immagina che la cavalla che conduceva il calesse del padre il giorno dell'omicidio nitrisca forte sentendo pronunciare il nome del presunto assassino, confermandone in questo modo la colpa.

competenze alla prova

LEGGO E...

... COMPRENDO

1 Perché Pascoli sceglie come titolo della sua poesia *X Agosto*?

2 Che cosa porta con sé la rondine quando viene uccisa? E il padre?

... RICAVO DAL TESTO

3 Quale spiegazione dà l'autore al fenomeno delle stelle cadenti? Secondo te, si tratta di una visione poetica o scientifica?

... ANALIZZO E INTERPRETO

4 Elenca tre elementi che accomunano il padre dell'autore alla rondine.

5 Da che cosa è caratterizzata secondo Pascoli la Terra?

- ☐ Da generosità e altruismo
- ☐ Da violenza e dolore
- ☐ Da indifferenza e distacco
- ☐ Da paura e sottomissione

LE FORME

6 Nella seconda e nella quarta strofa il poeta usa i tempi imperfetto e passato remoto: quale forma verbale utilizza nelle rimanenti strofe? Qual è, secondo te, il motivo di questa scelta?

ORA SCRIVO IO

7 Riscrivi in prosa il contenuto della poesia seguendo lo schema cronologico che ti proponiamo:

- Strofa II
- Strofa III
- Strofa IV
- Strofa V
- Strofa I
- Strofa VI

8 Pascoli interpreta il fenomeno delle stelle cadenti come un pianto del cielo per il doloroso destino degli uomini. E tu? Hai mai osservato questo fenomeno? A che cosa ti fa pensare?

UN MONDO DI PAROLE

9 Pascoli definisce la terra un "*atomo opaco*": qual è il significato letterale dell'aggettivo *opaco*? In quale altro senso il poeta utilizza questo termine?

10 Le parole *nido* e *casa* simboleggiano il mondo familiare degli affetti: quale altro termine si riferisce a questo concetto?

Il lampo

Un improvviso temporale notturno sconvolge la natura. Un lampo squarcia il buio illuminando un paesaggio stravolto, angoscioso. Cade ogni senso di sicurezza e di protezione: la realtà, al di là dell'apparenza, può essere spaventosa.

E cielo e terra si mostrò qual era:

la terra ansante, livida[1], in sussulto[2];
il cielo ingombro, tragico, disfatto:
bianca bianca nel tacito tumulto
una casa apparì sparì d'un tratto;
come un occhio, che, largo[3], esterrefatto,
s'aprì si chiuse, nella notte nera.

in *Myricae*, Rizzoli

1 livida: plumbea, cupa.
2 in sussulto: sussultante, agitata.
3 largo: grande, spalancato.

René Magritte, *Buona sorte*.

competenze alla prova

LEGGO E...

... COMPRENDO

1. Perché Pascoli sceglie come titolo della sua poesia *Il lampo*?
2. Quali sono i due elementi della natura presenti nella poesia?
3. Che cosa possono rappresentare questi due elementi?
4. Qual è l'unico elemento umano del paesaggio presentato dal poeta? Qual è il suo colore?

... RICAVO DAL TESTO

5. La terra, al verso 2, è descritta in modo da evocare che cosa? Quale effetto espressivo ha questa scelta del poeta?
6. Di che cosa è "ingombro" il cielo?

... ANALIZZO E INTERPRETO

7. Le sensazioni presenti nel componimento rimandano in particolare a un senso. Quale? Riporta le parole che giustificano la tua risposta.
8. Spiega con parole tue che cosa significa "esterrefatto" al verso 6.

LE FORME

9. Da quante strofe è costituita la poesia? Quanti versi compongono ciascuna strofa?

La **SIMILITUDINE** è una figura retorica che consiste nel paragonare due termini appartenenti ad ambiti diversi collegandoli attraverso **congiunzioni** (*come*, *così... come*), **aggettivi** (*simile a*) o **verbi** (*pare*, *sembra*, *assomiglia*).

La **METAFORA** è una figura retorica che si basa sullo stesso principio della similitudine, cioè sulla somiglianza tra elementi appartenenti ad ambiti diversi; a differenza della similitudine però nella metafora il legame tra i due termini di paragone rimane sottinteso.

10. Individua la figura retorica presente in "*tacito tumulto*" (v. 4).
11. Che figura compare nei versi 6-7 "*come un occhio, che, largo, esterrefatto, / s'aprì si chiuse*"?
    - ☐ Metafora
    - ☐ Ossimoro
    - ☐ Personificazione
    - ☐ Similitudine

UN MONDO DI PAROLE

12. Con quale avverbio o espressione potresti sostituire "d'un tratto" al verso 5? Che cosa intende comunicare il poeta con questa espressione?

ORA SCRIVO IO

13. L'immagine del temporale e del lampo notturno è impiegata dal poeta per evocare una sensazione interiore. Descrivila, motivando la tua riflessione.

ANALIZZO L'IMMAGINE

14. Questo quadro di Paul Signac rappresenta un temporale sul mare. Quali differenze e analogie trovi tra il dipinto e la poesia di Giovanni Pascoli? Quali diverse sensazioni ti suscitano le due opere?

Paul Signac, *Il temporale*, 1895 (Saint-Tropez, Musée de l'Annonciade).

Gabriele D'Annunzio

Gabriele D'Annunzio nasce a **Pescara** nel **1863** e già durante gli anni del liceo diviene famoso grazie alla pubblicazione del volume di versi *Primo vere* (1879).
Trasferitosi a Roma, si dedica al giornalismo e partecipa alla brillante vita dei salotti cittadini, diventando celebre per gli amori anticonformisti e i comportamenti trasgressivi.
Nel 1910 gli ingenti debiti lo costringono a fuggire in Francia, da cui torna allo scoppio della Prima guerra mondiale: acceso **interventista**, si arruola come volontario e si rende protagonista di molte azioni militari, fino all'occupazione della città di Fiume (1919), che i trattati di pace non hanno assegnato all'Italia.
Allontanato da Fiume dal governo italiano e deluso dalla politica, nel 1922 si ritira nella sua villa di Gardone Riviera, detta il Vittoriale, che arreda secondo il gusto tipico del Decadentismo. Qui muore nel **1938**.
Lo stile di vita eccezionale, che con orgoglio egli esibisce pubblicamente, trasforma ben presto D'Annunzio in un **personaggio leggendario** che segue regole e valori diversi da quelli degli altri uomini, e crea un vero e proprio **culto della personalità**, che negli anni successivi la dittatura fascista trasformerà in modello politico.

L'opera

D'Annunzio è autore di numerosi **romanzi**, come *Il piacere* (1888), *L'innocente* (1892), *Il trionfo della morte* (1894) e *Il fuoco* (1900), i cui protagonisti hanno le eccezionali qualità fisiche e morali del cosiddetto **super-uomo**, una figura letteraria per molti versi autobiografica.
Tra le pubblicazioni in prosa ricordiamo inoltre la **tragedia** *La figlia di Jorio* (1903) e il *Notturno* (1918), un'opera scritta in seguito a una ferita a un occhio e caratterizzata da un'insolita riflessione interiore dell'autore.
Tra le **opere in versi** ci sono il *Poema paradisiaco* (1893) e, soprattutto, i quattro libri delle *Laudi del cielo, del mare, della terra, degli eroi*, composti nell'arco di tempo che va dal 1903 al 1912: tra essi spicca per eleganza e musicalità il libro intitolato *Alcyone*, nel quale il poeta descrive momenti e paesaggi dell'intera stagione estiva, dal suo inizio fino agli ultimi giorni di settembre.
Nell'*Alcyone* sono particolarmente evidenti alcuni elementi stilistici che rendono unico il linguaggio dannunziano, come la preziosa raffinatezza del lessico, molto distante dal parlato, e la capacità di utilizzare metafore per collegare immagini e situazioni apparentemente lontane tra loro.

La pioggia nel pineto

Dalla raccolta *Alcyone* ti proponiamo la prima strofa di questa lunga e bellissima poesia, in cui l'autore e la donna amata, sorpresi da un improvviso temporale estivo, si addentrano in una pineta, immergendosi progressivamente nella natura fino a confondersi con essa e a trasformarsi a loro volta in creature vegetali. L'aspetto più interessante di questo testo è la sua musicalità, poiché mediante le parole il poeta riesce a riprodurre i suoni, i fruscii e i mormorii provocati dalla pioggia che batte sulle piante come se fossero strumenti di un'orchestra, intenti a produrre una straordinaria sinfonia.

schema metrico: strofa in versi liberi

Taci[1]. Su le soglie
del bosco non odo
parole che dici
umane[2]; ma odo
parole più nuove[3]
che parlano gocciole e foglie
lontane.
Ascolta. Piove
dalle nuvole sparse.
Piove su le tamerici
salmastre ed arse[4],
piove sui pini
scagliosi ed irti[5],
piove sui mirti
divini[6],
su le ginestre fulgenti
di fiori accolti[7],
su i ginepri folti
di coccole aulenti[8],
piove sui nostri volti
silvani[9],
piove sulle nostre mani
ignude[10],
sui nostri vestimenti
leggieri,
su i freschi pensieri
che l'anima schiude
novella[11],
su la favola bella[12]
che ieri
t'illuse, che oggi m'illude,
o Ermione[13].

in *Alcyone*, Garzanti

1 **Taci**: il poeta invita al silenzio Ermione, la donna che si trova con lui, per ascoltare meglio le voci della natura.

2 **Su le soglie del bosco non odo parole che dici umane**: all'entrata del bosco non sento più voci umane.

3 **ma odo parole più nuove**: ma sento parole nuove. Sono le voci della natura, che "parla" con il suono delle prime gocce di pioggia cadute sulla vegetazione.

4 **tamerici salmastre ed arse**: arbusti cespugliosi che crescono vicino al mare e per questo motivo sono intrisi di sale (*salmastre*) e inariditi (*arse*).

5 **scagliosi ed irti**: *scagliosi* per la loro corteccia e *irti* per gli aghi.

6 **mirti divini**: il mirto è un arbusto sempreverde, *divino* perché nell'antichità era sacro a Venere.

7 **fulgenti di fiori accolti**: risplendenti di fiori raccolti.

8 **folti di coccole aulenti**: ricchi di bacche profumate (*aulenti*).

9 **silvani**: simili alla selva. È iniziata la metamorfosi che alla fine della poesia trasformerà i due protagonisti in creature vegetali.

10 **ignude**: nude.

11 **che l'anima schiude novella**: che escono dall'anima purificata dalla pioggia.

12 **la favola bella**: l'amore.

13 **Ermione**: alla donna amata il poeta attribuisce il nome mitico di Ermione, che secondo la leggenda era figlia di Menelao e di Elena, la bellissima regina che provocò la guerra di Troia.

Emile Bernard, *Madeleine nel Bois d'Amour*, 1888 (Parigi, Musée d'Orsay).

competenze alla prova

LEGGO E...

... COMPRENDO

1) A chi rivolge il poeta le sue parole?
- ☐ A Ermione
- ☐ Al lettore
- ☐ Alla pioggia
- ☐ A se stesso

2) Dove si trova D'Annunzio nel momento in cui comincia a piovere?
- ☐ Ai margini di un bosco
- ☐ Nei pressi di un villaggio
- ☐ In aperta campagna
- ☐ In mezzo a un bosco

... RICAVO DAL TESTO

3) A quale tipo di paesaggio geografico rimanda l'ambiente naturale descritto nella poesia? Motiva la tua risposta cercando adeguate informazioni nel testo.

... ANALIZZO E INTERPRETO

4) In quale punto del componimento comincia la trasformazione dei protagonisti in elementi naturali?

5) Come si comporta D'Annunzio nella situazione descritta?
- ☐ Osserva e contempla la natura
- ☐ Si spaventa e fugge dalla natura
- ☐ Si immerge e si confonde con la natura
- ☐ Si rifugia nei propri pensieri

LE FORME

6) Il poeta sceglie con cura le parole in modo da riprodurre il rumore della pioggia: quale vocale dal suono acuto viene più volte ripetuta nei versi 12-15?

ORA SCRIVO IO

7) Sei mai stato sorpreso da un temporale in un bosco o in un parco o in un viale alberato? Descrivi le sensazioni che hai provato.

UN MONDO DI PAROLE

8) Il ritmo della poesia è dato anche dalle numerose ripetizioni: quale termine viene più volte ripetuto? Perché può essere considerato una parola chiave per comprendere il testo?

Dino Campana

Dino Campana nasce a **Marradi**, vicino a Faenza, nel **1885** e sin dall'adolescenza mostra segni di aggressività e di squilibrio, motivo per cui il padre preferisce fargli compiere gli studi in collegio. Nel 1903 si iscrive all'Accademia Militare di Modena, da cui viene espulso nel giro di un anno; successivamente frequenta la Facoltà di Chimica dell'università di Bologna, ma ben presto abbandona gli studi, pur continuando a leggere moltissimo.
Tra il 1906 e il 1910 **vaga per l'Europa** e si reca anche in Argentina facendo i mestieri più vari per mantenersi; in questi anni viene più volte **internato in manicomio** a causa dei suoi comportamenti violenti nei confronti di familiari e conoscenti.
Nel 1912 si iscrive di nuovo all'università di Bologna e inizia a pubblicare i suoi versi dapprima su un giornale universitario, poi su *Lacerba*, una delle riviste letterarie più innovative del periodo.
Nel 1914 stampa a proprie spese la raccolta di poesie *Canti Orfici*, ma nel frattempo le sue condizioni di salute precipitano: dopo un'irrequieta serie di spostamenti e una tormentata **relazione con la scrittrice Sibilla Aleramo**, nel 1918 viene ricoverato nel manicomio di Castel Pulci, presso Firenze, dove rimarrà fino alla morte, avvenuta nel **1932**.

L'opera

La più importante opera di Dino Campana è la raccolta *Canti Orfici*, il cui titolo si riferisce sia al mito di Orfeo, l'antico cantore che accompagnandosi con la lira riusciva ad ammansire anche i mostri infernali, sia ai misteri orfici, i riti sacri che gli antichi Greci celebravano in suo onore.
Nei *Canti Orfici* Campana raccoglie **prose liriche** e **poesie** composte in tempi diversi, a cui tenta di dare una struttura unitaria: la realtà naturale e umana descritta dal poeta si manifesta mediante illuminazioni improvvise e misteriose suggestioni che risentono dell'influsso del Simbolismo.
La lingua di Campana è letteraria e raffinata, ricca di ripetizioni e anafore, tramite cui il poeta mira a ottenere effetti di maggiore espressività.

Donna genovese

La poesia, pubblicata dopo la morte del poeta, evoca il rapporto felice e appagante con la donna amata. Rispetto ad altri componimenti di Campana, mancano lacerazioni interiori e il senso di precarietà rispetto al reale: qui il poeta vive l'amore come l'occasione che gli permette di entrare in un positivo contatto con la natura e con il mondo, in un rapporto di armonia e totale partecipazione. La lingua della composizione è molto letteraria e raffinata, i versi sono costruiti su delicate simmetrie di significato.

schema metrico:
strofa in versi liberi

Tu mi portasti un po' d'alga marina
nei tuoi capelli, ed un odor di vento,
che è corso di[1] lontano e giunge grave[2]
d'ardore, era nel tuo corpo bronzino[3]:
– Oh la divina
semplicità delle tue forme snelle[4] –
Non amore non spasimo, un fantasma,
un'ombra della necessità che[5] vaga
serena e ineluttabile[6] per l'anima
e la discioglie in gioia, in incanto serena[7]
perché per l'infinito lo scirocco
se la possa portare[8].
Come è piccolo il mondo e leggero nelle
tue mani!

in *Opere e contributi*, Vallecchi

Frank Benson, *Luce solare*, 1909 (Collezione privata).

1 corso di: arrivato da.

2 grave: pieno.

3 bronzino: color del bronzo, abbronzato.

4 – Oh la divina ... forme snelle –: la frase è un inciso esclamativo; presenta i pensieri del poeta nei confronti del corpo e della bellezza dell'amata.

5 Non amore ... che: (Il tuo corpo) non (suscita) amore, né dolore, ma è (come) un'apparizione, un'ombra di ciò che è necessario (o inesorabile), ombra che... Il poeta intende dire che il corpo della donna non suscita tanto l'amore e il tormento che spesso alla passione è legato, ma un appagamento profondissimo nell'anima.

6 ineluttabile: a cui non si può resistere.

7 in incanto serena: anastrofe: serena nell'incanto.

8 perché ... portare: cosicché lo scirocco possa portare l'anima per l'infinito.

competenze alla prova

LEGGO E...

... COMPRENDO

1 **A chi rivolge il poeta le sue parole?**
- ☐ Alla natura
- ☐ A una donna
- ☐ Al lettore
- ☐ Al mare

2 **Che cosa porta la donna nei capelli?**
- ☐ Un fiore
- ☐ L'alga marina
- ☐ L'odore del vento
- ☐ La salsedine

3 **Che cosa si trova nel corpo abbronzato della donna?**

... RICAVO DAL TESTO

4 **Quali elementi del testo aiutano a pensare che la donna sia genovese?**

... ANALIZZO E INTERPRETO

5 **La semplicità del corpo snello della donna è definita *divina* perché:**
- ☐ fa pensare alla religione cristiana
- ☐ redime da tutti i mali
- ☐ è il contatto elementare e diretto con le forze più profonde della natura
- ☐ la magrezza di per sé è semplice

6 **Che cosa provoca il corpo della donna nell'anima del poeta? Spiegalo con parole tue.**

7 **Indica se le affermazioni seguenti sono vere V o false F.**
- Alla fine l'anima del poeta è portata via dal vento e raggiunge spazi infiniti. V F
- Alla fine il poeta muore d'amore. V F
- La presenza della donna permette al poeta di entrare in contatto con l'universo. V F
- L'amore crea come un incanto, una magia. V F
- Tutto sembra grande nelle mani della donna. V F

LE FORME

L'**ANASTROFE** è una figura retorica di posizione, che consiste nell'invertire l'ordine delle parole rispetto all'uso comune della prosa, concentrando l'attenzione del lettore su alcuni termini, che in questo modo vengono messi particolarmente in rilievo.
È un'anastrofe, ad esempio
"...Allor che **all'opre femminili intenta**
sedevi, assai contenta ..." (Leopardi, *A Silvia*)
che, nell'ordine consueto, dovrebbe essere
"allor che sedevi intenta all'opre femminili, assai contenta..."

L'**ANAFORA** ha la funzione di dare ritmo alle parole del poeta e consiste nel ripetere una o più parole all'inizio di versi successivi per sottolineare un'immagine o un concetto.

8 **Nel verso 7 "(Il tuo corpo) *non* (suscita) *amore non spasimo*, (ma è) *un fantasma...*" sono sottintesi prima il soggetto, poi i predicati. Che effetto dà questa scelta stilistica?**
- ☐ Sembra che il poeta crei l'immagine di un sogno, senza una logica apparente
- ☐ È una scelta sgrammaticata del poeta
- ☐ Rende la frase più limpida e diretta
- ☐ Si tratta di una scelta casuale, senza un effetto espressivo particolare

ORA SCRIVO IO

9 **Scrivi la parafrasi del testo.**

10 **Come immagini la "donna genovese"? Prova a fare per iscritto un suo ritratto, partendo dagli elementi contenuti nella poesia e inventando altri particolari.**

UN MONDO DI PAROLE

11 **"*Ardore*" al verso 4 è sinonimo di "passione". Perché a tuo giudizio il poeta preferisce questo termine? Completa:**

"ardore" si ricollega al verbo ...., il suo significato letterale è quindi ....
Questo significato è contrario a ....
Quindi, più del termine passione, "ardore" riesce a comunicare un senso di ....

Guido Gozzano

Guido Gozzano nasce a **Torino** nel **1883**. Nel 1904 si iscrive alla Facoltà di Legge, ma preferisce frequentare i circoli letterari della città, dedicandosi in modo particolare allo **studio dei poeti decadenti**, collaborando con diversi giornali e scrivendo fiabe che vengono pubblicate sul «Corriere dei piccoli». Nel 1907 **si ammala di tubercolosi** e trascorre lunghi periodi di riposo nella sua villa di Agliè, nei pressi di Torino, e sulla riviera ligure. In questi anni pubblica alcune raccolte di versi e nel 1912 compie un viaggio a Ceylon e in India, che racconterà in una serie di articoli pubblicati dal quotidiano «La Stampa». Muore a Torino nel **1916**.

L'opera

Il primo volume di versi di Gozzano, intitolato *La via del rifugio* (1907), viene favorevolmente accolto da pubblico e critica; seguono *I colloqui* (1911), la più celebre tra le sue opere, che ha come tema principale la **descrizione di un mondo ideale e perduto**, dove la vita si svolge rispettando i ritmi naturali e si basa sui valori antichi della discrezione e dell'amicizia.

Dopo la sua morte, i reportage dei viaggi e le lettere dall'India vengono raccolti nel volume *Verso la cuna del mondo* (1917).

I temi

Guido Gozzano è uno dei più importanti esponenti del **movimento crepuscolare** di cui condivide l'atteggiamento malinconico, la nostalgia per uno stile di vita semplice, ormai superato in tempi in cui il valore dominante sembra diventato la corsa al profitto, e il rimpianto per le gioie che egli non può più gustare a causa della malattia. La tristezza di questi temi viene però temperata da una **sottile ironia**, che impedisce al poeta di scivolare nel patetico e dà ai suoi versi una gradevole leggerezza.

La poesia di Gozzano è quindi ben lontana da uno stile solenne e da certa enfasi retorica, assumendo toni vicini alla prosa: è il caso, soprattutto, di certi componimenti simili a breve racconti e caratterizzati da andamento narrativo. In altri casi, le poesie di Gozzano hanno la struttura e il ritmo di filastrocche, piene di ironia e di spontaneità.

Silvestro Lega, *Il pergolato*, 1869 (Milano, Pinacoteca di Brera).

Salvezza

Gozzano esprime spesso nella sua opera il senso della fragilità della vita, la consapevolezza della sua brevità. Il poeta, che scrive la poesia nel 1910, a soli ventisette anni, si sente ormai vecchio, come se il meglio della vita fosse già alle spalle. Tuttavia, nonostante la malattia che lo affligge da qualche anno, Gozzano osserva la vita senza drammi, considerando la morte un evento naturale, un dormire cui abbandonarsi con serena tranquillità.

Vivere cinque ore?
Vivere cinque età[1]?...
Benedetto il sopore[2]
che m'addormenterà...

Ho goduto il risveglio
dell'anima leggiera[3]:
meglio dormire, meglio
prima della mia sera.

Poi che[4] non ha ritorno[5]
il riso mattutino.
La bellezza del giorno
è tutta nel mattino.

da *I colloqui*, *Alle soglie*,
in *Tutte le poesie*, Mondadori

1 cinque età: secondo la tradizione classica, le cinque età della vita sono l'infanzia, l'adolescenza, la giovinezza, la maturità e la vecchiaia.

2 sopore: sonnolenza, assopimento.

3 dell'anima leggiera: per il poeta l'anima era leggera, cioè spensierata, da bambino e da adolescente.

4 Poi che: poiché.

5 non ha ritorno: non ritorna più.

competenze alla prova

LEGGO E...

... COMPRENDO

1. A che cosa si riferisce il poeta quando parla di "*sopore che m'addormenterà*"?
2. Con i versi "*Ho goduto il risveglio / dell'anima leggiera*" il poeta pensa:
   - ☐ alla sua infanzia e giovinezza
   - ☐ all'età adulta
   - ☐ alla futura vecchiaia
   - ☐ al momento di far colazione, al mattino
3. La "sera" (v. 8) è simbolo di quale parte della vita?

... RICAVO DAL TESTO

4. Quale espressione può essere sottintesa, dal punto di vista del significato, per introdurre i due versi "*Vivere cinque ore? / Vivere cinque età?*"?

... ANALIZZO E INTERPRETO

5. Qual è la consolazione, la "salvezza" che prova il poeta? In quale strofa compare questa riflessione?
6. La morte che il poeta si aspetta non è un evento traumatico. Come appare infatti?

LE FORME

7. Da quale tipo di strofe è composta la poesia? Che tipo di verso è impiegato? Quale tipo di rima è presente nel componimento?

ORA SCRIVO IO

8. Mettendoti nei panni di Gozzano, trasforma la poesia in una lettera scritta a una persona cara, cercando di esprimere in prosa i sentimenti e le riflessioni interiori del testo.

Italo Svevo

Italo Svevo (pseudonimo di Aron Hector Schmitz), nasce a **Trieste** nel **1861** da una famiglia di **origine ebraica**. Dopo aver seguito studi commerciali in Germania, nel 1880 si impiega nella filiale triestina della Unionbank, dedicandosi alla letteratura e al giornalismo nel tempo libero.
Tra il 1892 e il 1898 pubblica due romanzi che vengono completamente ignorati dalla critica e dal pubblico. Deluso, abbandona l'attività di scrittore per un lungo periodo e inizia a dirigere l'azienda di vernici di proprietà del suocero, viaggiando in tutt'Europa per lavoro.
Riprende a scrivere nel 1907, incoraggiato dallo scrittore irlandese James Joyce che ha conosciuto a Trieste; negli stessi anni entra in contatto con la **teoria psicoanalitica** di Sigmund Freud che influenza la struttura del suo terzo e più famoso romanzo, *La coscienza di Zeno*, pubblicato nel 1923. Muore nel **1928** in seguito a un incidente stradale.

L'opera

Svevo è autore di diverse **commedie** e **novelle**, tra cui *La madre* e *Vino generoso*, molte delle quali sono state pubblicate dopo la sua morte.
Le sue opere più importanti sono i **romanzi** *Una vita* (1892), *Senilità* (1898) e *La coscienza di Zeno* (1923), che a differenza dei precedenti riscuote un grande successo, prima all'estero e poi in Italia.

I temi

Protagonisti dei romanzi di Svevo sono gli **inetti**, uomini incapaci di affrontare in modo pratico e attivo la realtà, persi in fantasticherie e pronti ad autogiustificarsi a ogni fallimento, che di solito non viene provocato da circostanze avverse ma dalla loro debolezza interiore.
Lo scrittore mostra grande **attenzione per i processi psicologici** dei suoi personaggi, che analizza con estrema cura utilizzando anche gli strumenti della **psicoanalisi** (vedi *Scheda* a pag. 24), una nuova scienza nata per opera del medico austriaco Sigmund Freud: il romanzo *La coscienza di Zeno* è costruito infatti sui ricordi che il protagonista Zeno Cosini mette per iscritto seguendo il suggerimento del suo psicoanalista il quale cerca, con questa particolare tecnica, di guarirlo dalle **nevrosi** con cui si manifesta la sua incapacità di adattamento alla vita reale.
Lo stile di Svevo, che è **di madrelingua tedesca** e non italiana, non è particolarmente elegante, tuttavia le sue opere hanno una grandissima importanza nel panorama culturale del XX secolo, poiché esprimono la crisi dell'uomo moderno di fronte alla realtà che lo circonda e ai problemi della propria coscienza.

scheda

La psicoanalisi di Sigmund Freud

Tra la fine del XIX e l'inizio del XX secolo il medico viennese Sigmund Freud elabora "*un procedimento medico che si propone la cura di forme nervose, mediante una tecnica psicologica*", che definisce **psicoanalisi**.

Secondo la psicoanalisi in ogni uomo ci sono una parte profonda, istintiva e irrazionale che tende alla realizzazione immediata del piacere (**Id**), una parte che si oppone alle fantasie dell'**Id** per adattarsi alla realtà (**Ego**), e una parte che detta regole di comportamento morale e ideale (**Super Ego**).

La terapia psicoanalitica interviene quando l'equilibrio tra queste forze si altera, rendendo difficile e sofferto il rapporto tra l'individuo e il mondo che lo circonda: attraverso l'interpretazione di sogni e libere associazioni di pensiero lo psicoanalista aiuta il paziente a riportare alla luce esperienze dimenticate del passato, rendendolo consapevole dell'origine delle sue angosce e permettendogli di liberare in modo positivo la sua energia.

L'incontro con Angiolina

Il protagonista di *Senilità* è Emilio Brentani, un impiegato di trentacinque anni che vive un'esistenza grigia insieme alla sorella Amalia. Si innamora di una giovane popolana, Angiolina, che, con il suo carattere esuberante e vitale, sembra dischiudergli un'esistenza meno noiosa. Tuttavia Emilio, dal carattere profondamente indeciso e inetto, non riesce a dare una scossa alla sua quotidianità né a impegnarsi in una relazione stabile, pur essendo attratto da Angiolina. Al termine del romanzo, la donna scapperà con un altro.
Il brano seguente, che è l'incipit del romanzo, presenta l'incontro tra Emilio e Angiolina.

Subito, con le prime parole che le rivolse, volle avvisarla che non intendeva compromettersi in una relazione troppo seria. Parlò cioè a un dipresso[1] così: – T'amo molto e per il tuo bene desidero ci si metta d'accordo di andare molto cauti. – La parola era tanto pru-

1 a un dipresso: più o meno, all'incirca.

dente ch'era difficile di crederla detta per amore altrui, e un po' più franca[2] avrebbe dovuto suonare così: – Mi piaci molto, ma nella mia vita non potrai essere giammai più importante di un giocattolo. Ho altri doveri io, la mia carriera, la mia famiglia.

La sua famiglia? Una sola sorella non ingombrante né fisicamente né moralmente, piccola e pallida, di qualche anno più giovane di lui, ma più vecchia per carattere o forse per destino. Dei due, era lui l'egoista, il giovane; ella viveva per lui come una madre dimentica di se stessa, ma ciò non impediva a lui di parlarne come di un altro destino importante legato al suo e che pesava sul suo, e così, sentendosi le spalle gravate di tanta responsabilità, egli traversava la vita cauto, lasciando da parte tutti i pericoli ma anche il godimento, la felicità. A trentacinque anni si ritrovava nell'anima la brama insoddisfatta di piaceri e di amore, e già l'amarezza di non averne goduto, e nel cervello una grande paura di se stesso e della debolezza del proprio carattere, invero piuttosto sospettata che saputa per esperienza.

La carriera di Emilio Brentani era più complicata perché intanto si componeva di due occupazioni e due scopi ben distinti. Da un impieguccio di poca importanza presso una società di assicurazioni, egli traeva giusto il denaro di cui la famigliuola abbisognava[3]. L'altra carriera era letteraria e, all'infuori di una riputazioncella[4], – soddisfazione di vanità più che d'ambizione – non gli rendeva nulla, ma lo affaticava ancor meno. Da molti anni, dopo di aver pubblicato un romanzo lodatissimo dalla stampa cittadina, egli non aveva fatto nulla, per inerzia non per sfiducia. Il romanzo, stampato su carta cattiva, era ingiallito nei magazzini del libraio, ma mentre alla sua pubblicazione Emilio era stato detto soltanto una grande speranza per l'avvenire, ora veniva considerato come una specie di rispettabilità letteraria che contava nel piccolo bilancio artistico della città. La prima sentenza non era stata riformata, s'era evoluta.

Per la chiarissima coscienza[5] ch'egli aveva della nullità[6] della propria opera, egli non si gloriava[7] del passato, però, come nella vita così anche nell'arte, egli credeva di trovarsi ancora sempre nel periodo di preparazione, riguardandosi nel suo più segreto interno come una potente macchina geniale in costruzione, non ancora in attività. Viveva sempre in un'aspettativa non paziente, di qualche cosa che doveva venirgli dal cervello, l'arte, di qualche cosa che doveva venirgli di fuori, la fortuna, il successo, come se l'età delle belle energie per lui non fosse tramontata.

Angiolina, una bionda dagli occhi azzurri grandi, alta e forte, ma snella e flessuosa, il volto illuminato dalla vita, un color giallo di ambra soffuso di rosa da una bella salute, camminava accanto a lui, la testa china da un lato come piegata dal peso del tanto oro che la fasciava, guardando il suolo ch'ella ad ogni passo toccava con l'elegante ombrellino come se avesse voluto farne scaturire un commento alle parole che udiva. Quando credette di aver compreso disse: – Strano – timidamente guardandolo sottecchi[8]. – Nessuno mi

2 franca: sincera, diretta.

3 abbisognava: aveva bisogno.

4 riputazioncella: piccola reputazione, fama da poco. La parola è detta con ironia.

5 coscienza: consapevolezza.

6 nullità: del fatto che non avesse nessun valore letterario.

7 si gloriava: si vantava.

8 sottecchi: con occhi quasi socchiusi.

Edouard Vuillard, *Misia e Vallotton* (particolare), 1899 (Collezione privata).

ha mai parlato così. – Non aveva compreso e si sentiva lusingata al vederlo assumere un ufficio[9] che a lui non spettava, di allontanare da lei il pericolo. L'affetto ch'egli le offriva ne ebbe l'aspetto di fraternamente dolce.

Fatte quelle premesse, l'altro si sentì tranquillo e ripigliò un tono più adatto alla circostanza. Fece piovere sulla bionda testa le dichiarazioni liriche che nei lunghi anni il suo desiderio aveva maturate e affinate, ma, facendole, egli stesso le sentiva rinnovellare e ringiovanire come se fossero nate in quell'istante, al calore dell'occhio azzurro di Angiolina. Ebbe il sentimento che da tanti anni non aveva provato, di comporre, di trarre dal proprio intimo idee e parole: un sollievo che dava a quel momento della sua vita non lieta, un aspetto strano, indimenticabile, di pausa, di pace. La donna vi entrava! Raggiante di gioventù e bellezza ella doveva illuminarla tutta facendogli dimenticare il triste passato di desiderio e di solitudine e promettendogli la gioia per l'avvenire ch'ella, certo, non avrebbe compromesso.

Egli s'era avvicinato a lei con l'idea di trovare un'avventura facile e breve, di quelle che egli aveva sentito descrivere tanto spesso e che a lui non erano toccate mai o mai degne di essere ricordate. Questa s'era annunziata proprio facile e breve. L'ombrellino era caduto in tempo per fornirgli un pretesto di avvicinarsi ed anzi – sembrava malizia! – impigliatosi nella vita trinata[10] della fanciulla, non se n'era voluto staccare che dopo spinte visibilissime. Ma poi, dinanzi a quel profilo sorprendentemente puro, a quella bella salute – ai rétori[11] corruzione e salute sembrano inconciliabili – aveva allentato il suo slancio, timoroso di sbagliare e infine s'incantò ad ammirare una faccia misteriosa dalle linee precise e dolci, già soddisfatto, già felice.

9 ufficio: compito.

10 trinata: avvolta da pizzi e trine.

11 rétori: oratori, esperti di bei discorsi; l'autore si riferisce a chi spende la vita negli studi e nelle attività astratte.

Ella gli aveva raccontato poco di sé e per quella volta, tutto compreso del proprio sentimento, egli non udì neppure quel poco. Doveva essere povera, molto povera, ma per il momento – lo aveva dichiarato con una certa quale superbia – non aveva bisogno di lavorare per vivere. Ciò rendeva l'avventura anche più gradevole, perché la vicinanza della fame turba là dove ci si vuol divertire. Le indagini di Emilio non furono dunque molto profonde ma egli credette che le sue conclusioni logiche, anche poggiate su tali basi, dovessero bastare a rassicurarlo. Se la fanciulla, come si sarebbe dovuto credere dal suo occhio limpido, era onesta, certo non sarebbe stato lui che si sarebbe esposto al pericolo di depravarla[12]; se invece il profilo e l'occhio mentivano, tanto meglio. C'era da divertirsi in ambedue i casi, da pericolare[13] in nessuno dei due.

da *Opera omnia*, a cura di B. Maier, Dall'Oglio

12 depravarla: corromperla.

13 pericolare: correre dei pericoli, dei rischi.

competenze alla prova

LEGGO E...

... COMPRENDO

1. Che cosa vuole dire Emilio quando inizia a parlare ad Angiolina?
2. Che cosa stanno facendo i due mentre parlano?
3. Quali sono le due occupazioni della vita di Emilio?
4. Qual è la condizione sociale della ragazza? Riporta la frase del testo che dà questa informazione: ....
5. Come viene definita, al termine del brano, la storia con Angiolina?

... RICAVO DAL TESTO

6. L'affermazione che Emilio "*fa piovere sulla bionda testa*" di Angiolina le "*dichiarazioni liriche...*" significa che:
   - ☐ a questo punto le fa una dichiarazione d'amore secondo le convenzioni
   - ☐ le sta recitando una poesia
   - ☐ non sa che cosa dire
   - ☐ a questo punto ascolta compiaciuto la dichiarazione d'amore della giovane
7. Che cosa mette in luce del carattere di Emilio la frase finale "*C'era da divertirsi in ambedue i casi, da pericolare in nessuno dei due*"?

... ANALIZZO E INTERPRETO

8. Spiega con parole tue che cosa significa che il volto di Angiolina era "*illuminato dalla vita*".
9. Come viene definito, nel testo, il passato di Emilio? Che cosa significa?

LE FORME

10. Nel brano compaiono poche parti descrittive, ma dominano soprattutto:
    - ☐ i dialoghi
    - ☐ le prolessi
    - ☐ le riflessioni di Emilio
    - ☐ le riflessioni di Angiolina

    Nel testo, infatti, è centrale ....

    ....

ORA SCRIVO IO

11. Immagina e descrivi la reazione di Angiolina nel caso in cui riuscisse a mettere a fuoco le reali intenzioni di Emilio nei suoi confronti e il suo carattere pusillanime.

Luigi Pirandello

Luigi Pirandello nasce ad **Agrigento** nel **1867**. Conclusi gli studi liceali a Palermo, dal 1887 frequenta la Facoltà di Lettere a Roma, ma a causa di un contrasto con il preside si trasferisce in Germania all'università di Bonn, dove si laurea nel 1891.
Ritornato a Roma, si dedica all'insegnamento e contemporaneamente pubblica le prime novelle e collabora con diversi giornali.
A partire dal 1903, per la rovina economica della famiglia e il progressivo aggravarsi della **malattia mentale della moglie**, intensifica l'attività lavorativa, scrivendo e **mettendo in scena lavori teatrali** che per molti anni costituiranno il suo principale impegno.
Nel 1921 ottiene il successo internazionale con il dramma *Sei personaggi in cerca d'autore* e nel decennio seguente fonda la Compagnia del teatro d'arte.
Nel 1934 riceve il **premio Nobel** per la letteratura. Muore a Roma nel **1936**.

L'opera

Pirandello ha lasciato una copiosa produzione letteraria che comprende romanzi e opere teatrali. Tra i **romanzi** ricordiamo *L'esclusa* (1901), cui seguono *Il fu Mattia Pascal* (1904), che costituisce il primo successo internazionale dell'autore, e *Uno, nessuno e centomila* (1926).
Moltissime sono le **opere teatrali** di Pirandello che ancora oggi vengono rappresentate con successo nei teatri di tutto il mondo: tra i drammi più famosi, scritti dopo la fine della Prima guerra mondiale, ci sono *Pensaci Giacomino!*, *Così è (se vi pare)*, *Sei personaggi in cerca d'autore*, *L'uomo dal fiore in bocca*, *Questa sera si recita a soggetto*, in cui lo scrittore mette in scena la sua originale e pessimistica visione della vita.
Pirandello è anche autore di diverse **novelle**, pubblicate a partire dal 1909 sul quotidiano «Il Corriere della Sera» e successivamente raccolte nel volume *Novelle per un anno*.

I temi

Il tema principale delle opere di Pirandello è l'irrisolvibile **contrasto tra essere e apparire**, che costringe gli uomini a vivere in una condizione di infelicità: secondo l'autore ciascun individuo indossa una maschera con la quale affronta la vita e si mette in rapporto con gli altri, ma che non corrisponde alla sua reale natura.
Quando un evento improvviso e apparentemente insignificante fa capire all'uomo che i suoi comportamenti e le sue scelte vengono condizionati da ciò che gli altri si aspettano da lui, egli cerca di **strapparsi la maschera**, ma si accorge subito che ciò non è possibile: la società, infatti, non accetta la mutevolezza e l'imprevedibilità di chi si comporta spontaneamente e senza rispettare le regole e consente solo al **pazzo** di agire in modo libero e naturale, escludendolo però dalla società.
Qual è il destino di chi non vuole più indossare una *maschera*? Il **pessimismo di Pirandello** presenta alcune tragiche alternative: per non essere ritenuto pazzo, l'uomo può scegliere la totale solitudine o il suicidio, oppure può adeguarsi alle attese altrui, indossando nuovamente la propria *maschera* per continuare la vita di sempre, consapevole però che si tratta di una finzione.

La giara

Don Lollò Zirafa è un ricco proprietario terriero messinese che ha comprato una nuova giara, cioè un grosso vaso di terracotta. Ma il recipiente, un giorno, viene trovato spaccato. Interviene allora Zi' Dima Licasi, un vecchio e povero artigiano, che si incarica di ripararla. Ma da questa situazione nascono nuovi guai...

Piena anche per gli olivi quell'annata. Piante massaje[1], cariche l'anno avanti, avevano raffermato tutte[2], a dispetto della nebbia che le aveva oppresse sul fiorire.

Lo Zirafa, che ne aveva un bel giro[3] nel suo podere delle Quote a Primosole, prevedendo che le cinque giare vecchie di coccio smaltato che aveva in cantina non sarebbero bastate a contener tutto l'olio della nuova raccolta, ne aveva ordinata a tempo una sesta più capace a Santo Stefano di Camastra[4], dove si fabbricavano: alta a petto d'uomo, bella panciuta e maestosa, che fosse delle altre cinque la badessa[5].

Neanche a dirlo, aveva litigato anche col fornaciajo[6] di là per questa giara. E con chi non l'attaccava Don Lollò Zirafa? Per ogni nonnulla, anche per una pietruzza caduta dal murello di cinta, anche per una festuca[7] di paglia, gridava che gli sellassero la mula per correre in città a fare gli atti[8]. Così, a furia di carta bollata e d'onorarii[9] agli avvocati, citando questo, citando quello e pagando sempre le spese per tutti, s'era mezzo rovinato.

Dicevano che il suo consulente legale[10], stanco di vederselo comparire davanti due o tre volte la settimana, per levarselo di torno, gli aveva regalato un libricino come quelli da messa: il codice[11], perché ci si scapasse[12] a cercare da sé il fondamento giuridico alle liti che voleva intentare.

Prima, tutti coloro con cui aveva da dire, per prenderlo in giro gli gridavano: – Sellate la mula! – Ora, invece: – Consultate il calepino[13]! –

E Don Lollò rispondeva:

– Sicuro, e vi fulmino tutti, figli d'un cane!

1 massaje: produttive.

2 avevano raffermato tutte: avevano portato tutte a maturazione i loro frutti.

3 giro: numero.

4 Santo Stefano di Camastra: località in provincia di Messina.

5 la badessa: la più grossa, la principale, come la madre badessa tra le suore.

6 fornaciajo: padrone della fornace dove si fabbricavano vasi e giare.

7 festuca: fuscello.

8 a fare gli atti: a sporgere denuncia.

9 onorarii: parcelle, compensi.

10 consulente legale: avvocato.

11 il codice: cioè il Codice Civile, che raccoglie le norme civili che rientrano nel diritto privato.

12 si scapasse: si scervellasse, si spremesse le meningi.

13 calepino: il Codice.

Quella bella giara nuova, pagata quattr'onze[14] ballanti e sonanti, in attesa del posto da trovarle in cantina, fu allogata[15] provvisoriamente nel palmento[16]. Una giara così non s'era mai veduta. Allogata in quell'antro intanfato[17] di mosto e di quell'odore acre e crudo che cova nei luoghi senz'aria e senza luce, faceva pena.

Da due giorni era cominciata l'abbacchiatura delle olive, e Don Lollò era su tutte le furie perché, tra gli abbacchiatori e i mulattieri venuti con le mule cariche di concime da depositare a mucchi su la costa per la favata della nuova stagione, non sapeva più come spartirsi, a chi badar prima. E bestemmiava come un turco e minacciava di fulminare questi e quelli, se un'oliva, che fosse un'oliva, gli fosse mancata, quasi le avesse prima contate tutte a una a una sugli alberi; o se non fosse ogni mucchio di concime della stessa misura degli altri. Col cappellaccio bianco, in maniche di camicia, spettorato, affocato in volto[18] e tutto sgocciolante di sudore, correva di qua e di là, girando gli occhi lupigni[19] e stropicciandosi con rabbia le guance rase, su cui la barba prepotente rispuntava quasi sotto la raschiatura del rasojo.

Ora, alla fine della terza giornata, tre dei contadini che avevano abbacchiato, entrando nel palmento per deporvi le scale e le canne, restarono alla vista della bella giara nuova, spaccata in due, come se qualcuno, con un taglio netto, prendendo tutta l'ampiezza della pancia, ne avesse staccato tutto il lembo davanti.

– Guardate! guardate!

– Chi sarà stato?

– Oh, mamma mia! E chi lo sente ora Don Lollò? La giara nuova, peccato!

Il primo, più spaurito[20] di tutti, propose di raccostar subito la porta e andare via zitti zitti, lasciando fuori, appoggiate al muro, le scale e le canne.

Ma il secondo:

– Siete pazzi? Con don Lollò? Sarebbe capace di credere che gliel'abbiamo rotta noi. Fermi qua tutti!

Uscì davanti al palmento e, facendosi portavoce delle mani, chiamò:

– Don Lollò! Ah, Don Lollòoo!

Eccolo là sotto la costa con gli scaricatori del concime: gesticolava al solito furiosamente, dandosi di tratto in tratto con ambo le mani una rincalcata al cappellaccio bianco. Arrivava talvolta, a forza di quelle rincalcate, a non poterselo più strappare dalla nuca e dalla fronte.

14 quattr'onze: quattro oncie. L'*oncia* era una moneta usata in alcuni Stati italiani sino all'Unità d'Italia (e anche dopo), soprattutto in Sicilia. Quattro oncie erano un prezzo piuttosto alto.

15 fu allogata: fu collocata.

16 palmento: locale dove veniva pigiata l'uva.

17 intanfato: che aveva cattivo odore.

18 spettorato, affocato in volto: col petto scoperto e in volto rosso come il fuoco.

19 lupigni: feroci e cattivi come quelli di un lupo.

20 spaurito: impaurito, spaventato.

Michele Cammararo, *Ozio e lavoro*, 1863 (Napoli, Museo e Galleria di Capodimonte).

Già nel cielo si spegnevano gli ultimi fuochi del crepuscolo[21], e tra la pace che scendeva su la campagna con le ombre della sera e la dolce frescura, avventavano[22] i gesti di quell'uomo sempre infuriato.
– Don Lollò! Ah, Don Lollòoo!
Quando venne su e vide lo scempio, parve volesse impazzire. Si scagliò prima contro quei tre; ne afferrò uno per la gola e lo impiccò al muro[23] gridando:
– Sangue della Madonna, me la pagherete!
Afferrato a sua volta dagli altri due, stravolti nelle facce terrigne[24] e bestiali, rivolse contro se stesso la rabbia furibonda, sbatacchiò a terra il cappellaccio, si percosse le guance, pestando i piedi e sbraitando a modo di quelli che piangono un parente morto:
– La giara nuova! Quattr'onze di giara! Non incignata ancora[25]!
Voleva sapere chi gliel'avesse rotta! Possibile che si fosse rotta da sé? Qualcuno per forza doveva averla rotta, per infamità[26] o per invidia! Ma quando? Ma come? Non gli si vedeva segno di violenza! Che fosse arrivata rotta dalla fabbrica? Ma che! Sonava come una campana!
Appena i contadini videro che la prima furia gli era caduta, cominciarono ad esortarlo a calmarsi. La giara si poteva sanare[27]. Non era

21 gli ultimi fuochi del crepuscolo: le ultime luci della sera.

22 avventavano: risaltavano.

23 lo impiccò al muro: lo tenne sollevato contro il muro, come se lo volesse impiccare.

24 terrigne: terree, del colore della terra.

25 Non incignata ancora: mai usata prima.

26 infamità: cattiveria, malevolenza.

27 sanare: riparare.

poi rotta malamente. Un pezzo solo. Un bravo conciabrocche l'avrebbe rimessa su, nuova. C'era giusto Zi'[28] Dima Licasi, che aveva scoperto un mastice miracoloso, di cui serbava gelosamente il segreto: un mastice, che neanche il martello ci poteva, quando aveva fatto presa. Ecco, se don Lollò voleva, domani, alla punta dell'alba[29], Zi' Dima Licasi sarebbe venuto lì e, in quattro e quattr'otto, la giara, meglio di prima.

Don Lollò diceva di no, a quelle esortazioni: ch'era tutto inutile; che non c'era più rimedio; ma alla fine si lasciò persuadere, e il giorno appresso, all'alba, puntuale, si presentò a Primosole Zi' Dima Licasi con la cesta degli attrezzi dietro le spalle.

Era un vecchio sbilenco, dalle giunture storpie e nodose, come un ceppo antico di olivo saraceno. Per cavargli una parola di bocca ci voleva l'uncino. Mutria[30] o tristezza radicate in quel suo corpo deforme; o anche sconfidenza[31] che nessuno potesse capire e apprezzare giustamente il suo merito d'inventore non ancora patentato.

Voleva che parlassero i fatti, Zi' Dima Licasi. Doveva poi guardarsi davanti e dietro, perché non gli rubassero il segreto.

– Fatemi vedere codesto mastice – gli disse per prima cosa Don Lollò, dopo averlo squadrato a lungo con diffidenza.

Zi' Dima negò col capo, pieno di dignità.

– All'opera si vede.

– Ma verrà bene?

Zi' Dima posò a terra la cesta; ne cavò un grosso fazzoletto di cotone rosso, logoro e tutto avvoltolato; prese a svolgerlo pian piano, tra l'attenzione e la curiosità di tutti, e quando alla fine venne fuori un pajo d'occhiali col sellino[32] e le stanghette rotte e legate con lo spago, lui sospirò e gli altri risero. Zi' Dima non se ne curò; si pulì le dita prima di pigliare gli occhiali; se li inforcò; poi si mise a esaminare con molta gravità la giara tratta sull'aja. Disse:

– Verrà bene.

– Col mastice solo però – mise per patto lo Zirafa – non mi fido. Ci voglio anche i punti.

– Me ne vado – rispose senz'altro Zi' Dima, rizzandosi e rimettendosi la cesta dietro le spalle.

Don Lollò lo acchiappò per un braccio.

– Dove? Messere e porco, così trattate? Ma guarda un po' che arie da Carlomagno! Scannato[33] miserabile e pezzo d'asino, ci devo metter olio, io, là dentro, e l'olio trasuda! Un miglio di spaccatura, col mastice solo? Ci voglio i punti. Mastice e punti. Comando io.

28 **Zi'**: zio, titolo familiare usato soprattutto per le persone anziane in Sicilia.

29 **alla punta dell'alba**: all'alba, allo spuntar del giorno.

30 **Mutria**: espressione accigliata, cupa.

31 **sconfidenza**: sfiducia, diffidenza.

32 **sellino**: nasello.

33 **Scannato**: poveraccio.

Zi' Dima chiuse gli occhi, strinse le labbra e scosse il capo. Tutti così! Gli era negato il piacere di fare un lavoro pulito, filato[34] coscienziosamente a regola d'arte, e di dare una prova della virtù del suo mastice.
– Se la giara – disse – non suona di nuovo come una campana...
– Non sento niente, – lo interruppe Don Lollò. – I punti! Pago mastice e punti. Quanto vi debbo dare?
– Se col mastice solo...
– Càzzica[35] che testa! – esclamò lo Zirafa. – Come parlo? V'ho detto che ci voglio i punti. C'intenderemo a lavoro finito: non ho tempo da perdere con voi.
E se ne andò a badare ai suoi uomini.
Zi' Dima si mise all'opera gonfio d'ira e di dispetto. E l'ira e il dispetto gli crebbero ad ogni foro che praticava col trapano nella giara e nel lembo spaccato per farvi passare il fil di ferro della cucitura. Accompagnava il frullo della saettella[36] con grugniti a mano a mano più frequenti e più forti; e il viso gli diventava più verde dalla bile e gli occhi più aguzzi e accesi di stizza. Finita quella prima operazione, scagliò con rabbia il trapano nella cesta; applicò il lembo staccato alla giara per provare se i fori erano a egual distanza e in corrispondenza tra loro, poi con le tenaglie fece del fil di ferro tanti pezzetti quanti erano i punti che doveva dare, e chiamò per ajuto uno dei contadini che abbacchiavano.
– Coraggio, Zi' Dima! – gli disse quello, vedendogli la faccia alterata.
Zi' Dima alzò la mano a un gesto rabbioso. Aprì la scatola di latta[37] che conteneva il mastice, e lo levò al cielo, scotendolo, come per offrirlo a Dio, visto che gli uomini non volevano riconoscerne le virtù: poi col dito cominciò a spalmarlo tutt'in giro al lembo staccato e lungo la spaccatura; prese le tenaglie e i pezzetti di fil di ferro preparati avanti, e si cacciò dentro la pancia aperta della giara, ordinando al contadino di applicare il lembo alla giara, così come aveva fatto lui poc'anzi. Prima di cominciare a dare i punti:
– Tira! – disse dall'interno della giara al contadino. – Tira con tutta la tua forza! Vedi se si stacca più? Malanno a chi non ci crede! Picchia, picchia! Suona, sì o no, come una campana anche con me qua dentro? Va', va' a dirlo al tuo padrone!
– Chi è sopra comanda, Zi' Dima, – sospirò il contadino – e chi è sotto si danna! Date i punti, date i punti.
E Zi' Dima si mise a far passare ogni pezzetto di fil di ferro attraverso i due fori accanto, l'uno di qua e l'altro di là della saldatura; e con le tanaglie ne attorceva i due capi. Ci volle un'ora a passarli tutti. I sudori, giù a fontana, dentro la giara. Lavorando, si lagnava della sua mala sorte. E il contadino, di fuori, a confortarlo.

34 filato: eseguito.

35 Càzzica: càspita (esclamazione dialettale tipicamente siciliana).

36 il frullo della saettella: il ruotare veloce della punta del trapano.

37 latta: metallo.

– Ora ajutami a uscirne, – disse alla fine Zi' Dima.
Ma quanto larga di pancia, tanto quella giara era stretta di collo. Zi' Dima, nella rabbia, non ci aveva fatto caso. Ora, prova e riprova, non trovava più il modo di uscirne. E il contadino invece di dargli ajuto, eccolo là, si torceva dalle risa. Imprigionato, imprigionato lì, nella giara da lui stesso sanata e che ora – non c'era via di mezzo – per farlo uscire, doveva essere rotta daccapo e per sempre.
Alle risa, alle grida, sopravvenne Don Lollò. Zi' Dima, dentro la giara, era come un gatto inferocito.
– Fatemi uscire! – urlava –. Corpo di Dio, voglio uscire! Subito! Datemi ajuto!
Don Lollò rimase dapprima come stordito. Non sapeva crederci.
– Ma come? là dentro? s'è cucito là dentro?
S'accostò alla giara e gridò al vecchio:
– Ajuto? E che ajuto posso darvi io? Vecchiaccio stolido[38], ma come? non dovevate prender prima le misure? Su, provate: fuori un braccio... così! e la testa... su... no, piano! Che! giù... aspettate! così no! giù, giù... Ma come avete fatto? E la giara, adesso? Calma! Calma! Calma! – si mise a raccomandare tutt'intorno, come se la calma stessero per perderla gli altri e non lui. – Mi fuma la testa! Calma! Questo è caso nuovo... La mula!
Picchiò con le nocche delle dita su la giara. Sonava davvero come una campana.
– Bella! Rimessa a nuovo... Aspettate! – disse al prigioniero. – Va' a sellarmi la mula! – ordinò al contadino; e, grattandosi con tutte le dita la fronte, seguitò a dire tra sé: «Ma vedete un po' che mi capita! Questa non è giara! quest'è ordigno del diavolo! Fermo! Fermo lì!»
E accorse a regger la giara, in cui Zi' Dima, furibondo, si dibatteva come una bestia in trappola.
– Caso nuovo, caro mio, che deve risolvere l'avvocato! Io non mi fido. La mula! La mula! Vado e torno, abbiate pazienza! Nell'interesse vostro... Intanto, piano! calma! Io mi guardo i miei[39]. E prima di tutto, per salvare il mio diritto, faccio il mio dovere. Ecco: vi pago il lavoro, vi pago la giornata. Cinque lire. Vi bastano?
– Non voglio nulla! – gridò Zi' Dima. – Voglio uscire.
– Uscirete. Ma io, intanto, vi pago. Qua, cinque lire.
Le cavò dal taschino del panciotto e le buttò nella giara. Poi domandò, premuroso:
– Avete fatto colazione? Pane e companatico, subito! Non ne volete? Buttatelo ai cani! A me basta che ve l'abbia dato.
Ordinò che gli si désse; montò in sella, e via di galoppo per la città. Chi lo vide, credette che andasse a chiudersi da sé in manicomio, tanto e in così strano modo gesticolava.

38 stolido: sciocco.
39 mi guardo i miei: difendo i miei interessi.

Per fortuna, non gli toccò di fare anticamera nello studio dell'avvocato; ma gli toccò d'attendere un bel po', prima che questo finisse di ridere, quando gli ebbe esposto il caso. Delle risa si stizzì.
– Che c'è da ridere, scusi? A vossignoria non brucia[40]! La giara è mia!
Ma quello seguitava a ridere e voleva che gli rinarrasse il caso com'era stato, per farci su altre risate. "Dentro, eh? S'era cucito dentro? E lui, don Lollò che pretendeva? Te... tene... tenerlo là dentro... ah ah ah... ohi ohi ohi... tenerlo là dentro per non perderci la giara?"
– Ce la devo perdere? – domandò lo Zirafa con le pugna serrate[41]. – Il danno e lo scorno[42]?
– Ma sapete come si chiama questo? – gli disse infine l'avvocato. – Si chiama sequestro di persona!
– Sequestro? E chi l'ha sequestrato? – esclamò lo Zirafa. – Si è sequestrato lui da sé! Che colpa ne ho io?
L'avvocato allora gli spiegò che erano due casi. Da un canto, lui, Don Lollò, doveva subito liberare il prigioniero per non rispondere di sequestro di persona; dall'altro il conciabrocche doveva rispondere del danno che veniva a cagionare con la sua imperizia[43] o con la sua storditaggine.
– Ah! – rifiatò lo Zirafa. – Pagandomi la giara!
– Piano! – osservò l'avvocato. – Non come se fosse nuova, badiamo!
– E perché?
– Ma perché era rotta, oh bella!
– Rotta? Nossignore. Ora è sana. Meglio che sana, lo dice lui stesso! E se ora torno a romperla, non potrò più farla risanare. Giara perduta, signor avvocato!
L'avvocato gli assicurò che se ne sarebbe tenuto conto, facendogliela pagare per quanto valeva nello stato in cui era adesso.
– Anzi – gli consigliò – fatela stimare avanti da lui stesso.
– Bacio le mani – disse Don Lollò, andando via di corsa.
Di ritorno, verso sera, trovò tutti i contadini in festa attorno alla giara abitata. Partecipava alla festa anche il cane di guardia, saltando e abbajando. Zi' Dima s'era calmato, non solo, ma aveva preso gusto anche lui alla sua bizzarra avventura e ne rideva con la gajezza mala dei tristi[44].
Lo Zirafa scostò tutti e si sporse a guardare dentro la giara.
– Ah! Ci stai bene?
– Benone. Al fresco – rispose quello. – Meglio che a casa mia.
– Piacere. Intanto ti avverto che questa giara mi costò quattr'onze nuova. Quanto credi che possa costare adesso?
– Come me qua dentro? – domandò Zi' Dima.
I villani[45] risero.

40 non brucia: non interessa.

41 le pugna serrate: i pugni stretti.

42 Il danno e lo scorno: il danno e la beffa.

43 imperizia: incapacità.

44 gajezza mala dei tristi: allegria amara degli infelici.

45 villani: contadini.

– Silenzio! – gridò lo Zirafa. – Delle due l'una: o il tuo mastice serve a qualche cosa, o non serve a nulla: se non serve a nulla tu sei un imbroglione; se serve a qualche cosa, la giara, così com'è, deve avere il suo prezzo. Che prezzo? Stimala tu.
Zi' Dima rimase un pezzo a riflettere, poi disse:
– Rispondo. Se lei me l'avesse fatta conciare[46] col mastice solo, com'io volevo, io, prima di tutto, non mi troverei qua dentro, e la giara avrebbe su per giù lo stesso prezzo di prima. Così conciata con questi puntacci, che ho dovuto darle per forza di qua dentro, che prezzo potrà avere? Un terzo di quanto valeva, sì e no.
– Un terzo? – domandò lo Zirafa. – Un'onza e trentatré?
– Meno sì, più no.
– Ebbene, – disse Don Lollò. – Passi la tua parola, e dammi un'onza e trentatré.
– Che? – fece Zi' Dima, come se non avesse inteso.
– Rompo la giara per farti uscire, – rispose Don Lollò – e tu, dice l'avvocato, me la paghi per quanto l'hai stimata: un'onza e trentatré.
– Io pagare? – sghignazzò Zi' Dima. – Vossignoria scherza! Qua dentro ci faccio i vermi.
E, tratta di tasca con qualche stento la pipetta intartarita[47], l'accese e si mise a fumare, cacciando il fumo per il collo della giara.
Don Lollò ci restò brutto[48]. Quest'altro caso, che Zi' Dima ora non volesse più uscire dalla giara, né lui né l'avvocato l'avevano previsto. E come si risolveva adesso? Fu lì lì per ordinare di nuovo: «La mula», ma pensò che era già sera.
– Ah, sì – disse. – Tu vuoi domiciliare nella mia giara? Testimonii tutti qua! Non vuole uscirne lui, per non pagarla; io sono pronto a romperla! Intanto, poiché vuole stare lì, domani io lo cito per alloggio abusivo e perché mi impedisce l'uso della giara.
Zi' Dima cacciò prima fuori un'altra boccata di fumo, poi rispose placido:
– Nossignore. Non voglio impedirle niente, io. Sto forse qua per piacere? Mi faccia uscire, e me ne vado volentieri. Pagare... neanche per ischerzo[49], vossignoria!
Don Lollò, in un impeto di rabbia, alzò un piede per avventare[50] un calcio alla giara; ma si trattenne; la abbrancò invece con ambo le mani e la scrollò tutta, fremendo.
– Vede che mastice? – gli disse Zi' Dima.
– Pezzo da galera! – ruggì allora lo Zirafa. – Chi l'ha fatto il male, io o tu? E devo pagarlo io? Muori di fame là dentro! Vediamo chi la vince!
E se ne andò, non pensando alle cinque lire che gli aveva buttate la mattina dentro la giara. Con esse, per cominciare, Zi' Dima pensò di far festa quella sera coi contadini che, avendo fatto tardi per quello strano accidente[51], rimanevano a passare la notte in campagna, all'a-

46 **conciare**: riparare.
47 **intartarita**: incrostata, sporca.
48 **ci restò brutto**: ci restò male.
49 **ischerzo**: scherzo.
50 **avventare**: tirare.
51 **accidente**: evento.

perto, su l'aja. Uno andò a far le spese in una taverna lì presso. A farlo apposta, c'era una luna che pareva fosse raggiornato[52].
A una cert'ora don Lollò, andato a dormire, fu svegliato da un baccano d'inferno. S'affacciò a un balcone della cascina, e vide su l'aja, sotto la luna, tanti diavoli; i contadini ubriachi che, presisi per mano, ballavano attorno alla giara. Zi' Dima, là dentro, cantava a squarciagola.
Questa volta non poté più reggere, Don Lollò: si precipitò come un toro infuriato e, prima che quelli avessero tempo di pararlo[53], con uno spintone mandò a rotolare la giara giù per la costa. Rotolando, accompagnata dalle risa degli ubriachi, la giara andò a spaccarsi contro un olivo.
E la vinse Zi' Dima.

da *Novelle per un anno*, a cura di M. Costanzo, Mondadori

52 fosse raggiornato: fosse tornata la luce del giorno.

53 pararlo: fermarlo.

competenze alla prova

LEGGO E...

... COMPRENDO

1 Perché Don Lollò Zirafa ha bisogno di una giara più grande delle altre che già possiede?

2 Quando e da chi la giara viene trovata spaccata?

3 Quando Don Lollò vede la giara spaccata ha due reazioni. Quali?

- La prima: ....
- La seconda: ....

4 Perché Don Lollò chiede aiuto a Zi' Dima?

5 Su quale procedura della riparazione della giara Don Lollò e Zi' Dima non sono assolutamente d'accordo?

6 Perché Zi' Dima finisce chiuso dentro la giara?

... RICAVO DAL TESTO

7 È possibile che la giara sia stata rotta apposta da qualcuno? C'è un indizio nel testo che fa sospettare questa azione?

... ANALIZZO E INTERPRETO

8 Tutta la novella è costruita sul contrasto tra Don Lollò e Zi' Dima: trova per ciascuno una frase del testo che, meglio delle altre, ne rappresenti il carattere.

9 Nella novella si assiste a un ribaltamento finale dei ruoli e delle situazioni iniziali: spiega con parole tue perché.

LE FORME

10 Nel testo compare una similitudine per rappresentare efficacemente il personaggio di Zi' Dima. Rintracciala.
Compaiono altre similitudini? Scrivile qui sotto specificando a chi sono riferite:

....

....

....

....

11 Tutte queste similitudini rendono lo stile della novella:

☐ vivace e brillante ☐ solenne e poetico
☐ oggettivo e informativo ☐ soggettivo e lirico

12 Rintraccia nella novella due elementi che rimandano alla società della Sicilia contadina della seconda metà dell'Ottocento.

ORA SCRIVO IO

13 Scrivi il riassunto della novella in non più di 20 righe.

FACCIAMO IL PUNTO

Alla fine dell'Ottocento nasce in Francia il movimento artistico dell'**Impressionismo**, che prende il nome dal quadro di Claude Monet *Impressione, sole nascente* (1872).
Gli impressionisti rifiutano i tradizionali soggetti di carattere storico, mitologico e letterario e scelgono di ritrarre la natura dipingendo *en plein air* (all'aperto) con una tecnica rapida che permette di completare l'opera in poche ore: il loro obiettivo è di riportare sulla tela le **sensazioni** e le **percezioni visive** che il paesaggio comunica in vari momenti della giornata e in particolari condizioni di luce.
Nella tela a olio *Nel prato* la figura femminile è rappresentata immersa nei fiori e nell'erba, in una massa indistinta di colori in cui dominano le sfumature, i riflessi, quasi le dissolvenze.
Lo spazio non presenta più piani precisi e definiti: diventa in questo modo lo **spazio dell'interiorità**, è la resa visiva delle sensazioni che le immagini producono nell'artista.
Il dipinto non è parte di una realtà oggettiva, ma frammento di una sensazione, di una percezione momentanea e fugace della realtà.

Claude Monet, *Nel prato*, 1876 (Collezione privata).

A La donna è **immersa nell'ambiente naturale**, come se fosse lei stessa paesaggio: i fiori, l'erba, il cielo sullo sfondo sono raffigurati con le stesse intense e forti pennellate della figura femminile, con il suo vestito vaporoso e il cappello bianco, l'incarnato del volto e le mani.

B Fondamentale, nel quadro, è la **luce**, vibrante, dinamica. Mancano i campi assoluti di colore, ma dominano le sfumature e gli accostamenti più accesi. Risulta praticamente assente il nero: anche la parte in ombra del parasole sfuma tra grigio scuro, verde e blu.

C Lo sguardo della donna è rivolto sul libro che sta leggendo, anch'esso chiarissimo e luminoso come le vesti e il parasole. Monet coglie non solo la profonda concentrazione intellettuale della donna, ma i suoi **moti interiori**, la sua sensibilità. È viva nella vita della natura.

competenze alla prova

1. **Alcuni dei testi di questa sezione rappresentano e descrivono figure femminili secondo le sensazioni individuali del narratore o del poeta. Opera un confronto tra il dipinto di Monet e un'immagine di donna di questa unità, a tua scelta.**
2. **Come nella pittura contemporanea, in molte poesie sono predominanti gli elementi visivi, in particolare i colori, presentati in una dimensione non realistica. Fai qualche esempio.**
3. **Indica in quali poeti e letterati della presente sezione la natura si impone come elemento di primo piano per la sua sensualità e bellezza.**

Futurismo, Ermetismo

La poesia del primo Novecento

Poesia
è il mondo l'umanità
la propria vita
fioriti dalla parola

da G. Ungaretti, *Commiato*, in *Allegria di naufragi*, 1919

All'inizio del Novecento la poesia cerca, con modalità diverse, di far recuperare **forza espressiva alla parola**, isolandola nel verso e riducendo il più possibile i legami sintattici. Spesso le parole vengono accostate in virtù di analogie nascoste che il lettore è chiamato a scoprire, facendosi interprete del testo.

Anche nell'arte, la rappresentazione della realtà si fa **dinamica**, scomponendosi in molteplici punti di vista. La tela di Boccioni rappresenta un tavolo di ristorante in cui domina un'atmosfera di prepotente allegria. Si riconosce bene solo una donna con un cappello con le piume, secondo la moda dei primi del Novecento. Di questo contesto rimane intatto e riconoscibile solo il viso della donna, atteggiato in una risata che il pittore rappresenta come incontenibile. Il senso dell'esagerazione è prodotto grazie all'uso insistito di tre colori primari, il giallo, il rosso e il blu, che scompongono la realtà in piani diversi e creano una sovrapposizione di oggetti (bicchieri, bottiglie, tavoli). L'atmosfera creata è irreale, come in molti quadri di quest'epoca, la visione è fortemente dinamica. La risata è contagiosa, ma ha qualcosa di scomposto e di eccessivo che sembra anticipare la fine di un'età, quasi il preludio dell'imminente Prima guerra mondiale.

Umberto Boccioni, *La risata*, 1911 (New York, Museum of Modern Art).

Il contesto storico

La Prima guerra mondiale

Agli inizi del XX secolo cresce la tensione tra gli Stati europei, divisi in due schieramenti contrapposti: da un lato la **Triplice Intesa**, formata da Inghilterra, Francia e Russia, dall'altro la **Triplice Alleanza**, costituita da Germania, Austria e Italia.
L'area più instabile del continente è il **territorio dei Balcani**, lacerato da dissidi interni e conteso da Austria, Russia e Turchia: la situazione precipita il 28 giugno 1914 quando l'arciduca Francesco Ferdinando, erede al trono d'Austria, viene assassinato a Sarajevo da un indipendentista serbo: questo avvenimento offre alle nazioni europee il pretesto di trasformare la reciproca ostilità in conflitto armato.

Copertina della «Domenica del Corriere» che raffigura l'assassinio dell'arciduca Francesco Ferdinando e di sua moglie, la duchessa Sofia.

La **Prima guerra mondiale** scoppia alla fine di luglio del **1914**, si protrae fino al **1918** e si conclude con la **sconfitta della Triplice Alleanza**, coinvolgendo un grandissimo numero di soldati e provocando migliaia di vittime anche tra i civili.
Inizialmente l'Italia si dichiara neutrale, ma a causa delle pressioni di movimenti nazionalisti e interventisti, guidati da intellettuali come Gabriele D'Annunzio e Filippo Tommaso Marinetti, il 24 maggio 1915 si schiera con Francia e Inghilterra, con la speranza di poter ottenere Trieste dall'Austria in caso di vittoria nella guerra.

La crisi del dopoguerra

Alla fine della guerra l'**Europa è profondamente cambiata** dal punto di vista territoriale: l'Impero russo non esiste più, abbattuto dalla rivoluzione socialista del 1917, mentre gli Imperi austro-ungarico e ottomano vengono smembrati in seguito alla sconfitta militare.

Sul piano economico molti Paesi si trovano ad affrontare una **crisi senza precedenti**, con un'inarrestabile ascesa dei prezzi e un rapido aumento della disoccupazione, che fanno crescere il malcontento popolare e provocano proteste e rivolte.

La dittatura nazista

A causa di questa complessa situazione, in Germania si afferma il **partito nazionalsocialista** guidato da Adolf Hitler, la cui ideologia è basata sulla convinzione della superiorità della razza tedesca (ariana) sulle altre e soprattutto su quella ebraica, che secondo Hitler deve essere cancellata.
Proprio mentre la Germania è attraversata da una violentissima crisi economica, nel 1933 Hitler ottiene la guida del governo e in pochi mesi **trasforma la nazione in una dittatura**, cancellando la libertà di stampa e di espressione, dichiarando illegali gli altri partiti, perseguitando gli oppositori politici e promulgando leggi razziali contro gli Ebrei.
L'aggressiva e violenta politica estera della Germania nazista, che dal 1938 invade Austria, Cecoslovacchia e Polonia, scatenerà la **Seconda guerra mondiale (1939-1945)**.

La dittatura fascista

Anche in Italia la crisi del dopoguerra fa esplodere tensioni politiche e conflitti sociali; a partire dal 1919 operai e contadini occupano fabbriche e latifondi con l'obiettivo di ottenere una redistribuzione delle terre e aumenti salariali.
In questo clima, nel 1919 Benito Mussolini crea il movimento dei **fasci italiani di combattimento**, che nel 1921 si trasformano nel **partito nazionale fascista**. Si tratta di un gruppo politico inizialmente molto marginale che, però, riesce progressivamente a guadagnare consensi approfittando del malcontento della piccola e media borghesia, il ceto sociale maggiormente colpito dalla crisi economica.
Utilizzando intimidazioni e violenza fisica nei confronti degli avversari politici, nel 1922 **Mussolini ottiene l'incarico di guidare il governo**; negli anni immediatamente successivi tutti i partiti sono dichiarati illegali, i giornali indipendenti vengono chiusi o subiscono pesanti censure e viene istituito un Tribunale Speciale che processa gli oppositori.
Dopo essersi alleata con Hitler, nel 1938 anche l'Italia promulga **leggi razziali** contro gli Ebrei e nel 1940 interviene nella Seconda guerra mondiale a fianco della Germania e poi del Giappone.
La dittatura fascista, che durerà fino al 1943, condiziona tutti gli aspetti della vita degli Italiani utilizzando anche la radio e il cinema per "bombardare" i cittadini con la **propaganda** che diffonde continuamente i discorsi di Mussolini ed esalta le opere del regime.

Copertina della «Domenica del Corriere» dell'8 maggio 1938, che raffigura "I Condottieri" Benito Mussolini e Adolfo Hitler; illustrazione di A. Beltrame.

Il contesto culturale

Verso una nuova poesia

Nei primi decenni del XX secolo molti poeti avvertono la necessità di staccarsi dalle regole della metrica tradizionale che considerano un limite alla loro libertà espressiva: nasce così il **verso libero**, nel quale il numero delle sillabe, la collocazione degli accenti ritmici, la disposizione delle rime e la lunghezza delle strofe non seguono più, come accadeva nella precedente tradizione poetica, uno schema fisso e stabilito, ma variano in rapporto alle esigenze degli autori.
Parallelamente assume un'importanza sempre maggiore la singola **parola**, che viene scelta per la sua capacità di esprimere, da sola, significati complessi e profondi.
L'esempio più significativo di questa nuova sensibilità stilistica è dato dalle poesie di **Giuseppe Ungaretti**, che sono formate da versi brevissimi, quasi dei frammenti costituiti da poche parole, con cui lo scrittore suggerisce inattesi collegamenti tra aspetti diversi e apparentemente lontani della realtà.
Un altro innovativo gruppo d'avanguardia in campo artistico e letterario è il **movimento futurista**, fondato da Filippo Tommaso Marinetti nel 1909.
I poeti futuristi esaltano il **valore della modernità e del progresso** tecnico e rifiutano tutte le regole formali del passato, trasformando il verso in puro suono la cui funzione è comunicare energia e velocità; alla vigilia della Prima guerra mondiale essi assumono anche un certo peso politico perché sostengono con forza e convinzione la partecipazione italiana al conflitto che considerano uno strumento di progresso.

Giacomo Balla, *La guerra*,
1916 (Banca di Roma).

Non tutti gli scrittori compiono scelte stilistiche altrettanto radicali, ma anche coloro che mantengono un legame con il passato manifestano un'attenzione più acuta nei confronti dei problemi e delle contraddizioni della condizione umana: ne è un esempio la poesia di **Umberto Saba** che, pur adottando il linguaggio limpido e lineare della tradizione letteraria, analizza con sensibilità nuova la complessa interiorità dell'uomo.
In questo scenario assume un particolare rilievo la posizione di **Eugenio Montale**, che ricorre a un linguaggio asciutto e privo di retorica per comunicare il senso di impotenza e di angoscia derivante dalla consapevolezza di non essere più in grado di esprimere alcuna certezza.

L'Ermetismo

Nel periodo della dittatura fascista le limitazioni alla libertà di espressione riducono progressivamente il campo di azione degli intellettuali italiani che, se non accettano le regole imposte dal regime, sono costretti a fuggire all'estero oppure vengono imprigionati e inviati al confino.
A chi resta in patria non rimane altra possibilità se non quella di ritagliarsi uno spazio nel quale esprimere la sofferenza individuale e collettiva causata dalla violenza e dalla perdita della libertà: in questo contesto, tra il 1920 e il 1930 nasce a Firenze il movimento dell'**Ermetismo**, definito così per il suo linguaggio difficile e chiuso (*ermetico*), che richiede ai lettori un grande sforzo interpretativo.
Gli ermetici sostengono l'idea di una **poesia pura**, cioè libera da obiettivi comunicativi e descrittivi, e ritengono che la parola poetica sia lo strumento per dare voce a rapide intuizioni sul mistero dell'esistenza che possono essere comunicate solo per allusioni e analogie e sono riservate ai pochi in grado di comprenderle.
Gli ermetici, i cui maggiori esponenti sono **Salvatore Quasimodo**, Alfonso Gatto e successivamente **Mario Luzi**, si ispirano all'opera di Ungaretti e Montale e delle varie avanguardie nate agli inizi del Novecento e considerano la poesia come l'unico luogo in cui è ancora possibile rintracciare un barlume di speranza in un mondo oppresso da violenza e sopraffazione.

Felice Casorati, *Ragazza con scodella*, 1919-1920 (Torino, Galleria d'Arte Moderna).

Aldo Palazzeschi

Aldo Palazzeschi (pseudonimo di Aldo Giurlani) nasce a **Firenze** nel **1885**; dopo aver conseguito il diploma di ragioniere, frequenta una scuola di recitazione e per breve tempo lavora con una compagnia teatrale.
Dopo il suo esordio letterario, avvenuto nel 1905, **si avvicina al Futurismo**, da cui si distacca poco dopo perché non condivide l'acceso sostegno alla guerra.
Negli anni Quaranta scrive per «Il Corriere della Sera» e negli stessi anni si trasferisce a Roma. Subito dopo la guerra viene insignito del Premio Viareggio (1948) e riceve la *laurea ad honorem* in Lettere dall'università di Padova (1960).
Continua a scrivere fino a tarda età, rivedendo costantemente i testi realizzati negli anni precedenti.
Muore a Roma nel **1974**.

L'opera

Palazzeschi è autore di **opere in versi** e in **prosa**. Tra le raccolte poetiche che risentono dell'influenza del movimento futurista ricordiamo *L'incendiario* (1910) e le *Poesie*, la cui edizione definitiva esce nel 1930.
Nel 1911 dà alle stampe la favola allegorica *Il Codice di Perelà*, cui seguono alcuni libri di racconti tra i quali ci sono *Piramide* (1926) e *Stampe dell'Ottocento* (1932).
I suoi romanzi più noti sono *Sorelle Materassi* (1934) e *I fratelli Cuccoli* (1948), con il quale vince il premio Viareggio.

I temi

Le caratteristiche più evidenti dello stile di Palazzeschi sono l'ironia e l'interesse per la dimensione fantastica della vita, ma dietro l'apparente semplicità dei suoi scritti e la costante ricerca di un tono lieve e divertente si nascondono spesso profonde riflessioni sulla condizione umana e una pungente critica alla società del tempo.

Lasciatemi divertire

È una poesia veramente insolita quella che ti proponiamo perché l'autore si è divertito a creare frasi prive di senso accostando liberamente vocali e consonanti "scartate" da altre poesie.
Mentre scherza con le parole un severo signore lo critica aspramente, scandalizzato dal suo scarso rispetto della metrica e della tradizione; il poeta però non è disposto a farsi zittire e rivendica fino in fondo il diritto a divertirsi.

Il componimento evidenzia come il rifiuto delle regole di Palazzeschi nasca sia dalla volontà di sperimentare nuove strade espressive sia dalla consapevolezza che la poesia non conta più nulla nella società e che il poeta deve ormai rispondere solo a se stesso.

schema metrico:
versi liberi con rime e assonanze

Tri tri tri,
fru fru fru,
uhi uhi uhi,
ihu ihu ihu.

Il poeta si diverte,
pazzamente,
smisuratamente.
Non lo state a insolentire[1],
lasciatelo divertire
poveretto,
queste piccole corbellerie[2]
sono il suo diletto[3].

Curù rurù,
rurù cucù
cuccuccurucù!

Cosa sono queste indecenze?
Queste strofe bisbetiche[4]?
Licenze, licenze,
licenze poetiche[5].
Sono la mia passione.

Farafarafarafa,
Tarataratarata,
Paraparaparapa,
Laralaralaralà!

Georg Grosz, *L'agitatore*, 1928 (Amsterdam, Stedelijk Museum).

1 Non lo state a insolentire: non continuate a insultarlo.

2 corbellerie: sciocchezze, cose di scarsa importanza.

3 diletto: divertimento.

4 bisbetiche: strane e irregolari.

5 licenze poetiche: parole fuori dell'uso comune che solo i poeti possono usare.

Sapete cosa sono?
Sono robe avanzate,
non sono grullerie[6],
sono la... spazzatura
delle altre poesie.

Bubububu,
fufufufu,
Friù!
Friù!

Se d'un qualunque nesso
son prive[7],
perché le scrive
quel fesso?

Bilobilobilobilobilo
blum!
Filofilofilofilofilo
flum!
Bilolù. Filolù.
U.

Non è vero che non voglion dire,
vogliono dire qualcosa.
Voglio dire...
come quando uno si mette a cantare
senza saper le parole.
Una cosa molto volgare.
Ebbene, così mi piace di fare.

Aaaaa!
Eeeee!
Iiiii!
Ooooo!
Uuuuu!
A! E! I! O! U!

Ma giovinotto,
diteci un poco una cosa,
non è la vostra una posa[8],
di voler con così poco
tenere alimentato
un sì gran foco[9]?

6 **grullerie**: sciocchezze, stupidaggini. È un termine di origine toscana.

7 **Se d'un qualunque nesso son prive**: se mancano di logica.

8 **non è la vostra una posa**: non è una pretesa assurda la vostra.

9 **tenere alimentato un sì gran foco?**: mantenere acceso il sacro fuoco della poesia?

Huisc... Huisc...
Huisciu... sciu sciu,
Sciukoku[10]... Koku koku,
Sciu
ko
ku.

Come si deve fare a capire?
Avete delle belle pretese,
sembra ormai che scriviate in giapponese.

Abì, alì, alarì.
Riririri!
Ri.

Lasciate pure che si sbizzarrisca
anzi, è bene che non la finisca,
il divertimento gli costerà caro:
gli daranno del somaro.

Labala
falala
falala
eppoi lala...
e lalala, lalalala, lalala.

Certo è un azzardo[11] un po' forte,
scrivere delle cose così,
che ci son professori, oggidì,
a tutte le porte.

Ahahahahahahah!
Ahahahahahahah!
Ahahahahahahah!

Infine,
io ho pienamente ragione,
i tempi sono cambiati,
gli uomini non domandano più nulla
dai poeti:
e lasciatemi divertire!

in *Tutte le poesie*, Mondadori

10 Sciukoku: dall'accostamento di suoni nascono parole che ricordano il nome delle città giapponesi di Shikoku e Kiushu, tanto che pochi versi dopo l'interlocutore dirà che la poesia gli sembra scritta in giapponese.

11 azzardo: rischio.

scheda

La rivoluzione linguistica dei futuristi

L'originalità stilistica di Palazzeschi è una delle caratteristiche del movimento futurista.
Nel 1911 **Filippo Tommaso Marinetti**, fondatore del Futurismo, sostiene che bisogna **distruggere la sintassi e usare le parole in libertà**, disponendo i sostantivi a caso, spezzando i nessi logici tra le frasi, eliminando articoli, avverbi, aggettivi e punteggiatura e usando soltanto verbi all'infinito.
Il primo libro scritto con la tecnica delle *parole in libertà* è ZANG TUMB TUMB ADRIANOPOLI. OTTOBRE 1912, che esibisce uno stile lontano sia dagli schemi poetici sia dalla prosa. Qui Marinetti racconta l'assedio della città di Adrianopoli (Edirne in turco) servendosi di continue combinazioni di onomatopee per riprodurre il rumore dei proiettili, accostando verbi all'infinito senza usare punteggiatura, moltiplicando le consonanti all'interno della parola per dilatarne il suono, utilizzando il maiuscolo per sottolineare solo alcune parole e variando la forma grafica e i caratteri usati nella pagina al fine di creare anche un coinvolgimento visivo del lettore.

Copertina del poemetto *Zang Tumb Tumb*, pubblicato a Milano a cura delle Edizioni futuriste di Poesia, nel 1914.

competenze alla prova

LEGGO E...

... COMPRENDO

1. **In che modo il poeta costruisce il componimento?**
2. **Per quale motivo l'altro personaggio lo critica?**
3. **Come giustifica la sua scelta Palazzeschi nell'ultima strofa?**

... RICAVO DAL TESTO

4. **Il poeta dice che i tempi sono cambiati e che gli uomini non domandano più nulla dai poeti (vv. 93-95). Che cosa volevano in passato, secondo te, gli uomini dai poeti?**

... ANALIZZO E INTERPRETO

5. **Le parole iniziali con cui l'uomo critica il poeta sono evidenziate nel testo: continua tu sottolineando le parti che contengono i suoi successivi giudizi.**
6. **Lo scarso prestigio sociale di cui gode il poeta è rivelato dagli appellativi a lui riferiti: come si autodefinisce Palazzeschi nella parte iniziale della poesia? Come lo chiama invece il suo interlocutore nei versi 37 e 78?**
7. **I suoni utilizzati da Palazzeschi non sono frequenti in poesia ma sono tipici di un altro genere espressivo e artistico: secondo te, quale?**

ORA SCRIVO IO

8. **Prova a scrivere un breve racconto collegando tra loro, nell'ordine e nel modo che preferisci, questi versi tratti da varie poesie scritte nel XX secolo.**
   - "*Dalla stanza vicina ascolto care / voci nel letto dove il sonno accolgo*" (Umberto Saba)
   - "*Io che come un sonnambulo cammino*" (Camillo Sbarbaro)
   - "*Tutto è sospeso come in un'attesa*" (Camillo Sbarbaro)
   - "*So d'una villa chiusa e abbandonata / da tempo immemorabile, segreta*" (Corrado Govoni)

Umberto Saba

Umberto Saba (pseudonimo di Umberto Poli) nasce nel **1883** a **Trieste** dove trascorre l'infanzia.
Dopo aver abbandonato gli studi svolge diversi lavori; alla fine della Prima guerra mondiale, apre a Trieste una libreria antiquaria che sarà l'attività costante della sua vita.
A causa delle sue **origini ebraiche** alla fine degli anni Trenta è costretto a **fuggire a Parigi**; rientrato in Italia si nasconde a casa di amici, tra cui i poeti Ungaretti e Montale.
Alla conclusione del conflitto si sposta a Milano e successivamente ritorna a Trieste: in questi anni ottiene i primi riconoscimenti ufficiali per la sua poesia e nel 1953 riceve dall'università di Roma la laurea in Lettere *ad honorem*.
Muore a Gorizia nel **1957**.

L'opera

I diversi volumi di versi pubblicati da Saba tra il 1900 e il 1954 sono raccolti nel *Canzoniere*, che egli definisce "*l'opera di una vita*": in esso le poesie non sono distribuite secondo la data di composizione ma secondo il tema, poiché seguono e illustrano le tappe più importanti dell'esistenza dell'autore.
Il *Canzoniere* è suddiviso in tre parti, le composizioni della giovinezza (1900-1920), della maturità (1921-1932) e della vecchiaia (1933-1954). Ognuna di queste sezioni può essere considerata un'opera a se stante, anche se esse sono reciprocamente legate da richiami e corrispondenze tematiche e stilistiche.
I temi ricorrenti del *Canzoniere* sono **l'amore per Trieste e per la moglie Lina**, i piccoli avvenimenti lieti e tristi che riempiono la vita quotidiana e il sentimento del dolore che accomuna gli esseri umani.
Saba utilizza uno **stile molto lineare**, che rispetta le regole della tradizione metrica e privilegia parole semplici e di uso comune, ma le sue riflessioni, caratterizzate da un profondo senso di vicinanza agli altri uomini, sono sempre profonde e ricercano la verità che si nasconde dietro la superficie delle cose.

Statua di Umberto Saba a Trieste.

Ulisse

Il poeta si paragona al personaggio di Ulisse con il quale condivide il desiderio di non accontentarsi di ciò che conosce, motivo che per tutta la vita lo spinge ad affrontare situazioni nuove e incerte.
Nella riflessione di Saba, il mare che l'eroe omerico ha lungamente solcato diviene una metafora della vita: la maggior parte degli uomini preferisce infatti rifugiarsi nel porto al riparo dai pericoli e in compagnia degli altri, e solo pochi scelgono i rischi della navigazione solitaria in acque più pericolose, che offrono però la possibilità di esplorare aspetti sconosciuti dell'esistenza.

schema metrico:
endecasillabi sciolti (senza rima)

Nella mia giovanezza[1] ho navigato
lungo le coste dalmate[2]. Isolotti
a fior d'onda emergevano[3], ove raro
un uccello[4] sostava intento a prede[5],
coperti d'alghe, scivolosi, al sole
belli come smeraldi. Quando l'alta
marea e la notte li annulla[6], vele
sottovento sbandavano più al largo[7],
per fuggirne l'insidia[8]. Oggi il mio regno
è quella terra di nessuno. Il porto
accende ad altri i suoi lumi[9]; me al largo
sospinge ancora il non domato spirito,
e della vita il doloroso amore[10].

da *Mediterranee*, in *Canzoniere*, Einaudi

1 **giovanezza**: giovinezza.

2 **dalmate**: della Dalmazia, regione balcanica affacciata sul mar Adriatico, caratterizzata da coste frastagliate.

3 **Isolotti a fior d'onda emergevano**: gli scogli affioravano dall'acqua.

4 **ove raro un uccello**: dove soltanto un uccello solitario.

5 **intento a prede**: alla ricerca di prede.

6 **li annulla**: li nasconde alla vista.

7 **vele sottovento sbandavano più al largo**: le navi procedevano in direzione opposta a quella da cui soffia il vento (*sottovento*), cioè prendevano il largo.

8 **per fuggirne l'insidia**: per evitare il pericolo (*insidia*) costituito dagli scogli affioranti.

9 **i suoi lumi**: le sue luci. Le luci del porto simboleggiano la protezione.

10 **me al largo ... doloroso amore**: io invece sono spinto al largo dallo spirito ribelle e dall'amore per tutti gli aspetti della vita, anche quelli dolorosi.

Karl Schmidt-Rottluff, *Banchi di sabbia e bassa marea*, 1912 (Dusseldorf, Collezione Kurt Forberg).

competenze alla prova

LEGGO E...

... COMPRENDO

1. Quali pericoli mettono in difficoltà coloro che navigano lungo le coste della Dalmazia?
2. Come fanno le navi a evitarli?
   - ☐ Si dirigono verso il porto
   - ☐ Si dirigono al largo
   - ☐ Usano i radar
   - ☐ Rallentano l'andatura
3. Quali tratti della personalità di Saba lo spingono a fare scelte insolite e rischiose?

... RICAVO DAL TESTO

4. Secondo te, il poeta preferisce la compagnia degli altri uomini o la solitudine? Motiva la tua risposta con riferimenti al testo.

... ANALIZZO E INTERPRETO

5. Nell'adolescenza Saba abbandona gli studi e si imbarca come mozzo su una nave mercantile: in quale punto del testo troviamo questo riferimento autobiografico?
6. Ricordi un altro grande scrittore che ha scelto il personaggio di Ulisse come simbolo del desiderio umano di superare i limiti?

LE FORME

7. Nella poesia c'è una similitudine relativa agli scogli delle coste della Dalmazia: individuala e spiegane il significato.
8. Ognuna delle espressioni che seguono ha un significato metaforico: completa lo schema seguendo l'esempio.

   Isolotti affioranti significa rischi e imprevisti

   Terra di nessuno significa ....

   Porto significa luogo ....

ORA SCRIVO IO

9. Immagina un breve dialogo tra il personaggio che hai individuato nella risposta 6 e Saba, in cui i due spiegano i motivi della loro costante sfida ai limiti.
10. Fa' la parafrasi della poesia.

Città vecchia

Saba è legato da profondo amore per la città di Trieste, nella quale è nato e ha lungamente vissuto, e la rende protagonista di molti componimenti.
In questa poesia lo sguardo dell'autore si sofferma soprattutto sui quartieri più popolari e malfamati, la cosiddetta "città vecchia" che sorge tra le viuzze del porto, popolata e animata da personaggi di tutti i generi, spontanei e pittoreschi: il contatto con questa umanità modesta e senza pretese fa comprendere a Saba come tutti gli uomini siano figli di Dio, accomunati dallo stesso dolore.

Spesso, per ritornare alla mia casa
prendo un'oscura via di città vecchia.
Giallo in qualche pozzanghera si specchia
qualche fanale, e affollata è la strada.

Qui tra la gente che viene che va
dall'osteria alla casa o al lupanare[1],
dove son merci ed uomini il detrito
di un gran porto di mare[2],
io ritrovo, passando, l'infinito
nell'umiltà.
Qui prostituta e marinaio, il vecchio
che bestemmia, la femmina che bega[3],
il dragone[4] che siede alla bottega
del friggitore,
la tumultuante[5] giovane impazzita
d'amore,
sono tutte creature della vita
e del dolore;
s'agita in esse, come in me, il Signore.

Qui degli umili sento in compagnia
il mio pensiero farsi
più puro[6] dove più turpe è la via[7].

da *Trieste e una donna*, in *Canzoniere*, Einaudi

schema metrico:
tre strofe di diversa lunghezza con rime baciate (AABB) e alternate disposte in modo irregolare

1 lupanare: edificio dove si pratica la prostituzione.
2 dove son merci ed uomini il detrito di un gran porto di mare: dove gli uomini e le merci sono lo scarto (*detrito*) del grande porto. Il *gran porto di mare* è la città di Trieste.
3 bega: litiga.
4 dragone: soldato.
5 tumultuante: agitata, emozionata.
6 Qui degli umili sento in compagnia il mio pensiero farsi più puro: qui, in compagnia degli umili, sento i miei pensieri diventare più puri.
7 dove più turpe è la via: dove la strada appare più sporca e piena di vizi.

Balthus, *La strada*, 1933 (New York, Museum of Modern Art).

scheda

Saba e Trieste

In una delle sue poesie Saba scrive che "*Trieste è la città, la donna è Lina*" per indicare che i punti di riferimento più solidi della sua vita sono il luogo in cui è nato e Lina Woelfer, la donna alla quale rimane legato per oltre cinquant'anni. Con Trieste Saba ha un rapporto molto intenso e nel *Canzoniere* afferma di volerla cantare non solo perché è la sua città natale ma soprattutto per ciò che "*ha di proprio ed inconfondibile*". Nei suoi versi il poeta mette in risalto principalmente gli aspetti di Trieste che si riflettono nel suo carattere, come la gentilezza un po' scontrosa e la capacità di accettare stati d'animo e situazioni diversi e qualche volte contraddittori.

Trieste: il Canal Grande e piazza del Ponte Rosso.

competenze alla prova

LEGGO E...

... COMPRENDO

1. Quali figure il poeta incontra nel suo cammino?
2. Con quale termine è definito, nel testo, l'insieme di tutte le persone incontrate nella città vecchia?

... RICAVO DAL TESTO

3. Quale quartiere Saba descrive nei suoi versi?
   - ☐ Il centro storico vicino al porto
   - ☐ La zona residenziale
   - ☐ La periferia
   - ☐ La parte moderna

... ANALIZZO E INTERPRETO

4. Che cosa hanno in comune il poeta e le persone che vivono nella *città vecchia*?
5. Perché il poeta definisce le merci e gli abitanti della città vecchia come "*il detrito di un gran porto di mare*"?
6. Perché, secondo te, i pensieri del poeta diventano più puri in un luogo umile e sporco?

LE FORME

7. Sottolinea le rime presenti nel testo.
8. Come si chiama la figura retorica data dalla ripetizione della parola *Qui* all'inizio dei versi 5, 11, 20?

ORA SCRIVO IO

9. Prendendo come esempio la prima strofa della poesia, scrivi una quartina (strofa in quattro versi) in cui descrivi la città o il quartiere in cui vivi.
10. Il poeta giunge alla conclusione che tutti gli uomini, anche i più umili ed emarginati, hanno molti tratti simili: che cosa pensi di questa idea?

UN MONDO DI PAROLE

11. Osserva la struttura metrica della poesia: quali sono i versi più brevi? Ti sembra che essi mettano in rilievo parole particolarmente significative? Per quale motivo?

Giuseppe Ungaretti

Giuseppe Ungaretti nasce ad **Alessandria d'Egitto** nel **1888** da genitori toscani, e qui trascorre la prima giovinezza.
Nel 1912 si trasferisce a Parigi dove conosce molti artisti che influenzeranno le sue future scelte stilistiche. Tornato in Italia, nel 1915 partecipa come volontario alla Prima guerra mondiale.
Alla fine del conflitto si trasferisce a Roma e inizia a collaborare con diversi giornali e riviste; successivamente **aderisce al fascismo**.
Dal 1936 al 1942 insegna all'università di San Paolo in Brasile, ma in questo periodo è profondamente segnato dalla **morte del figlio** di nove anni.
Rientrato in Italia, dal 1947 insegna Letteratura italiana all'università di Roma, e continua a comporre e a pubblicare poesie.
Muore a Milano nel **1970**.

L'opera

Giuseppe Ungaretti è autore di liriche, traduzioni poetiche e saggi critici.
Tra le sue opere ricordiamo le raccolte *Il porto sepolto* (1916) e *Allegria di naufragi* (1919), che comprendono testi scritti mentre il poeta si trova sul fronte di guerra e sono molto innovative dal punto di vista stilistico.
Seguono i volumi di versi *Sentimento del tempo* (1933), che segna il ritorno dell'autore alle regole metriche della tradizione letteraria, *Il dolore* (1947), centrato sulla sofferenza interiore del poeta scosso dalla tragedia della Seconda guerra mondiale e dai lutti familiari, *La Terra promessa* (1950), *Un grido e paesaggi* (1952) e il *Taccuino dei vecchi* (1961).
Nel 1969 tutta la produzione poetica di Ungaretti viene raccolta nel volume *Vita d'un uomo*.

I temi

Il tema dominante della poesia di Ungaretti è la **riflessione sulla sofferenza dell'uomo**, che egli considera una condizione universale. Il poeta la analizza a partire da esperienze personali e autobiografiche come quella della guerra, che trasforma la vita umana in un **naufragio** da cui ci si salva solo cogliendo i rari e inattesi attimi di felicità che derivano dal ricordo degli affetti e dal contatto con la natura.
Dopo il **riavvicinamento alla fede religiosa**, in molti componimenti il tema del dolore individuale si intreccia a quello della sofferenza collettiva e alla riflessione su Dio e sul mistero della morte.
Dal punto di vista stilistico, l'aspetto più innovativo dei primi componimenti di Ungaretti è costituito dalla scelta di un **linguaggio scarno ed essenziale** fatto di versi brevissimi, nei quali scompare la punteggiatura e assume massimo rilievo la **singola parola** che da sola esprime sentimenti e stati d'animo intimi e profondi.
In seguito il poeta torna a utilizzare gli schemi metrici tradizionali, componendo versi di maggiore respiro scanditi dalla punteggiatura e organizzati in strofe più ampie e regolari.

Veglia

Nel 1915 l'Italia decide di partecipare alla Prima guerra mondiale e anche Ungaretti, pieno di sogni e di ideali come molti giovani della sua generazione, si arruola come volontario.
Ben presto però la brutale realtà della trincea svela al poeta il vero volto della guerra, che non è fatta solo di eroici combattimenti ma è soprattutto solitudine e lunghe attese del nemico in condizioni difficilissime: dopo aver trascorso una notte accanto al cadavere di un commilitone, Ungaretti comprende quanto sia importante quella vita che il conflitto distrugge con tanta facilità.

schema metrico:
versi liberi

Un'intera nottata
buttato[1] vicino
a un compagno
massacrato
con la sua bocca
digrignata[2]
volta al plenilunio[3]
con la congestione
delle sue mani[4]
penetrata
nel mio silenzio
ho scritto
lettere piene d'amore

Non sono mai stato
tanto
attaccato alla vita

Cima Quattro il 23 dicembre 1915[5]

da *Allegria di naufragi*, in *Vita d'un uomo. Tutte le poesie*, Mondadori

Soldati uccisi nelle trincee italiane a Cividale.

1 **buttato**: scaraventato, abbandonato.
2 **bocca digrignata**: bocca spalancata che lascia vedere i denti.
3 **volta al plenilunio**: rivolta alla luna piena.
4 **con la congestione delle sue mani**: con le mani arrossate e contratte dalla sofferenza.
5 ***Cima Quattro il 23 dicembre 1915***: *Cima Quattro* è la postazione di una delle trincee. Tutte le poesie incluse in questa raccolta hanno l'indicazione del luogo e del giorno in cui sono state composte, come se Ungaretti avesse voluto scrivere un "diario di guerra".

scheda

Le trincee

La trincea è una posizione scavata nel terreno e fortificata nella quale i soldati pongono la loro base in attesa del momento più opportuno per attaccare il nemico.

Durante la Prima guerra mondiale le trincee si sviluppano per migliaia di chilometri; spesso dopo la prima linea ce ne sono altre, che vengono utilizzate per gli spostamenti delle truppe e per il rifornimento di munizioni e cibo.

La tattica dell'appostamento trasforma la guerra di movimento in guerra di logoramento: le azioni militari si riducono al minimo e i soldati sono costretti a snervanti attese.

Le più importanti linee di trincea scavate durante la Prima guerra mondiale sono quella sul **fronte occidentale**, che divide la Germania dalla Francia e attraversa il territorio dal Mar del Nord alle Alpi, e quella sul **fronte italo-austriaco**, che va dal monte Stelvio al mare Adriatico, nella quale la maggior parte delle truppe si concentra nelle valli dell'Isonzo, la zona dove combatte Ungaretti.

Queste due linee di trincea sono costruite con tecniche diverse: sul fronte occidentale esse sono scavate nel fango, mentre su quello italiano sono situate tra le rocce e i ghiacciai delle Alpi.

La vita di trincea è molto difficile sia per la completa assenza di igiene e l'esposizione alle intemperie, sia per la continua tensione provocata dall'immobilità forzata che può durare settimane, e ciò viene testimoniato da molti scritti, tra cui le poesie di Giuseppe Ungaretti e il romanzo autobiografico *Niente di nuovo sul fronte occidentale* del tedesco Erich Maria Remarque.

Soldati italiani in trincea in un momento di tregua, Prima guerra mondiale.

competenze alla prova

LEGGO E...

... COMPRENDO

1 In quale situazione storica viene scritta questa poesia?

2 Dove si trovano Ungaretti e il suo compagno morto?

3 In quale tempo si svolge la situazione descritta?

- ☐ Un'intera giornata
- ☐ Una notte
- ☐ Alcuni giorni
- ☐ Un tempo imprecisato

4 Quale altra indicazione rispetto all'ambiente esterno trovi nella poesia?

... RICAVO DAL TESTO

5 La presenza della data e del luogo in cui la poesia è stata scritta, insieme ad altri elementi della composizione, rendono la poesia simile a che cosa?

- ☐ A un reportage giornalistico
- ☐ A una pagina di diario
- ☐ A una pagina di romanzo
- ☐ A un racconto autobiografico

... ANALIZZO E INTERPRETO

6 Perché, secondo te, il poeta usa il termine *buttato* per descrivere la sua attesa vicino al compagno morto?

7 Quali termini vengono utilizzati dal poeta per rappresentare il dolore e la violenza della morte?

8 Spiega con parole tue perché nell'ultima strofa il poeta dichiara di non essere mai stato "*tanto attaccato alla vita*".

9 Secondo te, che cosa sono le "*lettere piene d'amore*" che scrive il poeta?

- ☐ Lettere inviate alla fidanzata
- ☐ Lettere inviate ai parenti
- ☐ Lettere che parlano della bellezza della vita
- ☐ Lettere in ricordo del compagno morto

LE FORME

L'**ALLITTERAZIONE** è una figura retorica che consiste nel ripetere una o più lettere uguali in parole consecutive o molto vicine allo scopo di dare un ritmo più incisivo ai versi. Nell'esempio che segue viene ripetuta la lettera r:

tra fresco mormorio d'alberi e fiori
da G. Carducci, *Visione*

10 In *Veglia* Ungaretti ripete di frequente la lettera *t*, il cui suono duro riesce a esprimere la drammaticità del momento vissuto. Sottolinea e trascrivi qui sotto tutte le *allitterazioni* presenti nel testo.

....

....

....

....

11 In questa poesia Ungaretti adotta versi liberi molto brevi, a volte formati addirittura da una sola parola.
Osserva bene il testo: quale altra particolarità stilistica noti? A quale movimento letterario ti fa pensare?

ORA SCRIVO IO

12 Riscrivi il contenuto della poesia sotto forma di lettera, immaginando che il poeta racconti a un amico lontano ciò che è accaduto nel corso della notte.

13 Ti è mai capitato di trascorrere un'intera notte senza dormire? Che cosa era successo? Si trattava di un fatto triste o di una bella notizia? Quali sensazioni hai provato? Racconta.

UN MONDO DI PAROLE

14 Che cosa significa la parola *veglia*? Perché, secondo te, l'autore l'ha scelta come titolo? E tu, quale titolo avresti scelto?

Dannazione

Ungaretti si fa portavoce della tensione interiore di ogni essere umano quando scopre e si rende conto che tutto quello che ha intorno, compreso il cielo stellato, ha una fine, è destinato a morire. Da questa sconvolgente riflessione si sprigiona, nell'interiorità del poeta, l'aspirazione a Dio, come superamento dei limiti terreni.

Chiuso fra cose mortali
(Anche il cielo stellato finirà)
Perché bramo Dio?

da *l'Allegria, Il porto sepolto*, in *Vita d'un uomo, Tutte le poesie*, Mondadori

competenze alla prova

LEGGO E...

... COMPRENDO

1. **Ogni verso della poesia rimanda a una condizione dell'esistenza. Indicala, riportando sui puntini la lettera corrispondente.**

Chiuso fra cose mortali: ....

(Anche il cielo stellato finirà): ....

Perché bramo Dio?: ....

a. Immensità dell'universo, che pure non è eterno
b. Assoluto senza limiti di tempo e spazio
c. Limiti dell'esistenza umana

... RICAVO DAL TESTO

2. **Punto di partenza della poesia è un particolare stato d'animo del poeta. Prova a definirlo con parole tue.**

... ANALIZZO E INTERPRETO

3. **La ricerca di Dio è considerata come:**

- ☐ un'indagine scientifica
- ☐ un interrogativo che avrà risposta
- ☐ una tensione interiore
- ☐ un'esplorazione interiore

4. **Il senso del limite dell'uomo è espresso da due termini in particolare. Indicali.**

....

A quali nomi primitivi sono rispettivamente collegati su base etimologica?

....

LE FORME

5. **Secondo te, perché il poeta insiste sul suono duro "ch" (*chiuso*, *anche*, *perché*)? Di quale figura retorica si tratta?**

....

ORA SCRIVO IO

6. **Riscrivi la poesia capovolgendone completamente il senso e i termini, a partire dal titolo. A tua scelta, puoi non modificare il terzo verso.**

7. **Con l'aiuto dell'insegnante di lingue moderne, traducete la poesia nella lingua straniera che state studiando. Riuscite a mantenere la durezza e l'asprezza di certi suoni?**

UN MONDO DI PAROLE

8. **Che cosa significa la parola *dannazione*? Perché, secondo te, l'autore l'ha scelta come titolo? E tu, quale titolo avresti scelto?**

La madre

Da giovane Ungaretti abbandona la religione cattolica, ma a circa quarant'anni vive una vera e propria conversione su cui influisce anche l'esempio della madre, una devota credente alla quale il poeta è legato da profondo affetto.
In questo componimento Ungaretti immagina di essere morto e di trovarsi davanti a Dio, accompagnato dalla madre che prega in ginocchio perché egli sia perdonato: solo quando è certa del perdono la donna riesce a guardare il figlio con occhi colmi di tenerezza, felice di sapere che la sua anima è salva.
Nel testo si intrecciano due temi egualmente importanti, che sono la celebrazione della fede ritrovata e il profondo legame tra il poeta e la madre.

schema metrico:
strofe di diversa misura in versi liberi

E il cuore quando d'un ultimo battito[1]
avrà fatto cadere il muro d'ombra[2],
per condurmi, Madre, sino al Signore,
come una volta mi darai la mano.

In ginocchio, decisa,
sarai una statua[3] di fronte all'Eterno,
come già ti vedeva[4]
quando eri ancora in vita.

Alzerai tremante le vecchie braccia,
come quando spirasti[5]
dicendo: Mio Dio, eccomi.

E solo quando m'avrà perdonato,
ti verrà desiderio di guardarmi[6].

Ricorderai d'avermi atteso tanto,
e avrai negli occhi un rapido sospiro[7].

da *Sentimento del tempo*, in *Vita d'un uomo. Tutte le poesie*, Mondadori

Salvador Dalì, *Reminiscenza archeologica dell'Angelus di Millet*, 1935, particolare (St. Petersburg, Florida, Museo Dalì).

1 E il cuore quando d'un ultimo battito: e quando l'ultimo battito del cuore.

2 il muro d'ombra: il mistero che separa la vita dalla morte.

3 sarai una statua: sarai ferma e determinata come una statua.

4 ti vedeva: ti vedevo.

5 spirasti: moristi.

6 E solo quando m'avrà perdonato, ti verrà desiderio di guardarmi: la madre riesce a guardare il figlio solo una volta che è certa del perdono di Dio.

7 e avrai negli occhi un rapido sospiro: il sospiro della madre esprime sia il sollievo per la salvezza dell'anima del figlio sia la contentezza di rivederlo dopo tanto tempo.

competenze alla prova

LEGGO E...

... COMPRENDO

1 **A chi si rivolge Ungaretti con i suoi versi?**
- ☐ Al lettore
- ☐ A Dio
- ☐ Alla madre
- ☐ A se stesso

2 **Quale situazione viene descritta nel testo?**
- ☐ Il ricordo di un sogno
- ☐ Una scena immaginata
- ☐ La ricostruzione di un fatto realmente accaduto

3 **Perché la madre si mette in ginocchio?**

4 **In quale momento la donna riesce a guardare il figlio?**

... RICAVO DAL TESTO

5 **Com'è concepito l'aldilà, cui fa da guida e protettrice la madre, nella poesia? A quale dottrina religiosa fa riferimento il poeta?**

... ANALIZZO E INTERPRETO

6 **Ogni strofa corrisponde a un diverso momento della scena descritta dal poeta: riassumine il contenuto completando lo schema.**

I strofa: Il poeta immagina di essere morto e di venir condotto da sua madre davanti a Dio.

II strofa: La donna si inginocchia ....
....
....

III strofa: La donna alza le braccia ....
....
....

IV strofa: ....
....
....

V strofa: ....
....
....

LE FORME

7 **Quale figura retorica è contenuta nel verso "*sarai una statua di fronte all'Eterno*" (v. 6)?**
- ☐ Una similitudine
- ☐ Una metafora
- ☐ Un'anafora
- ☐ Un'allitterazione

8 **L'espressione "*muro d'ombra*" (v. 2) è una metafora che si riferisce alla morte: spiega con parole tue il significato di questa immagine.**

La **SINESTESIA** è una figura retorica utilizzata di frequente dai simbolisti e molto diffusa nella poesia del Novecento, che consiste nell'accostare in un'unica immagine degli elementi (normalmente un sostantivo e un aggettivo) appartenenti a sfere sensoriali diverse. Nei versi che seguono:

*Là, **voci di tenebra azzurra**...*
Mi sembrano canti di culla,
che fanno ch'io torni com'era...

da G. Pascoli, *La mia sera*

la sensazione uditiva delle ***voci*** viene associata alla sensazione visiva della ***tenebra azzurra***.

9 **Quale figura retorica compare nel verso "*e avrai negli occhi un rapido sospiro*" (v. 15)?**
- ☐ Un'allitterazione
- ☐ Una similitudine
- ☐ Una sinestesia
- ☐ Un'onomatopea

ORA SCRIVO IO

10 **La figura della madre domina tutto il componimento: individua i termini che ne definiscono l'aspetto, il carattere e il comportamento, poi scrivi una presentazione di questo personaggio.**

11 **Uno dei temi della poesia è l'atteggiamento protettivo della madre nei confronti del poeta. Anche tu ritieni tua madre un rifugio e una protezione? Per quale motivo?**

Eugenio Montale

Eugenio Montale nasce nel **1896** a **Genova** e trascorre la giovinezza in Liguria, dove frequenta le scuole tecniche e si dedica allo studio del canto, che interrompe quando è chiamato al fronte come ufficiale di fanteria durante la Prima guerra mondiale.
Alla fine del conflitto **collabora a riviste letterarie** e frequenta numerosi intellettuali e poeti.
Nel 1925 firma il *Manifesto degli intellettuali antifascisti* e pubblica la sua prima raccolta poetica. Dal 1927 lavora per la casa editrice Bemporad di Firenze; successivamente viene nominato direttore del *Gabinetto scientifico-letterario Viesseux*, incarico che perde nel 1938 poiché **rifiuta di iscriversi al partito fascista**.
Alla fine della guerra si trasferisce a Milano dove scrive per il quotidiano «Il Corriere della Sera» e traduce autori di lingua inglese e francese.
Nel 1967 viene nominato senatore a vita per meriti artistici e nel 1975 riceve il **premio Nobel** per la letteratura.
Muore a Milano nel **1981**.

L'opera

La raccolta che segna l'esordio poetico di Montale è *Ossi di Seppia* (1925), un'opera che imprime una svolta radicale alla poesia del Novecento, in cui l'autore esprime una concezione assolutamente negativa dell'esistenza.
Successivamente escono i volumi *Le occasioni* (1939) e *Finisterre* (1943), il nucleo della raccolta poetica *La bufera e altro*, stampata nel 1956.
La sua ultima opera in versi è *Satura* (1971), in cui il poeta affronta tematiche assai varie adottando un tono a volte distaccato e tagliente, a volte riflessivo e commosso.
Montale è anche autore dell'opera in prosa *Farfalla di Dinard* (1956) e ha tradotto dall'inglese e dal francese testi teatrali e poesie.

I temi

I temi dominanti della poesia di Montale sono la **concezione negativa dell'esistenza** e la crisi dell'uomo del suo tempo, privo di certezze e incapace di trovare un senso alla propria vita. Questa desolata condizione viene definita dall'autore **male di vivere** ed è spesso simboleggiata dal brullo e arido paesaggio ligure, protagonista di molti componimenti: per non soccombere al dolore si può solo tentare di acquisire un atteggiamento mentale di **indifferenza**, tuttavia di tanto in tanto e in modo del tutto imprevedibile, una presenza o un'immagine offrono all'uomo la possibilità di cogliere il significato dell'esistenza.
Dal punto di vista stilistico Montale utilizza un **linguaggio asciutto ed essenziale**, scegliendo le parole per la loro capacità di esprimere l'infelicità della condizione umana, e alternando termini di uso comune a vocaboli preziosi e ricercati, contraddistinti da sonorità secche, spezzate e aspre.

Spesso il male di vivere

In questa poesia, tratta dalla raccolta *Ossi di seppia*, il poeta vede il "*male di vivere*" che affligge l'uomo in tutti gli aspetti della natura che lo circonda. Poiché è impossibile sconfiggere il dolore o trovare un senso che lo giustifichi, l'unica scelta per l'uomo è raggiungere l'indifferenza, distaccandosi dalla realtà e rifiutandosi di farsi coinvolgere da ciò che avviene.

schema metrico:
due quartine in endecasillabi (a eccezione dell'ultimo verso).
Schema della rima ABBA CDDA

Spesso il male di vivere[1] ho incontrato
era il rivo strozzato che gorgoglia[2],
era l'incartocciarsi della foglia
riarsa[3], era il cavallo stramazzato[4].

Bene non seppi[5], fuori del prodigio
che schiude la divina Indifferenza[6]:
era la statua nella sonnolenza
del meriggio[7], e la nuvola, e il falco alto levato.

da *Ossi di seppia*, in *L'opera in versi*, Einaudi

1 **il male di vivere**: il dolore, la sofferenza.

2 **il rivo strozzato che gorgoglia**: il fiume ostruito che scorre a fatica.

3 **riarsa**: secca.

4 **stramazzato**: crollato per la fatica.

5 **Bene non seppi**: non conobbi altro bene.

6 **fuori del prodigio che schiude la divina Indifferenza**: se non quello che dà l'indifferenza.

7 **meriggio**: pomeriggio.

Salvador Dalì, *Dormiente, cavallo, leone invisibili*, 1930 (Parigi, Collezione privata).

scheda

Una poesia per immagini concrete

Nei componimenti di Montale, concetti astratti come il dolore e l'indifferenza sono frequentemente rappresentati mediante immagini reali di grande efficacia. Anche in *Spesso il male di vivere* l'autore esprime idee e sentimenti facendo ricorso a elementi della realtà, per cui il fiume che non riesce a fluire o la foglia accartocciata rappresentano la sofferenza della vita, mentre la statua simboleggia una condizione di serena imperturbabilità.

Filippo De Pisis, *La pavoncella*, 1927.

competenze alla prova

LEGGO E...

... COMPRENDO

1 Con quali immagini il poeta simboleggia il "*male di vivere*"?

2 Con quali, invece, rappresenta il *bene*?

... RICAVO DAL TESTO

3 Secondo il poeta, con quale atteggiamento l'uomo dovrebbe affrontare l'esistenza? Cerca nel testo la parola che lo esprime.

... ANALIZZO E INTERPRETO

4 Che cosa afferma Montale in questa poesia?

- ☐ Il mondo è dominato dal dolore
- ☐ Il mondo è caratterizzato dalla gioia
- ☐ Nella vita si alternano continuamente situazioni gioiose e dolorose
- ☐ Il dolore è tipico della condizione umana

5 Per quale motivo, secondo te, Montale definisce *divina* l'indifferenza?

LE FORME

6 Per sottolineare l'asprezza della condizione umana, Montale usa i suoni duri della *z* e delle consonanti *sp*, *rt*, *rs*, *str*. Individua le allitterazioni presenti nel testo e rifletti: in quale strofa si trovano? Per quale motivo?

7 Quale parola onomatopeica riproduce il rumore dell'acqua che scorre con difficoltà?

ORA SCRIVO IO

8 Riscrivi la poesia collocando le parole nell'ordine della prosa (soggetto + predicato + compl. oggetto + altri complementi), poi fanne la parafrasi.

9 Quali tra i poeti che conosci hanno espresso una concezione altrettanto negativa del mondo come quella descritta da Montale? Motiva la tua risposta.

UN MONDO DI PAROLE

10 Individua una parola chiave per ciascuna strofa.

Meriggiare pallido e assorto

In questo componimento, che apre la raccolta *Ossi di seppia*, Montale stabilisce una stretta correlazione tra la sua concezione negativa dell'universo e l'aridità dell'assolato paesaggio ligure, simbolo del vuoto dell'esistenza umana.
Nelle prime tre strofe il poeta osserva la natura circostante di cui sottolinea la quasi assoluta immobilità, mentre nell'ultima strofa comprende con stupita rassegnazione che la vita dell'uomo assomiglia a un cammino monotono accanto a un alto muro, oltre il quale forse c'è un senso a cui però è impossibile arrivare.

schema metrico:
tre quartine e una strofa di cinque versi.
Versi di varia misura in rima baciata o alternata

Meriggiare pallido e assorto[1]
presso un rovente muro d'orto,
ascoltare tra i pruni e gli sterpi[2]
schiocchi[3] di merli, frusci di serpi.

Nelle crepe del suolo o su la veccia[4]
spiar le file di rosse formiche
ch'ora si rompono ed ora s'intrecciano
a sommo di minuscole biche[5].

Osservare tra frondi[6] il palpitare
lontano di scaglie di mare
mentre si levano tremuli scricchi
di cicale dai calvi picchi[7].

E andando nel sole che abbaglia
sentire[8] con triste meraviglia
com'è tutta la vita e il suo travaglio
in questo seguitare una muraglia[9]
che ha in cima cocci aguzzi di bottiglia.

da *Ossi di seppia*, in *L'opera in versi*, Einaudi

1 Meriggiare pallido e assorto: riflettere nel sole chiaro del pomeriggio.

2 i pruni e gli sterpi: piante spinose tipiche delle zone aride.

3 schiocchi: verso simile a un colpo secco.

4 veccia: comune pianta erbacea.

5 a sommo di minuscole biche: sulla sommità di piccole collinette di terriccio (*biche*).

6 frondi: rami coperti di foglie.

7 mentre si levano tremuli scricchi di cicale dai calvi picchi: mentre dai monti spogli giunge il verso acuto delle cicale.

8 sentire: capire.

9 com'è tutta la vita e il suo travaglio in questo seguitare una muraglia: che la vita e le sue sofferenze sono simili a un percorso che costeggia una muraglia.

competenze alla prova

LEGGO E...

... COMPRENDO

1 Dov'è ambientata la scena descritta da Montale?

2 Quali azioni compie il poeta nella situazione in cui si trova? (Ricorda che le azioni sono espresse dai verbi!).

... RICAVO DAL TESTO

3 Secondo te, in questa poesia Montale offre una soluzione alla desolazione della vita e, per certi versi, alla sua assurdità?

... ANALIZZO E INTERPRETO

4 Quali suoni della natura si odono durante il pomeriggio?

5 Sottolinea nel testo tutti i termini che comunicano la sensazione di *calura estiva*.

6 Quale sentimento prova il poeta riflettendo sul senso della vita?

- ☐ Rabbia furiosa
- ☐ Forte curiosità
- ☐ Triste stupore
- ☐ Intensa felicità

7 Spiega con parole tue il significato dell'espressione "*la vita è una muraglia che ha in cima cocci aguzzi di bottiglia*".

LE FORME

8 In questo componimento Montale utilizza diverse parole onomatopeiche per riprodurre i suoni provenienti dalla natura: una di esse è *schiocchi*, il cui suono richiama il verso dei merli. Riesci a individuarne altre?

ORA SCRIVO IO

9 Descrivi un ambiente naturale con caratteristiche simili a quelle del paesaggio presentato da Montale.

10 Per il poeta il "*male di vivere*" è una condizione interiore che riguarda tutti gli uomini. Secondo te questo stato d'animo può essere provocato anche da fatti e situazioni concrete? Se sì, quali?

UN MONDO DI PAROLE

11 Quale funzione ha in questa poesia l'uso dei verbi all'infinito (*meriggiare, osservare, spiare*...)?

- ☐ Indicare che la situazione descritta è avvenuta in passato
- ☐ Rendere i versi più eleganti
- ☐ Creare delle assonanze
- ☐ Evitare una precisa collocazione dei fatti nel tempo e nello spazio

Georges Braque, *Paesaggio dell'Estaque*, 1906 (Saint-Tropez, Musée de l'Annonciade).

Ho sceso, dandoti il braccio...

Il poeta dedica questa poesia alla moglie, morta di recente, rappresentando la loro lunga vita tramite l'azione quotidiana dello scendere le scale. Il tono di Montale è affettuoso, ma dai suoi versi traspare lo smarrimento di chi ormai deve affrontare da solo un'esistenza di cui non comprende il significato profondo.

schema metrico:
versi liberi

Ho sceso, dandoti il braccio, almeno un milione di scale
e ora che non ci sei è il vuoto ad ogni gradino.
Anche così è stato breve il nostro lungo viaggio.
Il mio dura tuttora[1], né più mi occorrono
le coincidenze, le prenotazioni,
le trappole, gli scorni[2] di chi crede
che la realtà sia quella che si vede[3].
Ho sceso milioni di scale dandoti il braccio
non già perché con quattr'occhi forse si vede di più[4].
Con te le ho scese perché sapevo che di noi due
le sole vere pupille, sebbene tanto offuscate,
erano le tue.

in *Satura*, Mondadori

1 Il mio dura tuttora: il mio viaggio, cioè la mia vita, dura ancora (*tuttora*).

2 né più mi occorrono le coincidenze, le prenotazioni, le trappole, gli scorni: e non mi toccano più (*né più mi occorrono*) gli imprevisti, gli errori, le difficoltà.

3 di chi crede che la realtà sia quella che si vede: di chi pensa che il significato della vita sia nelle apparenze.

4 non già perché con quattr'occhi forse si vede di più: non solo perché con quattro occhi si vede meglio. Il poeta si riferisce alla miopia della moglie, che necessitava di aiuto per scendere le scale.

Antonio Donghi, *Donne per le scale*, 1929, particolare.

scheda

Le poesie per Drusilla Tanzi

La donna a cui è dedicata questa poesia è Drusilla Tanzi, soprannominata la *Mosca* a causa della sua forte miopia, che il poeta conosce nel 1929 e sposa nel 1962, dopo una convivenza iniziata parecchi anni prima.
Un anno dopo il matrimonio Drusilla Tanzi muore a causa di una malattia, ma Montale cerca di mantenere con lei una sorta di dialogo a distanza, dedicandole brevi componimenti in cui ricorda il forte legame che li ha uniti e la lucida intuizione che permetteva alla moglie di comprendere il vero senso della realtà, celato dietro le apparenze visibili.

competenze alla prova

LEGGO E...

... COMPRENDO

1. **Chi è la persona alla quale il poeta si rivolge nel componimento?**
2. **Perché il poeta le dedica questi versi?**

... RICAVO DAL TESTO

3. **Immagina, partendo dal testo della poesia, il legame di Montale con la moglie quand'era in vita.**

... ANALIZZO E INTERPRETO

4. **Perché la morte della moglie provoca il "*vuoto ad ogni gradino*"?**
   - ☐ Perché il poeta è molto miope e non riesce a scendere le scale da solo
   - ☐ Perché il poeta sente la mancanza della moglie e prova una sensazione di insicurezza
   - ☐ Perché il poeta si era abituato a stare sempre insieme alla moglie
   - ☐ Perché le scale rappresentano le diverse tappe della vita
5. **Dove si può trovare la verità della vita secondo il poeta?**
   - ☐ Sta in ciò che si vede
   - ☐ È nascosta dietro le apparenze
   - ☐ Può essere compresa solo con la fede
   - ☐ Non si può raggiungere che dopo la morte
6. **Per quale caratteristica la donna appare superiore al poeta?**
7. **Spiega con parole tue il significato del verso "*Anche così è stato breve il nostro lungo viaggio*".**

LE FORME

L'IPERBOLE è una figura retorica che consiste nell'aumentare o nel ridurre in modo esagerato le caratteristiche di persone, animali, cose o situazioni: se diciamo «ho mangiato fino a scoppiare», oppure «ti amo da morire» stiamo utilizzando un'iperbole.

8. **Individua l'iperbole e l'ossimoro presenti nei primi tre versi del componimento.**

ORA SCRIVO IO

9. **Per Montale la moglie è stata un solido e costante punto di riferimento: ci sono nella tua vita persone altrettanto importanti? Racconta.**

UN MONDO DI PAROLE

10. **Anche in questa poesia alcuni termini hanno un significato simbolico, metaforico: che cosa intende il poeta con le parole *viaggio* e *pupille*?**

Salvatore Quasimodo

Salvatore Quasimodo nasce nel **1901** a **Modica**, in provincia di Ragusa. Dopo il diploma superiore, nel 1919 si trasferisce a Roma dove trova impiego come disegnatore tecnico; nello stesso periodo inizia a studiare da autodidatta il greco e il latino.
Durante un breve soggiorno a Firenze conosce il poeta Eugenio Montale e **si avvicina alla poetica dell'Ermetismo**; nel 1930 viene assunto dal Ministero dei Lavori Pubblici e inviato a Reggio Calabria dove entra in contatto con esponenti del movimento antifascista.
Nel 1938 lascia il lavoro per dedicarsi esclusivamente alla poesia, alla letteratura e soprattutto alla **traduzione dei classici latini e greci**.
Nel 1941 viene nominato professore di Letteratura italiana presso il Conservatorio Musicale *Giuseppe Verdi* di Milano, incarico che manterrà per molti anni.
Alla fine della guerra si iscrive al Partito Comunista e inizia a pubblicare poesie caratterizzate da un forte impegno civile e morale; nel 1959 gli viene assegnato il **premio Nobel** per la letteratura.
Negli ultimi anni di vita Quasimodo compie numerosi viaggi in Europa e in America, dove le sue liriche sono conosciute e apprezzate.
Muore a Napoli nel **1968**.

L'opera

Le prime raccolte di versi di Quasimodo, che sono *Acque e terre* (1930), *Oboe sommerso* (1932), *Erato e Apollion* (1936), rispettano i **princìpi dell'Ermetismo** di cui il poeta è considerato uno dei massimi esponenti.
Le opere successive evidenziano il **crescente impegno sociale e civile** dello scrittore: tra esse ricordiamo *Ed è subito sera* (1942), *Giorno dopo giorno* (1947), *La vita non è sogno* (1949), *Il falso e vero verde* (1956) e *La terra impareggiabile* (1958).
L'ultima pubblicazione, il volume di versi *Dare e avere* (1966), costituisce una sorta di **bilancio dell'esperienza poetica e umana** del poeta.
Quasimodo è noto anche per la splendida **traduzione dei poeti lirici greci** pubblicata nel 1940.

I temi

Le prime raccolte di versi hanno come tema principale il **rapporto con la Sicilia**, la terra natale del poeta, che viene descritta come un luogo mitico e fuori dal tempo attraverso immagini simboliche, spesso misteriose e oscure.
L'**esperienza della guerra** incide molto sulla poesia di Quasimodo, sia per quanto riguarda le tematiche sia sotto il profilo stilistico, poiché egli ritiene che al poeta tocchi il compito di "ricostruire l'uomo" dopo la devastazione fisica e morale provocata dal conflitto. Per questo motivo apre i suoi componimenti a **temi più reali**, come la violenza, la sopraffazione, l'ingiustizia che dominano la vita nel Sud dell'Italia e la solitudine delle grandi città, adeguando alle sue nuove esigenze espressive anche lo stile che si fa **più chiaro ed esplicito**, senza perdere la sua ricercata eleganza.

Alle fronde dei salici

Questa poesia, che apre la raccolta *Giorno dopo giorno*, viene scritta nel 1944 quando i nazisti che occupano l'Italia si rendono responsabili di rappresaglie terribili, tra cui la strage di Marzabotto, nel corso della quale vengono uccisi più di 1800 civili.
Di fronte a tanta violenza e crudeltà la poesia, che viene simboleggiata dalle cetre appese ai salici e oscillanti al vento, è costretta a tacere, pronta a rinascere solo quando l'oppressione sarà finita ed essa potrà nuovamente dare una voce agli uomini, facendosi interprete dei loro sentimenti.

schema metrico:
endecasillabi sciolti

E come potevamo noi cantare
con il piede straniero sopra il cuore[1],
fra i morti abbandonati nelle piazze
sull'erba dura di ghiaccio, al lamento
d'agnello dei fanciulli[2], all'urlo nero[3]
della madre che andava incontro al figlio
crocifisso sul palo del telefono?
Alle fronde dei salici, per voto[4]
anche le nostre cetre[5] erano appese,
oscillavano lievi al triste vento.

da *Giorno dopo giorno*, in *Tutte le poesie*, Mondadori

Pablo Picasso, *Madre con bambino morto su scala*, 10 maggio 1937 (Madrid, Centro d'arte contemporanea Reina Sofia).

1 con il piede straniero sopra il cuore: oppressi e sconfitti dal nemico.
2 al lamento d'agnello dei fanciulli: ascoltando il pianto dei fanciulli, vittime innocenti come agnelli sacrificali.
3 nero: cupo e disperato.
4 per voto: per auspicio.
5 cetre: strumenti a corda simbolo della poesia.

competenze alla prova

LEGGO E...

... COMPRENDO

1 **In quale periodo storico è nata questa poesia?**

2 **Come reagiscono i poeti di fronte alla violenza e alla sopraffazione della guerra?**

- ☐ Continuano a scrivere per consolare la popolazione
- ☐ Continuano a scrivere per distrarsi e non pensare alla guerra
- ☐ Smettono di scrivere ammutoliti da ciò che sta accadendo
- ☐ Continuano a scrivere per denunciare le ingiustizie

... RICAVO DAL TESTO

3 **La poesia è giocata sulla contrapposizione tra oppressori e oppressi. Ricava dal testo gli elementi di questa contrapposizione.**

... ANALIZZO E INTERPRETO

4 **Nella prima parte della poesia (versi 1-7) il poeta rievoca gli orrori della guerra mediante tre *immagini*: quali sono?**

Immagine 1: ....

....

Immagine 2: ....

....

Immagine 3: ....

....

5 **Si tratta solo di descrizioni visive o sono coinvolti anche altri sensi? Quali?**

6 **Perché il poeta, al verso 9, usa l'espressione "*anche le nostre cetre*"? A quali altre cetre fa riferimento?**

7 **Molte situazioni descritte nel testo corrispondono a episodi che ancora oggi si verificano in molte parti del mondo: ricerca su quotidiani, settimanali o su Internet una foto che illustri il contenuto della poesia di Quasimodo.**

LE FORME

L'**ENJAMBEMENT** è una figura che consiste nel dividere due elementi della stessa frase, che dovrebbero stare uniti per motivi sintattici, collocandoli uno alla fine di un verso e l'altro all'inizio del verso successivo.

8 **Riesci a individuare degli enjambement in questa poesia?**

9 **Che cos'è l'espressione "*con il piede straniero sopra il cuore*"?**

- ☐ Una similitudine
- ☐ Una metafora
- ☐ Un ossimoro
- ☐ Un'iperbole

Essa significa ....

....

10 **Individua la sinestesia presente in questa poesia e spiega come è stata costruita.**

ORA SCRIVO IO

11 **Fa' una breve ricerca e spiega perché la *cetra* viene considerata il simbolo della poesia.**

UN MONDO DI PAROLE

12 **Spiega il significato dell'espressione "*crocifisso sul palo del telefono*": perché, secondo te, Quasimodo usa proprio il termine *crocifisso*?**

ANALIZZO L'IMMAGINE

13 **Questo quadro di Renato Guttuso è stato dipinto pochi mesi prima della poesia di Quasimodo *Alle fronde dei salici*. Quali elementi comuni puoi rintracciare tra le due opere?**

Renato Guttuso, *Massacro*, particolare, 1943 (Firenze, Collezione Della Ragione).

scheda

Il lamento dei popoli oppressi

L'immagine delle *cetre appese ai salici* in segno di lutto deriva dalla Bibbia, e precisamente all'episodio conosciuto come "esilio babilonese".
Nel 605 a.C. i Babilonesi imposero il loro dominio sugli Ebrei. A seguito della ribellione del re di Giuda Ioiakim, Nabucodonosor II, re dei Babilonesi, assediò Gerusalemme e la conquistò nel 597, facendo deportare parte dei suoi abitanti.
Dopo una nuova ribellione nel 587 a.C. Gerusalemme venne distrutta, e incominciò per gli Ebrei il periodo dell'esilio.
A questo avvenimento drammatico per il popolo ebraico fa riferimento il *salmo 137*, che recita così:

Sui fiumi di Babilonia,
là sedevamo piangendo
al ricordo di Sion[1].
Ai salici di quella terra
appendemmo le nostre cetre.
Là ci chiedevano parole di canto
coloro che ci avevano deportato,
canzoni di gioia, i nostri oppressori:
"Cantateci i canti di Sion!"
Come cantare i canti del Signore in terra straniera?

1 Sion: è l'antico nome della terra di Israele.

Deportazione degli Ebrei a Babilonia, manoscritto gotico, XIII secolo.

FACCIAMO IL PUNTO

La tragedia della guerra è un tema che domina le opere di molti artisti del XX secolo, che ne mettono in luce soprattutto la forza distruttiva.
Il pittore spagnolo **Pablo Picasso** (1881-1973) conobbe in prima persona la guerra civile che si combatté, con punte di particolare violenza, in Spagna tra il 1936 e il 1939. Tale conflitto, che oppose i repubblicani ai nazionalisti spagnoli, alleati del regime nazista e fascista, fu sentito da molti artisti dell'epoca come un'anticipazione degli eventi ben più drammatici della Seconda guerra mondiale.
Il dipinto *Guernica* è testimonianza di questa percezione. L'opera si ispira al bombardamento aereo della città basca di Guernica avvenuto il 26 aprile 1937, nel corso della **guerra civile**. Picasso denuncia con un linguaggio diretto ed essenziale la violenza della guerra, la sua bestialità che sovverte l'ordine, la bellezza e l'armonia della realtà. L'artista non rende espliciti i riferimenti al bombardamento aereo, ma denuncia in generale l'idea di distruzione e di violenza, insite in ogni azione bellica.
La tela, di grandi dimensioni (3,5 m x 8), fu realizzata in soli due mesi all'indomani dell'evento.

Pablo Picasso, *Guernica*, 1937 (Madrid, Museo Nacional Centro de Arte Reina Sofía).

A Le figure appaiono **smembrate**, hanno tratti deformati. In basso, un uomo è sdraiato a terra con le braccia spalancate. Con una mano regge una spada spezzata: potrebbe essere un riferimento all'inutilità delle armi tradizionali di fronte agli attacchi aerei, alle bombe che piovono dal cielo in modo inaspettato, non lasciando a chi è a terra la possibilità di uno scontro alla pari.

B Tra le figure umane, spiccano **due donne**. Una, a destra, è dilaniata dalle fiamme di un incendio. La seconda, a sinistra, si piega all'indietro in un urlo disperato e tiene tra le braccia un bambino: rappresenta il dolore femminile, lo strazio di ogni madre e sposa di fronte alla brutalità della guerra. È un richiamo alla Pietà di Michelangelo.

C Controversa è l'interpretazione del **toro**, a sinistra, e del **cavallo**, in alto al centro. Per alcuni sono allegoria di chi subisce la violenza della guerra (il toro, tradizionalmente, è animale caro al popolo ispanico), per altri rappresentano invece la bestialità, la forza bruta, la violenza fine a se stessa.

D Il piccolo **fiore** che si scorge in basso al centro della tela potrebbe rappresentare la speranza nella rinascita della pace e dell'armonia.

E L'opera è dipinta a tempera su tela. Non ci sono colori, ma solo **neri**, **bianchi** e **grigi**, gli stessi delle fotografie in bianco e nero dei giornali dell'epoca, che fecero conoscere a tutto il mondo l'orrore del bombardamento. Questo uso del colore sottolinea il senso di morte.

competenze alla prova

1. **La poesia italiana della prima metà del Novecento affronta il tema della guerra. In particolare con quali esponenti? A quali eventi fanno riferimento?**
2. **Nella poesia *Spesso il male di vivere*, Eugenio Montale fa del "cavallo stramazzato" l'emblema del dolore e dell'assenza di significato della vita. Prova a fare un paragone tra la poesia di Montale, in particolare la sua prima quartina, e il dipinto *Guernica* di Picasso, in cui campeggia proprio una testa di cavallo.**
3. **Nella poesia *Alle fronde dei salici*, Salvatore Quasimodo evoca l'"urlo nero della madre che andava incontro al figlio crocifisso sul palo del telegrafo". Prova a fare un confronto tra questi versi della poesia e la figura femminile che compare a sinistra nel dipinto *Guernica* di Picasso.**
4. **Riconsidera le immagini e le foto che illustrano questa sezione. Quale ti sembra più vicina per significato e sensibilità a questa tela di Picasso?**

Esperienze letterarie

Tra Ventennio e seconda metà del Novecento

«O Mario» (...)
«guardati, guardati d'attorno. (...)
volgiti e guarda il mondo come è divenuto,
poni mente a che cosa questo tempo ti richiede».

da M. Luzi, *Presso il Bisenzio*, 1963

Come nella narrativa e nel cinema del Neorealismo, e come nella poesia, anche le arti figurative di questo periodo si ispirano alla realtà per ritrarne gli **aspetti più quotidiani**, legati alle classi subalterne e al mondo del lavoro. Protagonisti delle opere di quest'epoca sono spesso uomini e donne del popolo che lavorano nelle città e vivono nelle periferie. Si impongono ambienti come le strade, gli autobus, le stazioni, le fabbriche, i mercati.

Tra i pittori che con maggiore efficacia rappresentano gli elementi quotidiani di un'Italia uscita con fatica dalla Seconda guerra mondiale e avviata sulla strada contraddittoria della ripresa economica negli anni del boom, vi è **Alberto Ziveri**, appartenente della Scuola Romana.

Alberto Ziveri, *Capolinea*, 1968.

Il contesto storico

La fine della Seconda guerra mondiale e le lotte partigiane

L'Italia esce sconfitta e prostrata dalla Seconda guerra mondiale. Almeno in parte, però, le ferite e gli orrori del sanguinoso conflitto sono riscattati dalla **lotta di liberazione** che i partigiani, al fianco delle truppe alleate anglo-americane, conducono contro le truppe naziste che, **dopo l'8 settembre 1943**, alla dichiarazione dell'armistizio da parte del maresciallo Badoglio, avevano occupato il nostro paese.

Bibiana, un comune delle valli piemontesi, appena liberato dai partigiani.

Il dopoguerra

Gli anni del dopoguerra sono caratterizzati da molte difficoltà, non solo economiche (si trattava di costruire un tessuto di attività moderne e di tipo industriale, in un paese che aveva una secolare tradizione contadina), ma prima ancora sociali e culturali. La lotta partigiana, che si era protratta per quasi due anni, aveva impresso infatti in alcuni gruppi sociali una forte tendenza **al cambiamento e al rinnovamento**. Per questa ragione il dopoguerra nasce caratterizzato da un intenso confronto, a livello di idee e di ideologie: alcuni movimenti e partiti puntano a una decisa trasformazione sociale e istituzionale del nostro paese, mentre altri mantengono un atteggiamento di maggior cautela ed equilibrio rispetto al passato, puntando a una sostanziale **conservazione**.

La nascita della Repubblica Italiana

I primi segnali dell'avvio della nuova stagione arrivano sia dal **passaggio dell'Italia dalla monarchia alla repubblica**, avvenuto per referendum popolare il 2 giugno del 1946, sia dall'entrata in vigore della **Costituzione della Repubblica Italiana**, a partire dal 1° gennaio del 1948.
Tra molte tensioni e contraddizioni, il nostro paese si avvia, con fatica ma anche con impegno, a un lungo processo di ricostruzione, che trova una spinta deter-

minante a partire dal 1953 grazie agli aiuti economici statunitensi, il cosiddetto "**piano Marshall**", che permette, nel volgere di pochi anni, intensi investimenti sul piano industriale e consente all'Italia di passare da un'economia rurale a dimensione contadina a una **struttura industriale**, con lo sviluppo di **centri urbani più grandi**.

«Il Corriere della Sera» riporta la notizia della nascita della Repubblica Italiana.

Il contesto culturale: il Neorealismo

La nascita del Neorealismo

Il termine "neorealismo" sottolinea il collegamento con il Realismo e il Naturalismo, ossia quelle correnti filosofiche e letterarie che si erano poste come obiettivo la descrizione oggettiva e distaccata della realtà, e che avevano trovato nell'Ottocento grandi esponenti, come l'italiano Verga e il francese Zola.
Con "neorealismo", termine coniato in Germania negli anni Venti, si indica un nuovo tipo di movimento, più legato alla **denuncia sociale** e all'**impegno per il cambiamento**, che trova la sua massima espressione in Italia nel dopoguerra, non soltanto nel campo letterario, ma anche e soprattutto in quello **cinematografico**. Nel 1943, infatti, esce "Ossessione" del regista **Luchino Visconti**, film che viene considerato il primo film neorealista.
Altri registi che diedero grande impulso ai temi e al linguaggio espressivo cinematografico, ottenendo rapidamente straordinario successo e fama a livello mondiale, furono **Roberto Rossellini** ("Roma città aperta", 1945; "Paisà", 1946; "Germania anno zero", 1948), **Vittorio De Sica** ("Sciuscià", 1946; "Ladri di biciclette", 1948; "La ciociara", 1960) e **Pietro Germi** ("Il ferroviere", 1956; "Divorzio all'italiana", 1961).
L'intento dei registi neorealisti è di raccontare la realtà italiana del dopoguerra così come essa è, senza falsità e senza finzioni, con particolare attenzione alle sofferenze e alle difficoltà degli strati più umili della popolazione, che erano usciti stremati, ma non privi di dignità, dalla terribile esperienza della guerra.
Analogo è l'atteggiamento che hanno gli **scrittori neorealisti**, che si pongono l'obiettivo, attraverso una letteratura di impegno politico e sociale, di cambiare la società italiana. Tra gli autori che rivestono maggiore importanza vanno ricordati **Corrado Alvaro**, **Ignazio Silone**, **Carlo Levi**, **Elio Vittorini**, **Vasco Pratolini**, **Renata Viganò** e, per alcuni aspetti della loro produzione, **Beppe Fenoglio**, **Italo Calvino** e **Cesare Pavese**.

Locandina del film "Paisà" di Roberto Rossellini.

Corrado Alvaro

Nasce a San Luca in provincia di **Reggio Calabria** nel **1895**, primogenito di sei figli di un maestro elementare. Compie gli studi superiori a Catanzaro, dove rimane fino al 1915, anno in cui è chiamato a prendere parte alla Prima guerra mondiale, nel corso della quale rimane ferito sul Carso.

Terminata la guerra, si laurea in Lettere all'università di Bologna e come giornalista lavora per «il Resto del Carlino» e «Il Corriere della Sera». Nel 1925 è uno dei firmatari del *Manifesto degli intellettuali antifascisti* di Benedetto Croce. In qualità di giornalista, viaggia in molti paesi (Germania, Turchia, Russia).

L'8 settembre del 1943, dopo l'armistizio proclamato da Badoglio, è costretto a fuggire dalla capitale, dove ricopriva la direzione del giornale «Il Popolo» di Roma, trovando rifugio a Chieti sotto falso nome.

Al termine della guerra, continua la carriera di giornalista e scrittore, fino al **1956**, quando muore a causa di una malattia incurabile.

L'opera

La prima opera che, dopo gli esordi giovanili, gli vale un importante riconoscimento letterario a livello nazionale è *Gente in Aspromonte* (1930), una raccolta di **tredici racconti** che descrivono la durezza della vita dei pastori di quella zona della Calabria. Altro significativo riconoscimento, con il Premio dell'Accademia d'Italia per la letteratura, arriva all'autore nel 1940, per il romanzo *L'uomo è forte*, scritto nel 1938, la cui pubblicazione fu censurata dal governo fascista e fu vietata nella Germania nazista e nella Russia stalinista per l'aperta critica ai regimi tirannici e dittatoriali.
Pochi anni prima della morte, l'autore ricevette ancora un grande riconoscimento con la vittoria del premio Strega per il romanzo *Quasi una vita*, pubblicato l'anno precedente, nel quale Alvaro si rivela acuto osservatore di fatti politici e sociali del nostro paese.

Paesaggio dell'Aspromonte meridionale.

La vendetta di Antonello

***Gente in Aspromonte* è uno dei tredici racconti, il più lungo, che dà anche il titolo all'intera raccolta. Vi si narra la storia di un pastore, Argirò, che per un incidente perde la mandria del padrone Filippo Mezzatesta, il quale lo caccia e lo riduce in miseria. Antonello, il figlio di Argirò, con il suo lavoro aiuta il padre a risollevarsi, ma quando i figli di Mezzatesta uccidono la mula di suo padre e incendiano la stalla, decide di darsi alla macchia diventando bandito e, per vendetta, comincia a dar fuoco ai boschi di Mezzatesta.**

Viene qui presentata la parte finale del racconto, in cui Antonello si consegna ai carabinieri per poter finalmente parlare alla "giustizia" e spiegare le brutali oppressioni subite da parte dei padroni. Com'è tipico di Alvaro, la scrittura, pur partendo da una descrizione realistica, acquista il tono di una sorta di parola biblica, in cui si sente con forza la netta separazione tra il bene e il male.

La mattina seguente un bosco di Filippo Mezzatesta prese fuoco. L'alba aveva sgomberata la montagna dei vapori notturni, ma una bruma[1] bassa rimaneva come un velo caduto. Poi si vide un luccicore nel sole, come fa il fuoco nella luce, o come quello che con gli occhiali da presbite alcuni accendevano nel tabacco della pipa. Poi un alito pesante e arso che si mescolava al calore del solleone. Il Mezzatesta uscì sulla terrazza a guardare. Gli portarono una sedia, e si mise a osservare come andava il fumo greve, spostato appena da qualche alito di vento, come se fosse troppo denso. Poggiava i pugni grossi sul davanzale e gridava a chiunque passasse: "Aiuto, non lo vedete che brucia lassù? Quello è il bosco mio, il bosco di Zefiria. Perché non correte a spegnere?" "La vostra Signoria parla con me?" rispondeva qualcuno e seguitava per la sua strada. "Gente maledetta da Dio, perché nessuno corre ad aiutare? Olà, servi, correte a cercar gente. Io pago, pago molto!" Ma nessuno gli dava retta e i servi più che girare come asini pel paese non potevano fare. Gli sembrava che il paese intero gli volgesse le spalle, e avesse piacere a vederlo disperarsi enorme sulla terrazza dove non appariva mai e a predicare come da un pulpito. Una fila di ragazzi e di donne non perdevano uno solo dei suoi atti e delle sue parole, ed egli irritato cominciò a tirare in basso certi calcinacci che aveva staccato dal parapetto della terrazza. Guardava i progressi del fuoco, come andava sicuro, e con ordine, che pareva ragionasse; come si accendeva e come sostava, come si alimentava, come superava le barriere dopo essersi raccolto prima del salto, e come gli rispondevano subito gli alberi più lontano prendendo fuoco subitamente[2], quasi che si rallegrassero e si incendiassero soltanto al pensiero dell'approssimarsi della fiamma. Alla sera il fuoco aveva sbarrato tutto il crinale del

1 bruma: densa foschia, nebbia.

2 subitamente: improvvisamente.

monte. Ci volevano non meno di cinquanta persone a tentare di fermare quell'ira di Dio. Lui protestava che avrebbe pagato. Ma gli rispondevano: "Poteva pagare prima". "E che cosa faccio io per i pascoli quest'anno? E che do da mangiare alle bestie? O fuoco che mi brucia, o danno che mi rovina!" I pastori arrivarono dicendo che avevano potuto salvare il bestiame portandolo dall'altro versante, che inutilmente si erano opposti al fuoco e che la montagna ardeva come un braciere. Egli, afferrato al parapetto della terrazza, ad ogni lembo di terra che il fuoco invadeva, gridava come se la vedesse sprofondare. Sul crinale del monte i ragazzi videro crollare la processione d'alberi che si staccavano nel cielo e intorno a cui avevano fantasticato come di giganti.

Il signor Filippo uscì, seguito da pochi servi e pastori, si fece issare su un mulo, e prese la via del bosco. "Lo spengo io! E me ne ricorderò di quelli che non mi hanno voluto dare aiuto". Ma a mezza costa il mulo non poté più proseguire, ed egli, in testa ai suoi uomini, affrontò la salita. Si sentiva l'imminenza[3] delle fiamme come un alito stranamente odoroso. Le foglie degli alberi più lontani si accartocciavano e si mettevano a tremare come creature. Più lontano, tra la foschia del fumo, splendevano verdi e abbaglianti alcune querce come in un teatro, ma improvvisamente avvampavano con uno strepito di fuoco d'artifizio[4]. I pastori, coi piedi e le mani e il viso coperti di stracci, fra cui solo gli occhi si aprivano un varco, fecero a colpi d'accetta certe grandi scope di rami verdissimi e cominciarono a battere il fuoco come si batte il grano, cercando di soffocare le fiamme più vicine. Era notte ma ci si vedeva come davanti a un forno. Si sentivano lontani i muggiti e i belati degli armenti in fuga, e fra il crepitio delle fiamme che era come un gran vento impetuoso, le voci dei pastori che gridavano parole incomprensibili. Nuovi rami verdi sostituivano quelli con cui si picchiava il fuoco e che a loro volta minacciavano di incendiarsi, ma i lentischi[5] là in mezzo e i pinastri[6] sembravano segnare punto e daccapo aggiungendo le fiamme loro veloci a tutte le difficoltà del fuoco, come colate d'olio bollente. La notte era lunga, e il calore accumulato nel giorno faceva correre per l'orizzonte lunghi lampi. Una voce si avvicinò distintamente e disse: "Duecento pecore sono precipitate in un burrone. Qualcuno ci si è parato davanti e le ha spaventate". Ora pareva di vedere quell'individuo agitarsi fra le fiamme con un forcone, saltare come una salamandra. Era invece il signor Filippo che gridava aiuto, e si era spinto troppo avanti.

La Pirria[7] sembrava essersi messa in festa. Aveva cominciata la giornata cicalando con le donne, e invitando le più povere a venirsi a prendere le brode[8] del giorno avanti per i maiali, e le scorze dei fichi-

3 l'imminenza: la vicinanza.
4 fuoco d'artifizio: fuoco d'artificio.
5 lentischi: tipo di arbusti sempreverdi.
6 pinastri: pini selvatici.
7 La Pirria: la serva di Filippo Mezzatesta.
8 le brode: il brodo.

Franz Marc, *Mucca gialla*, 1911 (New York, Guggenheim Museum).

dindia. "Oggi è la festa mia" diceva. Dopo mezzodì alcune persone con un tamburello e la zampogna si misero a suonare sulla piazza, e ballavano. La Pirria si godeva lo spettacolo dalla finestra. Da una finestra all'altra le donnicciuole si domandavano che festa fosse, che non ne avevano mai sentito parlare. Ma nessuno lo sapeva. Non si sa come, rotolò in mezzo alla piazza un barilotto di vino e correvano i bicchieri da mano a mano. La Pirria verso sera accese il lume a petrolio e lo espose alla finestra, e a quel chiarore la gente si era data convegno, cantando e cicalando. "Non li vedete i fuochi? È la festa della montagna". Nella casa del signor Filippo le finestre erano chiuse e senza lume. Solo di quando in quando una testa si affacciava a spiare e la finestra si chiudeva frettolosamente come davanti alla tempesta. La voce di quello che succedeva in montagna si propagava rapidamente, e le donne se lo gridavano a squarciagola. Capre e buoi del signor Filippo non esistevano più, arrivavano perfino i mercanti da fuori a chiedere se c'era da comperare bestie morte. Segno che la fama era andata molto lontano. Poi altri mercanti scesero dalla montagna menando[9] davanti a sé certe bestie, e a chi domandava dove le avessero comperate rispondevano che gliele aveva vendute un giovane, lassù. "Avete capito che cosa ci aveva?" strillava la Pirria. "Cinquecento pecore, duecento buoi, e settantacinque porci. Avete capito?"

Ad aumentare la gazzarra[10] apparve qualche cosa di soprannaturale, un uomo che pochi riconobbero per l'Antonello. Passando fra quella turba magna[11], su un mulo, buttava di sella certi carichi sanguinolenti: "Ecco, gente, di che sfamarvi. Ecco qui carne di vitella e di pecora fresca macellata. C'è da mangiare per tutti. Riempitevi la

9 **menando**: conducendo.

10 **gazzarra**: confusione, baccano, chiasso.

11 **turba magna**: grande folla.

pancia per quello che avete digiunato". Buttò quella roba in mezzo alla folla e sparì. Una voce là in mezzo gridò: "Anche le bestie del signor Camillo Mezzatesta[12] sono sparite". Alla scena della gazzarra succedette un'apparizione di donne coi capelli sciolti, mogli di pastori, che si schierarono davanti alla chiesa facendo gran lamento. Si strappavano i capelli, mentre la gente si rintanava nelle case, e la Pirria ritirava rapidamente il lume, ma non senza gridare: "Ah, gioia mia!" Ma alcune di quelle donne si ricomponevano e si staccavano da quel quadro, perché un pastore venne a tranquillare[13] le mogli dei piccoli mandriani, che non erano stati toccati: "Soltanto i grossi, si sa; il fulmine sceglie sempre le grandi altezze". Immane, al lume di una fiaccola di resina, apparve il signor Filippo. La piazza era stata sgombrata, e vi si aggiravano soltanto Andreuccio e il Titta che inforcavano i loro cavalli per raggiungere la montagna e far giustizia dei malfattori. Si gridò: "Fate attenzione". Uno reggeva la fiaccola sul capo del signor Filippo, nero, tutto a brandelli, mentre qualcuno gli strofinava il viso e le mani con una pezza intinta d'olio. Aveva due righe di sangue sul viso. "Attenti a non urtarlo, scansatevi. Non lo vedete che ha perduto gli occhi?"

L'Antonello stava nella sua capanna di felci e di canne a mezzacosta dell'Aspromonte. Col fucile in ispalla girava come un guardiano, all'erta che non arrivasse qualcuno. La capanna era costruita su quattro alberi grossi, su due piani, e al pianterreno aveva un posto per le riserve. Qui belavano chiusi i montoni, e i buoi, che facevano un gran concerto. Qualcuno passava al largo, ma egli lo chiamava con un cenno, e posava il fucile in segno di pace. Voleva che, se andava al paese, portasse qualche piccolo regalo ai suoi amici; compensava lautamente. Metteva nella bisaccia del passante agnelli vivi e coscie di manzo. Si ricordava dei più poveri del paese, con la memoria dell'infanzia. Si ricordava dell'Agata cieca, quella che andava mendicando, e le mandava un agnellino. Si ricordava di tutti. Gli davano anche le notizie. Il signor Filippo era rovinato, rovinati i tre eredi del signor Camillo Mezzatesta. Erano arrivati la notte i carabinieri e si sarebbero messi alla ricerca degl'incendiari. Credevano che fosse una banda, e l'Andreuccio e il Titta la andavano cercando. Egli sorrideva orgogliosamente. Intanto era tornato suo fratello, Benedetto, che non poteva più pagare al seminario, e rimaneva vestito da prete. Era un santo, predicava la pace, viveva di pane ed acqua, e le donne lo seguivano e gli baciavano l'orlo della veste. Giovane com'era, dava già buoni consigli alla gente che ne chiedeva, e scriveva le lettere per tutti. "E portate", diceva l'Antonello, "questi pochi denari alla Schiavina, con questo agnellino. La conoscete la Schiavina? E questo maialino che lo allevi per il carnevale, alla mia salute. E questi denari a lui, a mio fratello Benedetto, che potrà così tornare a studiare. E che mi perdoni e preghi per me". Ora si diceva, nelle leggende che si spargevano sul conto suo, da quelli stessi che lo avevano veduto, che stava su un cumulo di carne macellata e che

12 Camillo Mezzatesta: fratello di Filippo.

13 tranquillare: tranquillizzare.

con un focone[14] davanti alla sua capanna faceva arrostire quarti di bue e bocconi buoni. Egli emanava decreti, e mandò a dire ai piccoli mandriani che potevano star tranquilli, che lui non ce l'aveva con loro. Si affacciarono dunque le pecore a brucare le erbe sui precipizi, ed egli le sentiva scampanellare e belare, col cuor pieno, come se le avesse create lui. Aspettava la sua sorte. Quando vide i berretti dei carabinieri, e i moschetti puntati su di lui di dietro gli alberi, buttò il fucile e andò loro incontro.

"Finalmente", disse, "potrò parlare con la Giustizia. Ché ci è voluto per poterla incontrare e dirle il fatto mio!"

da *Opere*, a cura di G. Pampaloni, Bompiani

14 focone: grande brace.

competenze alla prova

LEGGO E...

... COMPRENDO

1. Come si comporta Filippo Mezzatesta di fronte all'incendio?
2. Che atteggiamento ha Antonello verso gli altri mandriani?
3. Chi, tra i seguenti personaggi, non dimostra gioia per quello che sta accadendo a Filippo Mezzatesta?
   - ☐ La Pirria
   - ☐ Antonello
   - ☐ Camillo Mezzatesta
   - ☐ La gente del paese
4. Quale conseguenza fisica capita alla fine a Filippo Mezzatesta?
5. Come si comporta Antonello con i suoi compaesani?

... RICAVO DAL TESTO

6. Perché nessuno vuole portare soccorso a Filippo Mezzatesta, quando chiede aiuto?

... ANALIZZO E INTERPRETO

7. Qual è la festa di cui parla la Pirria? Come si può spiegare il suo comportamento?
8. La figura di Antonello è descritta come se si trattasse di un "angelo vendicatore". Sottolinea nel testo il punto che può confermare questa affermazione.

LE FORME

9. Nella lunga descrizione dell'incendio, l'autore usa molte volte "come" per spiegare che cosa sta accadendo. Di che tipo di figura retorica si tratta? Rintracciane nel testo almeno tre esempi.

ORA SCRIVO IO

10. Che cos'è, per te, la Giustizia? Immagina di essere il Ministro della Giustizia del tuo paese e scrivi almeno cinque regole che, secondo te, potrebbero assicurare una vera Giustizia alla vita del tuo paese.

UN MONDO DI PAROLE

11. L'espressione "in ispalla" è un po' antiquata ed equivale a "in spalla": con un espediente oggi non più molto usato, veniva aggiunta una *i-* iniziale al nome per facilitare la pronuncia, evitando la successione di troppe consonanti consecutive. Sai trovare qualche altro esempio del genere?

Cesare Pavese

Cesare Pavese nasce nel **1908** a **Santo Stefano Belbo** (Cuneo), nella campagna delle Langhe, luogo "mitico" dell'infanzia, spesso ricordato nella sua opera.
Rimasto presto orfano di padre, compie gli studi a Torino, con l'intellettuale antifascista Augusto Monti. Successivamente si laurea in Lettere nel 1930. Grazie alla sua ottima conoscenza dell'inglese, comincia a **tradurre** per la casa editrice Einaudi autori inglesi e statunitensi; diventa amico di intellettuali antifascisti e collabora alla rivista «La cultura» con saggi sulla letteratura americana, ma la rivista viene soppressa nel 1935 dalla censura fascista e Pavese è spedito **al confino** di Brancaleone Calabro, dove inizia a scrivere *Il mestiere di vivere*, un diario che sarà pubblicato postumo nel 1952.
Ritornato a Torino nel 1936, riprende la **collaborazione con l'Einaudi**, dove gli viene affidato il compito di dirigere una collana di etnologia, e si dedica alla produzione poetica e narrativa.
Nel **1950** vince il premio Strega. Nello stesso anno, Pavese si toglie la vita in un albergo di Torino.

L'opera

La produzione di Pavese, che comprende soprattutto **romanzi**, ma anche **racconti**, un **diario** e una **raccolta di poesie**, è tutta concentrata in un quindicennio. Si tratta del periodo in cui in Italia fiorisce il Neorealismo, corrente che annovera tra i suoi maggiori esponenti Elio Vittorini, in letteratura, Roberto Rossellini e Vittorio De Sica nel cinema.
Negli anni del confino, Pavese inizia a scrivere *Il mestiere di vivere (Diario 1935-1950)*, che sarà pubblicato dopo la sua morte.
È del 1936 la prima edizione della raccolta di poesie *Lavorare stanca*, in cui, con uno stile personalissimo, fissa i temi che saranno propri della sua produzione in prosa: la solitudine, la collina, la terra, l'amore e le passioni, l'impegno politico.
Del 1941 è il romanzo breve *Paesi tuoi*, impietoso spaccato della dura vita dei contadini nelle Langhe.
In questi anni scrive anche i racconti brevi. Nel 1948 pubblica *Prima che il gallo canti*, che contiene due romanzi brevi di contenuto autobiografico: *Il carcere* è stato scritto nel decennio precedente e narra l'esperienza di un confinato politico; *La casa in collina* intreccia la vicenda di un antifascista con la Resistenza piemontese. Del 1949 è *La bella estate*, una raccolta di tre racconti lunghi sul tema della solitudine.
La luna e i falò, del 1950, è il romanzo che segna il superamento della fase neorealista nella direzione di una **rievocazione mitica** dell'ambiente dell'infanzia, le Langhe.
Nel 1951 esce postumo, per Einaudi, con introduzione di Italo Calvino, *La letteratura americana e altri saggi*, che comprende tutto il **lavoro critico** di Pavese sugli autori americani.

I temi

La figura di Pavese è centrale nella letteratura italiana tra gli anni '30 e il dopoguerra. Convinto antifascista, Pavese ha il merito di **far conoscere in Italia gli scrittori inglesi e americani**, come Dickens, Melville, Dos Passos, contribuendo a diffondere un gusto narrativo più moderno, lontano stilisticamente dalla retorica del fascismo.
L'**attenzione per la vita reale**, osservata negli ambienti contadini oppure urbani, è costante in tutta la sua opera. È una prospettiva realistica che si caratterizza per un **forte pessimismo** sulle condizioni degli strati sociali degli umili e degli oppressi (il romanzo *Paesi tuoi* e molti racconti ne sono un esempio). In questa visione si coglie l'influenza della letteratura americana del Novecento. Ma, insieme a questa attenzione alla descrizione della realtà contemporanea in tutti i suoi aspetti, emerge nell'opera di Pavese un'altra sensibilità, forse più legata alla sua preparazione classica: è il **senso del mitico** che certi ambienti - per esempio le Langhe, dove è cresciuto da piccolo - e certe età della vita come l'infanzia e l'adolescenza, assumono nella parte più profonda di un individuo, soprattutto nel ricordo. Pavese è per questo uno degli autori più complessi e profondi del panorama italiano.

Paesaggio delle Langhe.

Il nome

In un affresco realistico, leggiamo qui il ricordo di un momento in cui l'autore (e narratore) era ragazzo e viveva nelle Langhe, regione collinare del basso Piemonte. Il suo amico Pale, un ragazzino libero e ribelle, pur di non rinunciare alle avventure sugli aspri versanti delle colline, non risponde ai lamentosi richiami materni e corre il rischio di pagare ogni sua evasione con "la resa dei conti" serale: una dose di energiche cinghiate da parte del padre.
La narrazione ha un tono discorsivo e la lingua è semplice e quotidiana, con espressioni dialettali.

Chi fossero i miei compagni di quelle giornate, non ricordo. Vivevano in una casa del paese, mi pare, di fronte a noi, dei ragazzi scamiciati[1] – due – forse fratelli. Uno si chiamava Pale, da Pasquale, e può darsi che attribuisca il suo nome all'altro. Ma erano tanti i ragazzi che conoscevo di qua e di là.
Questo Pale – lungo lungo, con una bocca da cavallo – quando suo padre gliene dava un fracco scappava da casa e mancava per due o tre giorni; sicché, quando ricompariva, il padre era già all'agguato

1 scamiciati: in maniche di camicia, senza giacca e cravatta. Il termine indica anche persone libere da impacci.

Achille Funi, *Nell'atelier*, 1930.

con la cinghia e tornava a spellarlo, e lui scappava un'altra volta e sua madre lo chiamava a gran voce, maledicendolo, da quella finestra scrostata che guardava sui prati, sui boschi del fiume, verso lo sbocco della valle. Certe mattine mi svegliavo all'urlo lamentoso, cadenzato[2], di quella donna da quella finestra. Molte vecchie chiamavano così i figli, ma il nome che faceva ammutolire tutti e che in certe ore echeggiava esasperante come le fucilate dei cacciatori, era quello di Pale. A volte anche noialtri si gridava quel nome per baldanza[3] o per beffa. Credo che persino Pale si divertisse a urlarlo.

Così, il giorno che salimmo insieme sulle coste aride della collina di fronte – prima, nelle ore bruciate, avevamo battuto il fiume e i canneti – non so bene se fossimo soli, io e Pale. È certo che il mio socio aveva i denti scoperti e la testa rossa, e me ne ricordo perché gli raccontavo che il leone, che vive nei luoghi aridi, aveva i denti come i suoi e il pelo fulvo[4]. Quel giorno eravamo agitati perché l'avevamo impiegato a fare una ricerca metodica della serpe. C'eravamo infradiciati fino al ventre e arrostita la nuca al sole; qualche rana era schizzata via da sotto le pietre rimosse, le mie caviglie erano tutte un livido. A Pale poi colava dai denti il sugo verde di un'erba che aveva voluto masticare. Poi, nel silenzio delle piante e dell'acqua, s'era sentito fioco, ma nitido[5], sul vento un urlo di richiamo. Ricordo che tesi l'orecchio, caso mai chiamassero me.

Ma l'urlo non si ripeté. Lasciammo, poco dopo, la bassa del fiume e salimmo la costa, dicendoci che andavamo per prugnoli[6], ma ben sapendo – io, almeno, e il cuore mi batteva – che lo scopo questa volta era la vipera. Fu mentre salivamo il sentiero tra i ginepri che presi a parlare, imbaldanzito, dei leoni. Mi ero rimesso le scarpe, quasi a scongiurare con un gesto da bravo ragazzo i pericoli impliciti nella resa di conti serale. Fischiettavo.

2 cadenzato: regolare, che segue un certo ritmo.

3 baldanza: spavalderia, fiducia in se stessi.

4 fulvo: di colore biondo, tendente al rosso.

5 s'era sentito fioco, ma nitido: si era sentito piano ma in modo chiaro.

6 prugnoli: susini selvatici.

– Piantala. Non è così che si chiama la vipera, – brontolò il mio socio, fermandosi.
C'eravamo muniti di due verghe a forcella[7], e con queste dovevamo inchiodare la bestia e ammazzarla. Se anche nell'acqua eravamo andati in parecchi, sono certo che quel sentiero lo salimmo noi due soli. Pale – ben diverso da me – camminava scalzo sui sassi e sugli spini, senza badarci. Volevo dirglielo, quando d'improvviso si fermò davanti a un roveto e cominciò a sibilare piano piano, sporto in avanti, dondolando il capo. Il roveto usciva da uno scoscendimento[8] roccioso, e di là si vedeva il cielo.
– Era meglio se acchiappavamo la serpe, – dissi, nel silenzio. L'amico non rispose, e continuò a sussurrare, come un filo d'acqua a un rubinetto. La vipera non usciva.
Ci riscosse un clamore improvviso sul vento, qualcosa come un urlo o uno scossone. Di nuovo, dal paese, avevano chiamato: era la solita voce, lamentosa e rabbiosa: «Pale! Pale!»
Pensai subito ai miei di casa. Pale s'era fermato, a testa innanzi, dritto su una gamba sola, e mi parve che facesse una delle sue smorfie diaboliche. Ma ecco che il silenzio s'era appena rifatto, e di nuovo la voce – inumana in quel salto d'aria – strillò «Pale! Pale!» E fu allora che il socio gettò con rabbia il vincastro[9] e disse in fretta: – Quei bastardi. Se la vipera sente il nome mentre la cerchiamo, poi mi conosce.
– Vieni via, – dissi con un filo di voce.
La vecchia maledetta continuava a chiamare. Me la vedevo alla finestra, sbucare ogni tanto con un lattante in braccio e cacciare quello strillo come se cantasse. Pale mi prese un bel momento per il polso e gridò: – Scappa! – Fu una corsa sola fino alla piana; ci gridavamo «La vipera!» per eccitarci, ma la nostra paura – la mia, almeno – era qualcosa di più complesso, un senso di avere offeso le potenze, che so io, dell'aria e dei sassi.
Venne la sera e ci trovò seduti sui traversini del ponte. Pale taceva e sputava nell'acqua.
– Prendiamo il fresco al balcone, – dissi a Pale. Era quella l'ora che tutte le donne del paese cominciavano a chiamare questo e quello, ma per il momento c'era una pace meravigliosa, e si sentiva soltanto qualche grillo. «Non mi hanno ancora chiamato», pensavo; e dissi: – Perché non rispondi quando ti chiamano? Questa sera te le dànno.
Pale alzò le spalle e fece una smorfia. – Cosa vuoi che capiscano le donne.
– Davvero, se la vipera sente un nome, poi lo viene a cercare?
Pale non rispose. A forza di scappare di casa era diventato taciturno come un uomo.
– Ma allora il tuo nome dovrebbero saperlo tutte le serpi di queste colline.
– Anche il tuo, – disse Pale con un sogghigno.
– Ma io rispondo subito.
– Non è questo, – disse Pale. – Credi che alla vipera importi se fai il bravo ragazzo? La vipera vuole ammazzare quelli che la cercano...
Ma in quel momento ricominciò l'urlo di prima. La vecchia s'era rifatta alla finestra. Cigolarono le ruote di un carro e s'udì il tonfo di un secchio nel pozzo. Allora m'incamminai verso casa, e Pale rimase sul ponte.

da *Racconti*, Einaudi

7 verghe a forcella: bastoncini biforcuti, con due rami che si divaricano.
8 scoscendimento: dirupo, luogo ripido.
9 vincastro: bacchetta sottile.

competenze alla prova

LEGGO E...

... COMPRENDO

1. **Prima di raccontare l'episodio che lo vede protagonista con Pale, il narratore dà alcune informazioni. Quali?**

2. **Perché, nel giorno che viene rievocato nel racconto, i ragazzi sono agitati?**

3. **Con quale pretesto salgono sulla costa della collina e che cosa cercano in realtà?**

4. **Quale arma utilizzano i due protagonisti per dare la caccia alla vipera?**
   - ☐ Un coltello affilato
   - ☐ Una punta d'acciaio
   - ☐ Una pietra appuntita
   - ☐ Una verga a forcella

5. **Perché Pale se la prende con la madre che grida il suo nome?**

6. **Dove si trovano i ragazzi, quando cala la sera?**

7. **Pale torna a casa al richiamo della madre?**

... RICAVO DAL TESTO

8. **Rintraccia nel testo tutti i particolari che si riferiscono all'ambiente, poi rispondi. Dove si svolge l'episodio?**
   - ☐ Lungo un fiume durante la stagione fredda
   - ☐ Tra i canneti della pianura durante la stagione calda
   - ☐ In cima a una collina arida durante la stagione fredda
   - ☐ In un sentiero di collina durante la stagione calda

9. **I personaggi del racconto, secondo te, a quale ambiente sociale appartengono?**
   - ☐ Sono impiegati
   - ☐ Sono contadini
   - ☐ Sono operai
   - ☐ Sono commercianti

   Motiva la tua risposta.

... ANALIZZO E INTERPRETO

10. **Non abbiamo informazioni sull'aspetto fisico del narratore, ma da alcuni dettagli veniamo a sapere qualcosa sui suoi comportamenti e sulle sue abitudini. Cancella ciò che non gli è attribuibile e giustifica le tue scelte con riferimenti al testo.**

    è baldanzoso - ha gesti rabbiosi - viene preso a cinghiate dal padre - ignora i richiami lamentosi della madre - scappa di casa e sta via per qualche giorno - gli piace chiamare per scherzo l'amico - gli piace avventurarsi alla ricerca di bestie selvatiche, anche sfidando il pericolo - è taciturno come un uomo - viene svegliato molte mattine dalle urla lamentose di una donna - è attento ai richiami che provengono da casa - compie gesti da bravo ragazzo - è imprudente - ha credenze bizzarre - è selvatico e randagio - è temerario - prova una paura quasi religiosa di fronte alla natura - è insofferente a ogni disciplina - è cauto

11. **L'autore è incerto su alcuni elementi che riguardano Pale, ma ha delle certezze per quanto riguarda il suo aspetto fisico.**
    - **Rintraccia il punto del testo in cui vengono date queste informazioni e di' a quali animali viene paragonato.**
    - **Che cosa viene detto del suo carattere?**

ORA SCRIVO IO

12. **Rovescia ora la prospettiva e racconta l'episodio della caccia alla vipera dal punto di vista di Pale. Metti in luce i suoi sentimenti e le sue emozioni e dai una caratterizzazione all'amico che lo accompagna.**

UN MONDO DI PAROLE

13. **Che cosa significa la parola *diaboliche*? A che cosa si ricollega etimologicamente questo aggettivo? Perché, secondo te, l'autore definisce così le smorfie del ragazzo?**

Elio Vittorini

Nato a **Siracusa** nel **1908**, da padre bolognese che lavorava nelle ferrovie e da madre siracusana, dopo aver lavorato per alcuni anni in Friuli-Venezia Giulia, nel 1930 si trasferì a Firenze, dove collaborò con il giornale la «Nazione».
Cominciò in quegli anni la stesura dei primi scritti letterari, collaborando anche alla rivista «Solaria», sulla quale uscì a puntate il romanzo *Il garofano rosso*, che poi, a causa della censura fascista, fu pubblicato in un volume unico solo nel 1948.
Allo scoppio della guerra civile in Spagna (1936), in un articolo esortò i fascisti italiani ad appoggiare i repubblicani contro Franco, posizione che gli costò l'espulsione dal Partito fascista.
A partire dal 1942 si avvicinò al Partito comunista e poi partecipò attivamente alla Resistenza, diventando per un certo periodo il direttore del quotidiano «L'Unità».
Dal 1951 l'editore Einaudi lo incaricò di dirigere la collana "I gettoni", nella quale furono accolti giovani, promettenti scrittori, come Calvino e Fenoglio, a lui vicini sul piano ideologico e letterario. La sua intensa attività di scrittore e di collaboratore di riviste (alcune delle quali fondò e diresse, come «Il Politecnico» e «Il Menabò») fu stroncata da una malattia incurabile.
Morì nel **1966** a **Milano**.

L'opera

Scrittore impegnato politicamente, Vittorini pubblica diversi **romanzi di denuncia sociale**: tra i più noti e significativi, si segnala *Conversazione in Sicilia* (1941), complessa opera che consente diverse forme d'interpretazione, ma che per lo più è intesa come simbolica condanna del regime fascista.
Altrettanto impegnato e denso di tensione è *Uomini e no* (1945), che racconta le vicende di un partigiano durante la lotta di liberazione. Nel 1956 pubblica insieme due **racconti**: uno, *Erica e i suoi fratelli*, scritto nel 1936, in cui è descritta con apparente distacco, ma in realtà con profonda amarezza, la vita di una ragazzina costretta, per le difficoltà economiche della famiglia, a ridursi alla prostituzione; l'altro, *La garibaldina* (del 1950), in cui è narrato l'incontro in Sicilia, nel 1912, tra un bersagliere e una donna che era stata seguace di Garibaldi.
L'ultimo romanzo, *Le città del mondo*, rimasto incompiuto per la precoce morte dell'autore e pubblicato postumo, è ambientato ancora in Sicilia, ai tempi di una rivolta contadina.

Gerolamo Induno, *Il bacio del bersagliere*, 1870 (Collezione privata).

La nuova casa di Erica

Con una prosa secca e asciutta, in cui la durezza delle parole si sposa alla cruda realtà narrata, Vittorini descrive un momento della vita della piccola Erica. Pur nella miseria terribile che affligge la sua famiglia, la ragazzina non ha altro desiderio che vivere una vita decorosa al fianco dei suoi genitori e dei suoi fratelli. Per questo, quando il padre propone di andare a vivere in una casa abbandonata, alla piccola Erica la prospettiva di avere una dimora propria, benché la nuova abitazione non offra affatto condizioni confortevoli, appare una sorta di miraggio, un barlume di speranza per una vita migliore e più giusta.

Egon Schiele, *Casa con biancheria stesa ad asciugare*, 1917 (Los Angeles, collezione Nathan e Marion Smooke).

Ma che la madre lavasse i piatti alla panciuta[1] divenne presto inutile. Il salario[2] fu ridotto di altri dieci centesimi l'ora, cioè di altri ottanta centesimi al giorno, cioè di altre lire 4,80 la settimana. Eppure il padre fu contento di non aver comunque perduto il lavoro. Avevano licenziato quattro montatori e ancora cinque della fonderia. Tutte le quindicine[3] c'erano licenziamenti. E in cortile[4] le famiglie colpite erano tre, senza più contare le due di prima che se n'erano andate in un posto dove costruivano una strada. Ma colpite o non colpite in ogni casa del cortile si viveva pressappoco lo stesso. Anche chi lavorava non riusciva, per esempio, a pagare la luce e l'aveva avuta tagliata. Solo le finestre dei «piani nobili» dove abitavano i controllori del tram, i capitreno e insomma i «signori» come quelli cui la madre di Erica lavava i piatti, splendevano la sera di luce elettrica.

Ancora, per fortuna, non faceva freddo. Era ottobre, era novembre, pareva che sarebbe stato un inverno mite. Gli operai sedevano sul buio degli scalini, ai pianterreni, volavano nell'aria pipistrelli; e nessuno diceva una parola, neanche i bimbi. Solo una radio da un «piano nobile», alzava la sua voce incosciente. E cominciò una novità.

Arrivavano automobili con un magnifico fruscio di gomme, si fermavano dinanzi all'androne, e gran signori entravano in cortile. Era scic-

1 **alla panciuta**: si tratta di una giovane donna incinta, presso la quale la madre di Erica ha trovato un piccolo impiego come lavapiatti.

2 **Il salario**: si tratta del salario del padre, che progressivamente era stato diminuito.

3 **Tutte le quindicine**: ogni quindici giorni.

4 **in cortile**: il condominio nel quale abitano Erica e i suoi aveva un cortile interno comune a tutti gli appartamenti del condominio stesso.

cheria di gente bella e balda. «Oh straordinario!» esclamavano. Chiedevano dove fossero i disoccupati. Qualcuno del cortile indicava: là, là e là. E l'allegra brigata andava là, là e là, e si sentivano le voci calde delle eleganti signore nelle stanze. Esse lasciavano dieci lire e delle camicie o mutande di seta smesse. Entrarono anche in casa di Erica; non distinguevano tra i disoccupati e non disoccupati se qualcuno non indicava loro i posti. Ed Erica fu felice. Una signora era come una regina e le chiese da bere. Ma la signora non volle lasciarle quella felicità. Le porse dieci lire. – Oh, non sono disoccupata, – disse Erica; non voleva pigliare. Tutta la brigata rise e la signora ritirò la moneta da dieci lire, gliene diede una da due. – Che bella bambina, no? – disse. Le disse di comprarsi le caramelle.
Erica si comprò uno spazzolino per i denti. Aveva tredici anni, in estate ne avrebbe avuti quattordici e rassettava la casa tutta lei. La madre aveva trovato da lavare i piatti anche in un'altra famiglia. Si andò avanti nell'inverno, fu gennaio, la madre guadagnava quindici lire la settimana, il padre circa settanta, e gennaio non fu affatto mite. Fu anzi terribile. La fontana della piazza ghiacciò, e le finestre accecarono[5]. Occorreva assolutamente un po' di fuoco. E il padre ebbe un'idea.
Metà sul cortile e metà su una salita sassosa che portava a una caserma c'era un angolo di casa abbandonata. Era il resto di un'antica demolizione che non avevano buttato giù per non rompere il chiuso del cortile. Pareva anche che fosse pericolosa. Aveva una scaletta esterna con una ringhierina che teneva ormai solo in tre punti a forza di essere scavalcata dai ragazzi. E dietro, dove si stendeva il terreno IN VENDITA PER COSTRUZIONI, mostrava due fette di stanze in spaccato, una sotto, una sopra, con la carta francese[6] ai muri. Era pianterreno, primo piano, e il principio di un secondo piano. Calcinacci le si ammucchiavano sempre ai piedi, come foglie ai piedi di un albero in continuo autunno. Il padre ebbe dunque un'idea. – Sapete che cosa? – disse. – Andiamo a installarci là, così non pagheremo la pigione[7]. Nessuno ci manderà via. E potremo mantenerci il riscaldamento coi soldi della pigione.
– Bisognerà vedere se c'è la stufa, – disse la madre.
Ma era una splendida idea. Da mettere in pratica nottetempo. E il padre andò una prima notte a fare un sopraluogo. Erica aspettò sveglia, felice di emozione, il suo ritorno. – Tutto bene, – egli disse tornando. Porte e finestre erano sbarrate, e si era arrampicato per le rovine di dietro, era entrato da un uscio di comunicazione coi quartieri demoliti. – Non sono che due stanze, – disse. – Ma in ottimo stato, una sotto e una sopra. Quella di sopra forse non è adoperabile. Forse ci piove. Ma quella sotto è grande. E c'è cucina e stufa.

5 le finestre accecarono: le finestre divennero tanto coperte di ghiaccio, che fu impossibile vedervi attraverso.

6 la carta francese: la carta da parati, la tappezzeria.

7 la pigione: l'affitto.

Andarono la seconda notte tutta la famiglia, con la lampadina tascabile... Il padre aprì dal di dentro la porta sul cortile. E i bambini aiutarono in febbrile agitazione a trasportare i mobili dalla vecchia alla nuova casa. Il freddo gelava la luce della lampadina. Tutto era lo stesso nero[8] dentro e fuori. Semplicemente meraviglioso, pensava Erica. E quella notte finì di diffidare dei genitori; li sentì in complotto con lei; anche divertiti dall'avventura come lei.

da *Erica e i suoi fratelli. La Garibaldina*, Einaudi

8 lo stesso nero: nero allo stesso modo.

scheda

I bambini nel Neorealismo

Non è casuale che il Neorealismo, in campo sia letterario, sia cinematografico, proponga spesso come protagonisti bambini o ragazzi giovanissimi, che hanno uno sguardo particolarissimo sulla realtà in cui vivono, con tutte le difficoltà, i limiti e talvolta i drammi che l'esistenza comporta. In questa prospettiva, il loro ruolo, all'interno delle diverse opere, risponde ad almeno due esigenze. Da un lato, i giovanissimi assistono con occhi "vergini" alle vicende narrate: proprio grazie alla loro giovane età, hanno una semplicità, un candore e una spontaneità, istintivamente indirizzata al bene, che il mondo degli adulti, con le loro mille finzioni e menzogne, ha ormai smarrito. Dall'altro lato, rappresentano la speranza che il mondo trovi, in futuro, una redenzione e un riscatto dai tanti mali che lo affliggono. Accanto alla figura di Erica, di Vittorini, qui proposta per l'ambito letterario, si possono ricordare famosi esempi di bambini o ragazzi che hanno ruoli da protagonista o, comunque, di grande rilievo anche in molti film, tra i quali si possono ricordare i ragazzi di strada in "Sciuscià" (1946) e in "Ladri di biciclette" (1948) di Vittorio de Sica, oppure il piccolo Sandro, il figlio del "Ferroviere" (1956) di Pietro Germi.

Un fotogramma di "Ladri di biciclette".

competenze alla prova

LEGGO E...

... COMPRENDO

1. Perché il padre di Erica è contento di non aver perso il lavoro, anche se gli diminuiscono il salario?
2. Qual è la novità che capita a un certo punto nel palazzo?
3. Che cosa compra Erica con i soldi che riceve in beneficenza dalla signora?
   - ☐ Un giocattolo
   - ☐ Uno spazzolino da denti
   - ☐ Una borsa
   - ☐ Niente
4. Qual è l'idea che viene a un certo punto al padre di Erica e perché?

... RICAVO DAL TESTO

5. La donna che fa beneficenza a Erica probabilmente è buona d'animo, ma è poco attenta alla sensibilità della ragazza. Perché?

... ANALIZZO E INTERPRETO

6. Secondo te, perché l'autore dice che solo le finestre dei piani nobili "splendevano"? Che cosa vuole indicare con l'uso di questo verbo?
7. Da quale particolare si capisce che Erica è felice dell'idea di andare ad abitare nella nuova casa?

LE FORME

8. Quali sono, a parere tuo, le scelte stilistiche che permettono all'autore di descrivere con efficacia la condizione miserevole della famiglia di Erica? Scegli tra i suggerimenti qui sotto (anche più di una scelta).
   - ☐ Il linguaggio semplice, ma mai banale
   - ☐ Le frasi brevi, chiare e senza inutili fronzoli
   - ☐ Le frequenti domande retoriche
   - ☐ La narrazione apparentemente oggettiva e distaccata di fatti, che parlano da sé e non hanno bisogno di commenti

ORA SCRIVO IO

9. Immagina, con maggiori dettagli rispetto a quanto si legge nel testo di Vittorini, il dialogo tra Erica e la signora che le vuole regalare i soldi. Scrivi, come se si trattasse di una scena teatrale, una decina di battute a testa.

UN MONDO DI PAROLE

10. Che cosa significa che chi non era riuscito a pagare la luce "*l'aveva avuta tagliata*"?
11. Completa la frase: il termine "sopraluogo" (o "sopralluogo") qui è usato in senso generico, ma di solito è utilizzato nell'ambito ....
12. Completa il ragionamento: di solito l'espressione "in complotto con" presuppone attività ...., mentre qui l'espressione ha al contrario un valore molto ...., perché ....

FILOFILE

13. Cerca su internet informazioni sulla figura di Erica, così come emerge dal racconto di Vittorini, e su quella di Bruno, il bambino protagonista del film "Ladri di biciclette".
Secondo te, ci sono elementi che accomunano le vicende dei due bambini? Ci sono aspetti del loro carattere o dei loro comportamenti che ti sembrano simili?

Un fotogramma del film "Ladri di biciclette" di Vittorio De Sica.

Vasco Pratolini

Fiorentino, nato nel **1913** da famiglia di modeste condizioni, rimane orfano di madre all'età di cinque anni. Per vivere svolge diversi mestieri, come garzone di bottega, barista, portiere d'albergo, tipografo e altro. Per una grave malattia è costretto a trascorrere lunghi periodi in sanatorio in Trentino e Valtellina. Grazie alla passione per la lettura, entra in contatto con Elio Vittorini, che lo introduce negli ambienti letterari. Intanto Pratolini matura una precisa **coscienza "proletaria"** di classe, sentendosi vicino alle classi umili e meno abbienti della società.
Dopo aver partecipato attivamente alla Resistenza, soggiorna prima a Milano, lavorando come giornalista, poi a Napoli, dove insegna all'Istituto d'Arte. Dal 1951 si trasferisce definitivamente a Roma, vivendo del successo letterario dei suoi libri e collaborando anche come sceneggiatore per il cinema, dato che molti registi avevano scelto di portare sul grande schermo alcuni suoi romanzi.
Muore a **Roma** nel **1991**.

L'opera

Come **romanziere**, Pratolini si distingue per la vena spontanea e fluida della scrittura.
Tra le prime opere, *Il quartiere* (1944) è un romanzo corale che narra le vicende di un gruppo di giovani nella Firenze popolare degli anni Trenta: la voce narrante è Valerio, alter ego di Pratolini stesso, che testimonia i diversi percorsi di vita intrapresi da alcuni suoi coetanei nei difficili anni del fascismo.
Del 1947 è *Cronaca familiare*, in cui l'autore descrive le vicende che lo hanno portato alla separazione dal fratello in tenera età. I due si ritrovano anni dopo, provando un forte legame d'affetto. Molto successo ottenne *Cronache di poveri amanti* (sempre del 1947), ambientato quasi interamente in via del Corno, nel cuore di Firenze, dove lo scrittore aveva vissuto da bambino. Qui l'autore descrive, con linguaggio semplice e scorrevole, ma insieme vivace e coinvolgente, le vicende amorose di personaggi che ruotano attorno alla **strada, la vera protagonista del romanzo**; come ne *Il quartiere*, la descrizione dei personaggi permette di cogliere uno "spaccato" della realtà quotidiana della Firenze degli anni del fascismo.
Una tematica per molti aspetti simile è proposta nel romanzo *Le ragazze di San Frediano* (1948), anch'esso di impianto corale: il giovane e affascinante Bob, del quartiere fiorentino di San Frediano, tiene in piedi una relazione con cinque ragazze, finché, scoperto, non è costretto dalle ragazze stesse a scegliere una di loro.
Tra i romanzi più significativi *Metello* (1955) narra la storia di un operaio, Metello Salani; orfano, allevato da contadini, a quindici anni si trasferisce a Firenze in cerca di lavoro. Qui, prendendo coscienza dello sfruttamento degli operai in fabbrica, partecipa agli scioperi e si avvicina al movimento socialista, che stava crescendo negli anni tra il 1875 e il 1902. Pure in questo romanzo c'è un saldo intreccio tra le vicende della società e le passioni, i sentimenti interiori del protagonista, perché vengono tratteggiate le sue relazioni amorose, che porteranno Metello a sposare Ersilia, figlia di un suo compagno morto sul lavoro.

Il quartiere della mia infanzia

Pratolini tratteggia il rione di Santa Croce, così come lo ricorda negli anni della sua infanzia e giovinezza. Santa Croce era negli anni '30 e '40 del Novecento uno dei quartieri operai di Firenze, abitato da gente semplice e operosa.

Noi eravamo contenti del nostro Quartiere. Posto al limite del centro della città, il Quartiere si estendeva fino alle prime case della periferia, là dove cominciava la via Aretina, coi suoi orti e la sua strada ferrata, le prime case borghesi, e i villini. Via Pietrapiana era la strada che tagliava diritto il Quartiere, come sezionandolo fra Santa Croce e l'Arno sulla destra, i Giardini e l'Annunziata sulla sinistra. Ma su questo versante era già un luogo signorile, isolato nel silenzio, gravitante verso San Marco e l'Università, disertato dalla gente popolana che lasciava i figli scavallare sulle proprie strade dai nomi d'angeli, di Santi e di mestieri, nomi antichi di famiglie "grasse" del Trecento. Via de' Malcontenti ne era un'arteria e un monito; via dell'Agnolola suburra, sulla quale immetteva Borgo Allegri ove in un'età lontana un'immagine della Madonna, dipinta da un concittadino immortale, portata in processione, si degnò di miracolare in mezzo al popolo, "rallegrandolo". Panni alle finestre, donne discinte[1]. Ma anche povertà patita con orgoglio, affetti difesi coi denti. Operai, e più propriamente, falegnami,

1 **discinte**: poco vestite.

Balthus, *Il passaggio del Commerce Saint-André*, 1952-1954 (Collezione privata).

calzolai, maniscalchi, meccanici, mosaicisti. E bettole, botteghe affumicate e lucenti, caffè novecento[2].
La strada. Firenze. Quartiere di Santa Croce.
Il fanciullo poteva innocentemente contare le sue palline di terracotta, seduto sul gradino della casa di tolleranza, nel vicolo chiamato via Rosa; il popolano orinare senza rimorso al muro sotto la lapide che ricordava la casa abitata da Giacomo Leopardi; la bella ragazza inorgoglirsi di abitare in via delle Pinzochere, ch'era una delle strade più pulite del nostro Quartiere.
Eravamo creature comuni. Ci bastava un gesto per sollevarci collera o amore. La nostra vita scorreva su quelle strade e piazze come nell'alveo di un fiume; la più pensata delle nostre ribellioni era quale un mulinello che ci portasse a fondo. Non per nulla le carceri della città erano nel cuore del nostro Quartiere. Avevamo imparato a fare un viluppo[3] dei nostri affetti, intrecciati l'uno all'altro da privati rancori, da private dedizioni. Eravamo un'isola nel fiume che comunque andava, fra i carrettini del trippaio e dell'ortolano, il bugigattolo[4] del venditore di castagnaccio, lungo via Pietrapiana. Dall'Arco di San Pietro a Porta alla Croce.
Si usciva dal lavoro dopo le sei del pomeriggio; e non esisteva vera vita, società vera, calore, se non quando eravamo nelle nostre strade e piazze. A seguitare il corso che appunto sboccava all'Arco di San Piero, avremmo trovato la città col suo centro, i bei caffè e le orchestrine; eppure, per fare quei pochi passi, inconsciamente ogni volta, ci preparavamo a qualcosa di estraneo da affrontare. Creature innocenti, confinate per malinconia, abitudine o amore, per qualcosa di più intimo e rissoso, nel nostro Quartiere. Anche coloro che lavoravano nelle fabbriche della periferia, pedalavano veloci sui viali per raggiungere il Quartiere e godere la serata che gli apparteneva.
Lì era trascorsa l'adolescenza. I fratelli minori ripetevano i nostri gesti giocando di spiccioli e di cartine colorate, a pugni ed abbracci, i giochi che avevamo loro insegnato, inventandone di nuovi che ci parevano peggiori. Se passavamo da via del Fico o da via de' Macci, o attorno a piazza Santa Croce in attesa della ragazza, i fratelli minori ci costringevano a lasciargli le biciclette: le montavano infilando la gamba framezzo al telaio, per trovare l'altro pedale.
Le case erano buie, umide e fredde d'inverno. I tavoli dove mangiavamo avevano spacchi verticali di cui ci accorgevamo soltanto le rare volte che scrivevamo una lettera. Ma pulite ed in ordine, le nostre case, curate dalle nostre mamme che avevano i capelli grigi e uno scialle buttato sulle spalle. Nella stanza da pranzo che noi chiamavamo il "salotto", c'era un divano, con la trina[5] alla spalliera e i mattoni rossi di cinabrese[6], le fotografie incastrate ai vetri della credenza, una sveglia.

2 caffè novecento: locali legati al gusto della cosiddetta Belle Époque.

3 viluppo: nodo, intreccio.

4 bugigattolo: stanzino.

5 trina: tipo di pizzo o merletto.

6 cinabrese: terra di colore rosso chiaro impiegata per tingere legno, muri a fresco, pavimenti di cotto.

Il canto delle sorelle che più a lungo potevamo udire al mattino della domenica, era una cosa allegra che ringiovaniva le stanze, coloriva di parati le mura gialline.
Facevamo poco conto della casa. Nemmeno ci accorgevamo che le lampadine economiche vi spandessero un luce che rendeva impossibile distinguere da un angolo all'altro delle stanze, né lavarci nell'acquaio era un fatto che potesse deluderci. Il nostro lettino, che aveva un crocifisso o un "santo" inchiodato da capo, con un ramoscello d'ulivo per traverso, conosceva le nostre speranze, inseguite contando le crepe del soffitto. Un cassetto del comò ci apparteneva: a cominciare da un certa età ne portavamo in tasca la chiave per serbare il segreto di alcune fotografie che ci erano dedicate, di una rivoltella. La casa significava i volti che le sue stanze ospitavano, e noi le volevamo bene per questo. Nulla sapevamo, non volevamo sapere forse. Ci promettevamo oneste gioie, meritare di più nel lavoro, farci capaci; e avere una ragazza, e poi un'altra magari, e infine sposarne una davvero, coricarsi con lei in un letto più grande, amarla per quanti baci sentivamo di poterle dare.
La nostra vita erano le strade e piazze del Quartiere, fiorentini di antica razza, di "antico pelo[7]" dicevamo scherzando. Si stava agli angoli delle vie, sotto la Volta ove fu trafitto Corso Donati[8], e ci si stava senza alcun sospetto di tutto questo, "popolo minuto[9]" sempre, fatto ignaro ormai, ciompi[10] da se stessi traditi. Sulle antiche vestigia[11] si illuminava la rosticceria il cui banco spandeva attorno odore di polpette, di patate, di coniglio arrostito, di verdura fritta.
La città era al di là di questa nostra repubblica, aveva per noi un senso di archeologia e di eldorado[12] insieme: per parteciparvi occorreva che fossimo rasati e avessimo in dosso i vestiti migliori. Dagli altri Quartieri popolari ci divideva un sentimento impreciso eppur vivo, di rivalità ed emulazione; ci riunivano per subito dividerci di nuovo, in rissa, l'Arno d'estate e le partite di calcio alla domenica, la tappa del Giro d'Italia.
Dalla soglia del caffè, ove la radio imperversava inascoltata, guardavamo le ragazze passare, parlavamo, entravamo ai biliardi, ci muovevamo verso via Rosa dopo cena, o curiosi di una motocicletta facevamo a turno, col meccanico che la guidava, un giro per i viali di Circonvallazione. Divisi in più gruppi, secondo le amicizie, le affinità, le occasioni.

da *Il Quartiere*, Oscar Mondadori

7 antico pelo: il vecchio "bianco per antico pelo" è Caronte, nel III canto dell'Inferno di Dante; qui l'espressione si riferisce ironicamente ai fiorentini autentici.

8 Corso Donati: uomo politico, appartenente alla fazione dei Guelfi Neri, contemporaneo di Dante.

9 popolo minuto: popolo del più basso livello sociale.

10 ciompi: lavoratori salariati nel settore della lana, che si ribellarono nel 1378.

11 vestigia: tracce, testimonianze.

12 eldorado: leggendario paese dell'oro.

competenze alla prova

LEGGO E...

... COMPRENDO

1. Di quale quartiere di Firenze parla il narratore?
2. Come si sentono gli abitanti del quartiere descritto?
   - ☐ Persone speciali
   - ☐ Persone disgraziate
   - ☐ Creature comuni
   - ☐ Creature straordinarie
3. A che ora escono dal lavoro gli abitanti del quartiere?
4. Come sembrano ai fratelli più grandi i giochi inventati dai più piccoli?
   - ☐ Migliori
   - ☐ Peggiori
   - ☐ Uguali
   - ☐ Non lo si specifica nel testo
5. Che cosa rallegra il quartiere le mattine della domenica?
   - ☐ Il suono delle campane
   - ☐ La partita di calcio
   - ☐ Il canto delle sorelle
   - ☐ I giri in motocicletta

... RICAVO DAL TESTO

6. Che rapporto hanno con la cultura gli abitanti del quartiere? Motiva la tua risposta.
7. Gli abitanti del quartiere sono ricchi o poveri? Motiva la tua risposta.
8. Che cosa indica la rivoltella che alcuni hanno nel cassetto?

... ANALIZZO E INTERPRETO

9. In un passo del testo, l'autore usa frasi nominali, ovvero senza verbi reggenti. Rintraccia il passo e spiega qual è, secondo te, la ragione di questa soluzione stilistica dell'autore.
10. Il narratore spiega che nel quartiere convivono con la massima naturalezza situazioni che a prima vista appaiono stridenti e ne porta tre esempi. Rintracciali nel testo.
11. Spiega con parole tue che cosa significa la frase "*Ci bastava un gesto per sollevarci collera o amore*".
12. Qual è il passo che meglio lascia intendere la voglia di vivere degli abitanti del quartiere?
13. Qual è il rapporto che gli abitanti del quartiere hanno con il centro della città? Motiva la tua risposta.
14. Spiega con parole tue l'espressione "*la città... aveva per noi un senso di archeologia e di eldorado insieme*".

LE FORME

15. Per indicare come scorreva la vita nel quartiere, il narratore usa una precisa figura retorica. Rintracciala nel testo e indica di quale figura si tratti.

La **PERSONIFICAZIONE** è una figura retorica che consiste nell'attribuire caratteristiche e aspetto umano a un concetto, un sentimento o un oggetto.

16. Quando il narratore dice "*Eravamo un'isola nel fiume che comunque andava*", usa:
    - ☐ una similitudine
    - ☐ un ossimoro
    - ☐ una personificazione
    - ☐ una metafora

ORA SCRIVO IO

17. Scrivi una breve descrizione di via delle Pinzochere, come la immagini secondo la tua fantasia. Parti dagli elementi visivi e soffermati poi anche sulle voci, sui rumori e sugli odori a cui si fa riferimento nel testo o che puoi dedurre dalla descrizione del quartiere fatta da Pratolini.

UN MONDO DI PAROLE

18. Che cosa significa nel testo famiglie "grasse"? Perché l'autore mette l'aggettivo tra virgolette?
19. Che cosa significa "bettole"?

Renata Viganò

Nata a **Bologna** nel **1900**, già a tredici anni Renata Viganò pubblica la sua prima raccolta di poesie. Ancora giovane, è costretta ad abbandonare gli studi per la modesta estrazione della famiglia: il sogno di diventare medico deve lasciare il posto alla necessità di trovare un impiego. Prima lavora come semplice inserviente, poi riesce a diventare infermiera. Gli impegni lavorativi non le impediscono di dedicarsi alla letteratura e di collaborare con quotidiani e periodici, attività che si interrompe bruscamente dopo l'armistizio dell'8 settembre 1943, quando partecipa con coraggio e impegno alla **Resistenza**, svolgendo compiti di **staffetta**, ovvero tenendo i collegamenti e portando le notizie da un gruppo partigiano all'altro. L'eco di questa esperienza si traduce nel romanzo *L'Agnese va a morire*, che le dà, nel 1949, fama soprattutto grazie alla vittoria del prestigioso Premio Viareggio. Muore a Bologna, la sua amata città, nel **1976**.

L'opera

Benché l'autrice abbia scritto molte opere, tra cui due romanzi intitolati *Donne della resistenza* (1955) e *Matrimonio in brigata* (1976), la sua fama è indiscutibilmente legata al romanzo *L'Agnese va a morire*. La storia è ambientata nelle valli di Comacchio durante la Seconda guerra mondiale, nel periodo immediatamente precedente l'inizio della lotta partigiana. Agnese è una donna di mezza età, che si guadagna da vivere come lavandaia e che, dopo la morte del marito ucciso dai nazisti perché sospettato di appoggiare la Resistenza, sente dentro di sé il dovere di non tradire la sua memoria. Pur non essendosi mai in precedenza occupata di politica, sceglie la strada della lotta partigiana, per liberare il paese da una violenta e feroce oppressione, fino al sacrificio supremo: viene infatti uccisa da un soldato tedesco proprio quando gli alleati stanno per avere la meglio sui nemici.

Locandina del film "L'Agnese va a morire", del 1976, diretto da Giuliano Montaldo, tratto dall'omonimo romanzo di Renata Viganò.

La morte di Agnese

Ti presentiamo le pagine conclusive del romanzo *L'Agnese va a morire*: Agnese, catturata da una pattuglia di soldati tedeschi, viene portata in uno stanzone insieme ad altri prigionieri. Qui, a un passo ormai dalla vittoria della Resistenza, Agnese ha la sfortuna di incontrare Kurt, un soldato che lei aveva colpito alla testa con un fucile, perché costui, per gioco, aveva sparato alla sua gatta, che era tutto ciò che le restava dell'amato marito Palita.

L'Agnese fu degli ultimi ad entrare. Le chiusero la porta alle spalle. Per un momento nello stanzone scuro rimase un silenzio fitto di respiri. Poi esplosero le voci, di nuovo le grida e i pianti. Adesso anche degli uomini piangevano, quelli che erano stati divisi dalle mogli e dai figli. Una ragazza si buttò in terra, si mise a piangere istericamente, con i capelli sulla faccia. Qualcuno disse forte: – Silenzio, perdio! – ma la ragazza gridava: – Buio, buio... aiuto! – A poco a poco, abituandosi gli occhi, qualche cosa si vedeva. Era una rimessa per attrezzi, simile allo stanzone dove aveva abitato l'Agnese, ma vuota, solo un po' di paglia in terra, e un mucchio di legna in un angolo, due o tre carretti appesi al soffitto per le stanghe. La gente cominciò a calmarsi; si riconoscevano, si raggruppavano quelli appena entrati e quelli già dentro da prima. Due donne presero su la ragazza da terra, lei smise di urlare, continuò con un lamento sordo, come l'affanno di uno che non può tirare il fiato. La fecero sedere sulla legna, un uomo le disse: – Falla finita che sentiamo quello che dicono fuori –. Fuori si udivano delle voci: un tedesco, forse l'ufficiale, diceva: – Non paura, non paura. A casa, tutti a casa con bambini. Presto anche altri a casa –. S'intese uno scalpiccio[1] di passi sulla paglia dell'aia, erano le donne coi bimbi che andavano via. Passando davanti alla porta chiamavano: – Oreste, Giovanni, babbo, – un mucchio di nomi ansiosi. Quelli di dentro rispondevano: – Siamo qui. State buoni. Ci manderanno fuori anche noi –. Il tenente si stancò: la sua voce si fece strappata ed acuta. Gridò: – Raus! Raus[2]! – I passi

Una partigiana italiana in una fotografia del 1944.

1 scalpiccio: serie ripetuta di passi affrettati.

2 Raus! Raus!: in tedesco "Fuori! Fuori!".

calpestarono la paglia: si allontanavano. Anche dentro vi fu il silenzio, per udire l'ultimo fruscio di quei passi.
L'Agnese stava zitta contro il muro. Non conosceva nessuno. Si guardava attorno e non incontrava che facce ignote, sembrava a mille miglia dal suo paese. Tutti si misero a parlare, prima piano, poi più forte, ogni voce voleva sopraffare le altre, ognuno incominciava un discorso che un altro interrompeva per inserirvi il suo, poco ascoltato a sua volta. Solo a tratti vi era chi riusciva a fermare l'attenzione. Un vecchio era al centro di un piccolo gruppo, diceva: – Il maresciallo sta a casa mia, è tanto gentile. Ho parlato con lui. Ha assicurato che ci terranno qui finché trovano il camion. Se non lo trovano ci manderanno a casa lo stesso. Basta che non ci sia nessuno a fare il matto. Non sono cattivi, i camerati tedeschi.
L'Agnese si mosse dal suo angolo, strinse forte sotto il mento il nodo del fazzoletto. La sua faccia, fasciata intorno di nero, sembrò quella di una grossa suora. Passò di traverso fra la gente, s'avvicinò al gruppo in ascolto. Una donna disse: – Certo che non sono cattivi. Se non ci fossero dei delinquenti che li tormentano, loro con noi sarebbero buoni e cortesi –. Era alta, magra, con gli occhiali, un aspetto senza luce, di legno smorto. L'Agnese le stava proprio a fianco, la fissava. Lei si volse mentre diceva: – Non bisogna dimenticare che noi li abbiamo traditi[3]..., – si trovò sul viso il peso vivo di quegli occhi, s'interruppe. – Niente, – disse l'Agnese. – Dica pure. Volevo solo vederla in faccia –. Ma la donna non infilava più il resto del discorso, guardò in giro, irresoluta[4]. Il vecchio che parlava prima si fece avanti, domandò, arrogante: – Voi chi siete? – Io sono una che passava, e i tedeschi mi hanno preso e portato qui per le loro sporche faccende, – rispose l'Agnese. – Porci, e voi più di loro, a dire che sono buoni e gentili –. Si udì un mormorio sordo, voci anonime dal gruppo, dagli angoli, dai muri, dalla legna, dalla paglia: – Ha ragione... è vero... sono porci... accidenti alla guerra... che scoppino, loro, i fascisti e chi gli vuol bene.
La donna magra si levò gli occhiali, guardò l'Agnese con gli occhi nudi, incantati, senza ciglia: – Pensate come volete, – disse, – ma qui i tedeschi sono stati buoni –. L'Agnese le andò vicino con la faccia: – E sono stati buoni quando hanno bruciato X...? E fucilato quei dieci a F...? E gli altri che hanno ammazzato? E se adesso ci mitragliassero tutti? – La donna magra indietreggiò: – Non farebbero niente se i «ribelli» li lasciassero in pace, – disse, ma la voce era più bassa, tremava. Alla parola «ribelli», l'Agnese vide tutti i visi lontani, i visi perduti: il Comandante, Clinto, Tarzan, Tom, Zero, il Giglio, il Cino, gli stranieri, Walter, «La Disperata», Cinquecento; li rivide tutti in una volta, compagni combattenti, partigiani, non «ribelli». Fece ancora due passi

3 traditi: si allude all'armistizio proclamato l'8 settembre 1943 dal maresciallo Badoglio, con il quale l'Italia decise all'improvviso di chiedere la resa alle truppe anglo-americane.

4 irresoluta: indecisa.

verso la donna, ormai la serrava contro il muro, non poteva andare più in là, le cadeva quasi addosso, con le sue grandi mani buone da schiaffi. In tutto lo stanzone il mormorio sordo ricominciò. Vicino alla donna magra un uomo si alzò dalla paglia. Era alto quanto lei, le stava presso la spalla. L'Agnese vedeva contemporaneamente le due facce, quella dell'uomo scarna e precisa, e quella della donna sconvolta. Lui disse piano, senza voce, solo con il fiato: – Agnese di Palita, – e si mise un dito di traverso sulla bocca. L'Agnese disse: – Sì, – anche con la testa, si allontanò subito dalla donna, concluse, fregando una contro l'altra le sue palme dure: – I ribelli muoiono per gli imbecilli.
Le fecero largo, lei camminò fra due file umane di stupore, prigioniera di tutti quegli occhi attenti. Si volse, disse più forte, con severità: – Ma quelli che restano, anche con gli imbecilli faranno i conti. Siamo vicini alla paga, appena verrà la buona stagione. Ai tedeschi e ai fascisti non gli rimane più niente –. Il suono ruvido del suo dialetto s'allargava nel silenzio. Disse ancora: – Mi sono sbagliata. Gli rimane la paura.
Il tempo era lungo a passare. Di fuori non si sentiva nessun rumore. Dentro lo stanzone faceva freddo, si vedeva il vapore dei respiri. Molte donne piangevano; una consolava l'altra, ma appena questa s'asciugava gli occhi, prendeva il suo posto nel coro dei lamenti. Gli uomini giravano su e giù, qualcuno andava a mettere l'orecchio alla serratura. Avvertiva un piccolo strepito, un piede strisciato per cambiare posizione, un colpo di tosse, faceva segno: – Sono lì –. Erano lì, col mitra, forse in due soltanto. Due mitra bastavano, davanti a tante braccia disarmate.
Venne, prima indistinto, poi più chiaro, disteso nel vuoto dell'aria di inverno, un rombo di aerei. Quell'eco, finora temuta, diventò all'improvviso una voce di speranza. – Se bombardano vicino, – disse uno, – i tedeschi vanno via –. Si alzarono tutti, si strinsero contro la porta. Gli uomini gridarono: – Via le donne, – e cercarono nel mucchio di legna dei pezzi lunghi e pesanti. Il compagno che prima aveva fatto cenno all'Agnese di tacere, stava con la testa appoggiata al battente. – Alla prima bomba, se scappano, sfondiamo la porta –. Gli aerei passavano proprio sopra, si sentiva forte l'onda musicale dei motori, ma erano alti, indifferenti, in viaggio. Si allontanavano. Nel rumore decrescente si mescolò un altro rombo, più scuro, a terra, quello di un autocarro. L'uomo contro la porta intese uno scalpiccio, i soldati di guardia, certo, si erano alzati in piedi. Le ruote frusciarono sulla paglia dell'aia. Appena il motore si fermò si udirono le voci tedesche. Uno dei rastrellati[5] disse: – Se avessero trovato il camion, – e tutti dentro lo stanzone, forte, piano, da ogni angolo, ripetevano: – Hanno trovato il camion.
L'uomo che ascoltava alla porta lasciò il suo posto, subito occupato da altri, andò vicino all'Agnese, le disse: – Salve, compagna. Tu non mi

5 rastrellati: catturati mediante un rastrellamento.

hai mai visto, ma io ti conosco. Sono Simone di Linin –. Lei si ricordò una lunga corsa in bicicletta, un colore di nebbia, freddo, silenzio, una casa dove non aveva trovato nessuno, tanta strada fatta inutilmente. – Venisti che io non c'ero, – disse Simone. – Mi rammento bene, – rispose l'Agnese.

Fu allora che si aprì la porta, entrarono il tenente e due soldati tedeschi: si annullò immediatamente il brusio[6] affaticato di parole. L'ufficiale guardò come prima in mezzo al gruppo, poi scelse dieci individui con la punta del suo zelante frustino, badando di dividere quelli che erano più stretti insieme; toccò anche alla donna magra, e al compagno Simone. I soldati spinsero i dieci nella luce bianca della neve, richiusero la porta. Una ventata di terrore passò nell'aria morta: – Ci fucilano tutti, – e nessuno parlò più, si sentirono soltanto lacerati singhiozzi. Molti stavano gettati nella paglia, con le mani sulle orecchie, per l'orrore delle raffiche imminenti. Ma non ci fu alcuna raffica, e i minuti cadevano come sassi.

La porta si riaperse, vi fu una corsa dei più lontani, un ammucchiarsi di visi sudati e freddi, di mani tremanti. Questa volta il tenente non scelse, ne mandò via un branco a caso. I primi dieci erano fuori, salvi. Aspettavano. Si udirono le grida di quelli che si ritrovavano insieme vivi, il rumore svelto di passi liberati. Il battente era aperto: i due soldati trattenevano a fatica la felicità dei rimasti. «Anche per questa volta non si muore, – pensò l'Agnese, che stava per ultima. – Ma certo ho perduta la bicicletta[7]».

In quel momento i due soldati si scostarono: – Raus! Raus! – L'Agnese corse dietro agli altri, sbatté le palpebre nella luce viva, s'incontrò prima col tenente, poi con un'altra faccia di tedesco, si fermò. Quella faccia divenne a un tratto sformata, malsana, mosse le labbra, certo gridava. Ma l'Agnese non intese la voce, vide soltanto chiaro il disegno di un nume[8]: Kurt. Vide anche il maresciallo, questa stessa faccia, seduto sul muretto con la Vandina, risentì l'odore di quella sera, odore di erba bagnata sotto il pesco. Due ceffoni furibondi la sommersero in uno stordito giro di circoli rossi.

Il maresciallo gridò ancora; prese la pistola, le sparò da vicino negli occhi, sulla bocca, sulla fronte, uno, due, quattro colpi. Lei piombò in giù col viso fracassato contro la terra. Tutti scapparono urlando. Il maresciallo rimise la pistola nella fondina, e tremava, certo di rabbia. Allora il tenente gli disse qualche cosa in tedesco, e sorrise.

L'Agnese restò sola, stranamente piccola, un mucchio di stracci neri sulla neve.

da *L'Agnese va a morire*, Einaudi

6 brusio: mormorio prodotto da voci basse che si sovrappongono.

7 la bicicletta: quando era stata catturata, Agnese aveva una bicicletta che aveva dovuto abbandonare.

8 nume: dio. Si tratta dell'immagine del destino inesorabile che si abbatte sulla donna.

scheda

Le donne e la Resistenza

La Resistenza in Italia si sviluppò in particolare all'indomani dell'8 settembre 1943, quando il Maresciallo Badoglio alla radio annunciò la firma dell'armistizio di Cassibile (siglato il 3 settembre): l'Italia sospendeva i combattimenti con gli Alleati anglo-americani in attesa della definizione di una vera e propria resa.
L'esercito italiano, colto di sorpresa, cominciò a sbandarsi e molti soldati, vedendo l'immediata occupazione del nostro paese da parte dei Tedeschi e temendo di essere fatti prigionieri, con il conseguente rischio di subire la deportazione in Germania, si aggregarono alle truppe partigiane, che stavano cominciando a formarsi clandestinamente, sulle montagne, per resistere militarmente al dominio fascista e al controllo nazista del territorio.
All'interno del movimento di Resistenza ruoli di grande importanza furono ricoperti proprio da donne: più di rado combattenti in prima linea negli scontri a fuoco (anche se esistono testimonianze di formazioni partigiane composte da donne), di solito esse svolsero delicati e rischiosi compiti di raccordo tra le città e le montagne come **staffette**, cioè portando ordini, comunicazioni o generi di sostentamento e di prima necessità ai partigiani sui monti. Spesso inoltre le donne ebbero anche compiti di infermiere, curando i partigiani feriti che, proprio perché in condizione di clandestinità, non potevano rivolgersi ai medici e agli ospedali. Anche nelle città, in assenza di molti uomini impegnati nella lotta armata in montagna, furono proprio le donne a svolgere in prima persona la propaganda antifascista, raccogliendo fondi, organizzando l'assistenza necessaria, favorendo la circolazione e la diffusione clandestina delle informazioni.
Alle donne nella Resistenza la regista italiana Liliana Cavani ha dedicato un documentario nel 1965, mentre è del 1976 il film di Giuliano Montaldo tratto dal romanzo *L'Agnese va a morire* di Renata Viganò.

Un gruppo di donne partigiane sfila per le strade di Milano, al termine della guerra.

competenze alla prova

LEGGO E...

... COMPRENDO

1 Che cos'è lo stanzone in cui sono rinchiusi i prigionieri?
- ☐ Una cella
- ☐ Una cascina
- ☐ Una stalla per gli animali
- ☐ Una rimessa per gli attrezzi

2 Che cosa contribuisce ad accrescere la paura dei prigionieri?
- ☐ Il buio
- ☐ Le urla dei soldati
- ☐ Il pianto di una ragazza
- ☐ Il rombo degli aerei

3 Con chi se la prende Agnese e perché?

4 Chi interviene a trattenere Agnese?
- ☐ Un soldato italiano
- ☐ Un soldato tedesco
- ☐ Un uomo che dimostra di conoscerla
- ☐ Una donna con gli occhiali

5 Quali sono i due tipi di rumore che, dall'interno, sentono i prigionieri?

6 Che cosa sono, secondo te, i "circoli rossi" in cui cade Agnese?

... RICAVO DAL TESTO

7 Per indicare i partigiani la donna che irrita Agnese usa due termini precisi, molto negativi. Quali?

8 Come li definisce invece Agnese, ricordano i loro visi?

... ANALIZZO E INTERPRETO

9 Qual è la prima sensazione che prova Agnese quando guarda gli altri prigionieri?

10 Che cosa intende Agnese, quando dice "*I ribelli muoiono per gli imbecilli*"?

11 Che cosa vuol dire Agnese, quando esclama "*Siamo vicini alla paga*"?

12 La morte di Agnese arriva del tutto improvvisa, ma l'autore la rende ancor più imprevista agli occhi del lettore, con una precisa scelta: sapresti dire quale?

13 Che cosa significa, secondo te, il fatto che il tenente sorrida, alla fine, quando parla in tedesco al maresciallo?

LE FORME

14 A che cosa è paragonata Agnese quando, alle parole di chi dice che il maresciallo tedesco è una brava persona, stringe il fazzoletto sotto il mento? Quale figura retorica usa l'autore con questa immagine?

15 Quando i tedeschi fanno uscire i primi prigionieri, l'autore usa un'espressione molto incisiva, dicendo: "*Una ventata di terrore passò nell'aria morta*". Commenta con parole tue questa scelta stilistica.

ORA SCRIVO IO

16 Commenta con parole tue l'ultima immagine, in cui si dice: "*L'Agnese restò sola, stranamente piccola, un mucchio di stracci neri sulla neve*".

17 Prova a immaginare e a raccontare la storia di uno dei "visi lontani" a cui pensa Agnese (il Comandante, Clinto, Tarzan, Tom, Zero, il Giglio, il Cino, gli stranieri, Walter, «La Disperata», Cinquecento): che cosa li ha spinti a scegliere la lotta partigiana? Che tipo di situazione familiare hanno lasciato alle spalle? Riescono ad assistere alla fine della guerra, o anche il loro destino, come quello di Agnese, è drammatico?

UN MONDO DI PAROLE

18 Che cosa significa "*Falla finita*"? A quale dei seguenti registri appartiene?
- ☐ Aulico
- ☐ Medio
- ☐ Colloquiale
- ☐ Tecnico

19 Spiega con parole tue l'espressione "*nomi ansiosi*".

Beppe Fenoglio

Beppe Fenoglio nacque ad **Alba** (Cuneo) nel **1922**. Qui trascorse tutta la vita, a parte le assenze impostegli dal servizio militare e dalla lotta partigiana; la **partecipazione alla Resistenza** ispirò varie sue opere. Dopo la guerra, grazie alla sua conoscenza del francese e, soprattutto, dell'inglese, si occupò del settore commerciale estero di un'importante casa vinicola, dedicandosi contemporaneamente alla letteratura.
Esordì come scrittore nel 1952, con *I ventitré giorni della città di Alba*.
Morì a Torino, dov'era stato ricoverato per una grave malattia, nel **1963**.

L'opera

L'opera narrativa di Fenoglio è ispirata al **mondo contadino e partigiano delle Langhe**, ma l'autore mise a frutto anche la sua conoscenza della letteratura anglosassone e la sua capacità di analisi di una condizione umana dominata dalla tragica necessità della violenza. I suoi personaggi spesso sembrano dei "cavalieri solitari", votati alla morte, all'autodistruzione, animati unicamente dal desiderio di combattere il nemico, incarnazione quasi assoluta del male.
Nel suo stile si mescolano registri linguistici diversi e, soprattutto nelle ultime opere, anche brani in inglese.
Tra i romanzi più famosi di Fenoglio vi sono *La malora* (1954) e *Primavera di bellezza* (1959). Furono pubblicati postumi *Un giorno di fuoco* (1963), *Una questione privata* (1965), *Il partigiano Johnny* (1968), *La paga del sabato* (1969), *Un Fenoglio alla prima guerra mondiale* (1973).

Il gorgo

La difficoltà della vita contadina, con le sue miserie e umiliazioni, con i dolori profondi che l'asprezza della realtà impone, sono oggetto di riflessione in questo breve racconto di Fenoglio, in cui è descritta la figura di un padre di famiglia prostrato dalle preoccupazioni e dai dolori.
Tutta la vicenda è vista attraverso gli occhi – giovani, ma per nulla ingenui – del figlio, che comprende le vere intenzioni del padre e lotta con la forza della disperazione fino all'epilogo, in un crescendo di tensione emotiva che trova soluzione solo all'ultimo.

Nostro padre si decise per il gorgo, e in tutta la nostra grossa famiglia soltanto io lo capii, che avevo nove anni ed ero l'ultimo. In quel tempo stavamo ancora tutti insieme, salvo Eugenio che era via a far la guerra d'Abissinia[1].

1 la guerra d'Abissinia: fu combattuta dall'Italia nell'attuale Eritrea, contro la popolazione locale, con l'intenzione di estendere il proprio dominio coloniale.

Edvard Munch, *La bambina malata*, 1896 (Göteborg, Göteborgs Konstmuseum).

Quando nostra sorella penultima si ammala. Mandammo per il medico di Niella e alla seconda visita disse che non ce ne capiva niente: chiamammo il medico di Murazzano ed anche lui non le conosceva il male; venne quello di Feisoglio[2] e tutt'e tre dissero che la malattia era al di sopra della loro scienza.
Deperivamo[3] anche noi accanto a lei, e la sua febbre ci scaldava come un braciere, quando ci chinavamo su di lei per cercar di capire a che punto era. Fra quello che soffriva e le spese, nostra madre arrivò a comandarci di pregare il Signore che ce la portasse via; ma lei durava, solo più grossa un dito e lamentandosi sempre come un'agnella.
Come se non bastasse, si aggiunse il batticuore per Eugenio, dal quale non ricevevamo più posta. Tutte le mattine correvo in canonica[4] a farmi dire dal parroco cosa c'era sulla prima pagina del giornale, e tornavo a casa a raccontare che erano in corso coi mori le più grandi battaglie. Cominciammo a recitare il rosario anche per lui, tutte le sere, con la testa tra le mani.
Uno di quei giorni, nostro padre si leva da tavola e dice con la sua voce ordinaria: – Scendo fino al Belbo[5], a voltare quelle fascine che m'hanno preso la pioggia.
Non so come, ma io capii a volo che andava a finirsi nell'acqua[6], e mi atterrì, guardando in giro, vedere che nessun altro aveva avuto la mia ispirazione: nemmeno nostra madre fece il più piccolo gesto, seguitò a pulire il paiolo[7], e sì che conosceva il suo uomo come se fosse il primo dei suoi figli. Eppure non diedi l'allarme, come se sapessi che lo avrei salvato solo se facessi tutto da me.
Gli uscii dietro che lui, pigliato il forcone, cominciava a scender dall'aia[8]. Mi misi per il suo sentiero, ma mi staccava a solo camminare, e così dovetti buttarmi a una mezza corsa. Mi sentì, mi riconobbe dal peso del passo, ma non si voltò e mi disse di tornarmene a casa, con una voce rauca ma di scarso comando. Non gli ubbidii. Allora, venti passi più sotto, mi ripeté di tornarmene su, ma stavolta con la voce che metteva coi miei fratelli più grandi, quando si azzardavano a contraddirlo in qualcosa.
Mi spaventò, ma non mi fermai. Lui si lasciò raggiungere e quando mi sentì al suo fianco con una mano mi fece girare come una trottola e poi mi sparò un calcio dietro che mi sbatté tre passi su.
Mi rialzai e di nuovo dietro. Ma adesso ero più sicuro che ce l'avrei fatta ad impedirglielo, e mi venne da urlare verso casa, ma ne eravamo già troppo lontani. Avessi visto un uomo lì intorno, mi sarei lasciato andare a pregarlo: – Voi, per carità, parlate a mio padre. Ditegli qualcosa, – ma non vedevo una testa d'uomo, in tutta la conca.
Eravamo quasi in piano, dove si sentiva già chiara l'acqua di Belbo correre tra le canne. A questo punto lui si voltò, si scese il forcone dalla spalla e cominciò a mostrarmelo come si fa con le bestie feroci. Non posso dire che faccia avesse, perché guardavo solo i denti del forcone che mi ballavano a tre dita dal petto, e sopratutto perché non mi sentivo di alzargli gli occhi in faccia, per la vergogna di vederlo come nudo.

2 **Niella ... Murazzano ... Feisoglio**: sono tre piccoli comuni in provincia di Cuneo.

3 **Deperivamo**: ci indebolivamo.

4 **canonica**: abitazione del parroco.

5 **Belbo**: fiume che attraversa il Piemonte sud orientale; è un affluente del Tanaro.

6 **finirsi nell'acqua**: buttarsi nel fiume.

7 **paiolo**: tipo di pentola usato soprattutto per cucinare la polenta.

8 **aia**: cortile.

Ma arrivammo insieme alle nostre fascine. Il gorgo[9] era subito lì, dietro un fitto di felci, e la sua acqua ferma sembrava la pelle d'un serpente. Mio padre, la sua testa era protesa, i suoi occhi puntati al gorgo ed allora allargai il petto per urlare. In quell'attimo lui ficcò il forcone nella prima fascina. E le voltò tutte, ma con una lentezza infinita, come se sognasse. E quando l'ebbe voltate tutte, tirò un sospiro tale che si allungò d'un palmo. Poi si girò. Stavolta lo guardai, e gli vidi la faccia che aveva tutte le volte che rincasava da in festa con una sbronza fina. Tornammo su, con lui che si sforzava di salire adagio per non perdermi d'un passo, e mi teneva sulla spalla la mano libera dal forcone ed ogni tanto mi grattava col pollice, ma leggero come una formica, tra i due nervi che abbiamo dietro il collo.

in *L'affare dell'anima e altri racconti*, Einaudi

9 gorgo: è il punto in cui l'acqua si ferma e, rigirando su se stessa, forma un mulinello.

competenze alla prova

LEGGO E...

... COMPRENDO

1. **Quanti anni ha il protagonista del racconto?**
2. **Il fratello del protagonista, Eugenio, si trova:**
   - ☐ in Abissinia, impegnato nella guerra
   - ☐ a letto, ammalato
   - ☐ a Roma, impegnato in politica
   - ☐ a casa con la famiglia
3. **A parte il figlio lontano, quale altra preoccupazione tormenta la famiglia?**
4. **Perché il bambino che racconta la vicenda corre tutte le mattine in canonica?**

... RICAVO DAL TESTO

5. **Eugenio è più grande o più piccolo del fratello che sta narrando la vicenda? Motiva la tua risposta.**

... ANALIZZO E INTERPRETO

6. **Che cosa significa la frase iniziale, "*Nostro padre si decise per il gorgo*"?**
7. **Nell'espressione "*erano in corso con i mori le più grandi battaglie*", il termine *mori* si riferisce:**
   - ☐ ai Saraceni
   - ☐ agli Arabi in generale
   - ☐ agli abitanti dell'Abissinia
   - ☐ all'esercito libico
8. **Il bambino è l'unico a capire l'intenzione del padre. Chi, secondo lui, avrebbe anche dovuto accorgersene? E che cosa aveva fatto invece questa persona?**
9. **Perché il ragazzo non riesce a guardare in faccia il padre quando lo sta minacciando con il forcone?**
   - ☐ Per la paura
   - ☐ Per la rabbia
   - ☐ Per la sorpresa
   - ☐ Per la vergogna
10. **Analizza il diverso comportamento che assume il padre con i suoi gesti nei confronti del figlio, all'andata e poi al ritorno.**
11. **Sottolinea nel testo la frase da cui si capisce che, per il bambino, il pericolo è ormai passato.**

ORA SCRIVO IO

12. **La frase "*Quando nostra sorella penultima si ammala*" non è perfettamente corretta, ma volutamente, perché rispecchia il modo di parlare di persone umili e semplici, come il bambino che sta narrando. Trasformala in una frase più corretta.**

UN MONDO DI PAROLE

13. **Che cosa significa *protesa* nell'espressione "*la sua testa era protesa*"?**
   - ☐ Molto tesa
   - ☐ Poco tesa
   - ☐ Tesa in avanti
   - ☐ Tesa all'indietro

Carlo Levi

Carlo Levi nasce nel **1902** a **Torino**. Fin da giovane si dedica alla **pittura**, dimostrando talento e ottenendo anche apprezzabili successi. Nel periodo degli studi universitari (si laureerà in Medicina, pur non esercitando mai la professione di medico) entra in contatto con Piero Gobetti, importante personalità antifascista, che lo invita a collaborare, in qualità di giornalista, alla rivista «La Rivoluzione liberale».
Nel 1931 aderisce al gruppo antifascista di **Giustizia e Libertà**: più volte arrestato e condannato anche al confino (a Grassano e poi ad Aliano in Basilicata), dimostra sempre incrollabile rigore morale e rifiuta ogni compromesso con il regime. Ottenuta la grazia nel 1936, si trasferisce in Francia come esule per alcuni anni. Rientrato in Italia nel 1941, partecipa alla Resistenza ed è membro del **CNL** (Comitato di Liberazione Nazionale) della Toscana.
Dopo la guerra si trasferisce a Roma, dove alterna l'attività di pittore a quella di scrittore e giornalista. Riveste la carica di senatore, iscritto come indipendente nelle liste del Partito Comunista Italiano, dal 1963 al 1972.
Muore a **Roma** nel **1975**.

L'opera

L'esordio letterario di Carlo Levi, il romanzo *Cristo si è fermato a Eboli* (1945), rappresenta anche il punto più alto della sua esperienza di scrittore. Tutta la produzione successiva non saprà raggiungere l'intensità espressiva e il vigore nella **denuncia sociale** che caratterizzano invece la sua opera prima.
Cristo si è fermato a Eboli scaturisce dalla sconvolgente esperienza che l'autore aveva vissuto nel periodo di confino in Basilicata, a contatto con un mondo ancora arcaico, culturalmente e socialmente arretrato, nel quale sembra non essere neppure giunto il messaggio di Cristo, ma di cui Levi sente il primitivo fascino, trasmettendolo al lettore.
Al di là della storia narrata e della denuncia politica e sociale, la chiave del successo sta nella scelta del **linguaggio espressivo** e dello stile, che collocano l'opera al **crocevia di generi diversi** come il reportage, l'autobiografia e il romanzo: soluzioni stilistiche che l'autore adotterà, sia pur con esiti di minor successo, anche nei romanzi successivi. Tra questi ricordiamo *Le parole sono pietre* (1955), con cui vinse nel 1956 il Premio Viareggio, e in cui ritorna sul tema dei problemi sociali dell'Italia meridionale, e *Tutto il miele è finito* (1965).

Cristo si è fermato ad Eboli

L'esperienza del confino, ripercorsa in un romanzo dal forte sapore autobiografico, ha portato Carlo Levi a prendere contatto con un mondo per lui nuovo e a conoscere una realtà sconvolgente.
Il romanzo si apre proprio con una breve e straordinaria sintesi, che condensa in una lucidissima tensione intellettuale il concetto fondamentale espresso nell'opera: l'idea secondo cui quel modo di vivere, arcaico e fuori dal tempo, è "diverso" da quello che si vive nelle altre parti dell'Italia. È come se Cristo, e il messaggio che ha portato nel mondo occidentale, non fossero giunti in quelle terre, fermandosi prima del Meridione d'Italia, a Eboli, una città in provincia di Salerno. Più a sud di quel confine esiste un mondo diverso, che ha una sana, non corrotta ingenuità di comportamenti, unità però a un'impressionante arretratezza sul piano sociale e culturale.

Sono passati molti anni, pieni di guerra, e di quello che si usa chiamare la Storia. Spinto qua e là alla ventura[1], non ho potuto finora mantenere la promessa fatta, lasciandoli, ai miei contadini, di tornare fra loro, e non so davvero se e quando potrò mai mantenerla. Ma, chiuso in una stanza, e in un mondo chiuso, mi è grato riandare con la memoria a quell'altro mondo, serrato nel dolore e negli usi, negato alla Storia e allo Stato, eternamente paziente; a quella mia terra senza conforto e dolcezza, dove il contadino vive, nella miseria e nella lontananza, la sua immobile civiltà, su un suolo arido, nella presenza della morte.
– Noi non siamo cristiani, – essi dicono, – Cristo si è fermato a Eboli –. Cristiano vuol dire, nel loro linguaggio, uomo: e la frase proverbiale che ho sentito tante volte ripetere, nelle loro bocche non è forse nulla più che l'espressione di uno sconsolato complesso di inferiorità. Noi non siamo cristiani, non siamo uomini, non siamo considerati come uomini, ma bestie, bestie da soma, e ancora meno che le bestie, i fruschi[2], i frusculicchi, che vivono la loro libera vita diabolica o angelica, perché noi dobbiamo invece subire il mondo dei cristiani, che sono di là dall'orizzonte, e sopportarne il peso e il confronto. Ma la frase ha un senso molto più profondo, che, come sempre, nei modi simbolici, è quello letterale. Cristo si è davvero fermato a Eboli, dove la strada e il treno abbandonano la costa di Salerno e il mare, e si addentrano nelle desolate terre di Lucania. Cristo non è mai arrivato qui, né vi è arrivato il tempo, né l'anima individuale, né la speranza, né il legame tra le cause e gli effetti, la ragione e la Storia. Cristo non è arrivato, come non erano arrivati i romani, che presidiavano le grandi strade e non entravano fra i monti e nelle foreste, né i greci, che fiorivano sul mare di Metaponto e di Sibari: nessuno degli arditi uomini di occidente ha portato quaggiù il suo senso del tempo che si muove, né la sua teocrazia[3] statale, né la sua perenne attività che cresce su se stessa. Nessuno ha toccato questa terra se non come un conquistatore o un nemico o un visitatore incomprensivo[4]. Le stagioni scorrono sulla fatica contadina, oggi come tremila anni prima di Cristo: nessun messaggio umano o

1 alla ventura: a caso.
2 fruschi: nome con cui nell'Italia Meridionale sono indicati spiriti folletti o animali.
3 teocrazia: letteralmente "governo di Dio"; per teocrazia si intende un governo il cui potere politico è subordinato a quello religioso.
4 incomprensivo: incapace di comprendere, di capire.

divino si è rivolto a questa povertà refrattaria[5]. Parliamo un diverso linguaggio: la nostra lingua è qui incomprensibile. I grandi viaggiatori non sono andati di là dai confini del proprio mondo; e hanno percorso i sentieri della propria anima e quelli del bene e del male, della moralità e della redenzione. Cristo è sceso nell'inferno sotterraneo del moralismo ebraico per romperne le porte nel tempo e sigillarle nell'eternità. Ma in questa terra oscura, senza peccato e senza redenzione, dove il male non è morale, ma è un dolore terrestre, che sta per sempre nelle cose, Cristo non è disceso. Cristo si è fermato a Eboli.

da *Cristo si è fermato a Eboli*, Einaudi

5 refrattaria: insensibile, resistente, che respinge o non si lascia penetrare.

competenze alla prova

LEGGO E...

... COMPRENDO

1 **Dei contadini di quali terre precisamente sta parlando l'autore?**

- ☐ Di Salerno
- ☐ Di Eboli
- ☐ Della Lucania
- ☐ Di Metaponto e Sibari

2 **Che cosa significa "cristiano" per questi contadini?**

3 **Dove si è fermato, secondo questi contadini, Cristo?**

... RICAVO DAL TESTO

4 **Secondo te, l'autore ha un giudizio di condanna per l'arretratezza dei contadini o ne prova pietà? Motiva la tua risposta.**

... ANALIZZO E INTERPRETO

5 **Completa la tabella, indicando quali giudizi dell'autore su quel mondo contadino possono avere un valore positivo e quali negativo.**

valore positivo	valore negativo
....	....
....	....
....	....
....	....

valore positivo	valore negativo
....	....
....	....
....	....
....	....

6 **Oltre a Cristo, chi altro non è arrivato nelle terre dei contadini a portare il proprio contributo allo sviluppo sociale e culturale nei secoli passati?**

7 **Chi è arrivato in quelle terre, lo ha fatto solo con esiti negativi. Quali categorie di persone sono citate tra questi?**

LE FORME

8 **Quale figura retorica riconosci nella seguente espressione: "*hanno percorso i sentieri della propria anima e quelli del bene e del male*"?**

- ☐ Similitudine
- ☐ Allitterazione
- ☐ Metafora
- ☐ Anafora

ORA SCRIVO IO

9 **Il messaggio espresso dall'autore in questa pagina d'apertura del romanzo è molto chiaro, ma appare evidente che utilizza espressioni per niente semplici e un linguaggio "alto". Riscrivi tu questa pagina introduttiva, esprimendo gli stessi concetti attraverso un linguaggio più semplice, con parole di uso comune. Se vuoi un consiglio, immagina di trovarti di fronte a una poesia e di doverne fare la parafrasi.**

Il contesto culturale: altre esperienze letterarie

Nuovi scrittori emergenti

Negli anni che seguono al dopoguerra, sulla scia del successo ottenuto dai neorealisti, si affermano molti altri scrittori che possono essere accostati, per alcune opere e per determinati aspetti della loro produzione, alle caratteristiche della narrazione neorealistica, ma che se ne discostano in varia misura. In altri termini, dal Neorealismo si dipartono varie strade narrative, che, pur non rinnegando quella forma espressiva, la reinterpretano e la superano.
Tra i tanti autori che aprono nuove strade letterarie si possono citare **Mario Rigoni Stern**, che dalla cruda descrizione delle vicende dei soldati italiani nella Seconda guerra mondiale passa a opere di fine analisi del rapporto tra uomo e natura; **Giorgio Bassani**, che approfondisce, spesso in chiave autobiografica, la dimensione psicologica, con attenta sensibilità nei confronti dell'interiorità dei personaggi; **Mario Soldati**, scrittore e regista che può essere annoverato tra i più significativi esponenti del Neorealismo, ma che con la sua curiosità intellettuale e con la vena sperimentale della sua scrittura compie nuovi passi nella dimensione della narrazione e del racconto.
Non meno interessanti appaiono anche due voci femminili del panorama letterario, come **Natalia Ginzburg**, che da una tendenza neorealista passa gradualmente a una narrazione viva e partecipe del suo mondo e delle sue esperienze, ed **Elsa Morante**, che, dopo gli esordi legati al mondo fiabesco della letteratura per l'infanzia, si avvicina alle tematiche neorealistiche, che sono però rivisitate con grande attenzione al tema del romanzo di formazione, con storie di adolescenti che, attraverso le loro esperienze, approdano - spesso con sofferenze interiori e tormenti - all'età adulta.

Mario Mafai, *Osteria romana*, 1950.

Mario Rigoni Stern

Nato ad **Asiago** nel **1921**, trascorre la sua infanzia fra la gente di montagna dell'Altopiano, legandosi fortemente a quei luoghi che ritorneranno con continuità nella sua opera letteraria e giornalistica. Durante la Seconda guerra mondiale **combatte come alpino** sui fronti di Francia, Grecia, Albania, Russia; preso prigioniero dai tedeschi, conosce il campo di prigionia, dal quale ritornerà in Italia nel 1945. Abita per tutta la sua vita nel suo paese di origine, nella casa che lui stesso si è costruito, dedicandosi sempre più intensamente alla scrittura. Muore nel **2008**.

L'opera

Il suo **romanzo** d'esordio, *Il sergente nella neve* (1953), è di carattere autobiografico e fa rivivere in maniera realistica il dramma di un gruppo di alpini italiani nella disastrosa ritirata di Russia durante il secondo conflitto mondiale; un'opera che ha avuto un vasto e continuo successo e che costituisce ormai un classico della letteratura italiana del Novecento.
La sua attività alterna altre opere di **narrativa**, sempre incentrate sull'amore per la propria terra e sul rapporto fra uomo e natura, con storie semplici e attente alla riscoperta dei grandi valori della vita, come *Il bosco degli urogalli* (1962) e *Uomini, boschi, api* (1980), a un'intensa **attività giornalistica** come collaboratore de «La Stampa» e alla scrittura di **volumi di ricostruzione storica**.

La ritirata italiana del Don.

Capriolo alla guerra

La guerra ha aspetti di mostruosità, come acutamente dimostra Rigoni Stern nel brano qui proposto, nella cui parte iniziale viene descritto un rastrellamento messo in atto nel corso della Seconda guerra mondiale dalle truppe tedesche, in zone in cui operavano reparti partigiani.
Eppure, anche di fronte a tanto orrore, alla base della nostra vita resta un fondamentale e irriducibile senso di umanità, che ci tiene legati al mondo naturale in cui viviamo e agiamo: simbolo di questa natura, nella quale dovremmo tutti riconoscerci e identificarci, è un capriolo che uno dei partigiani salva durante un combattimento e poi cura amorevolmente dalle gravi ferite riportate.

Nel settembre del 1944 fascisti e tedeschi iniziarono i grandi rastrellamenti[1] che avrebbero dovuto, nei loro piani, liberare le Alpi dai partigiani; e così anche da noi incominciò il grande ballo che fece dormire pure le vecchie con le scarpe ben legate ai piedi. Una mattina salirono dalla pianura per tutte le strade; bloccarono i trivi e i quadrivi[2], si allargarono a ventaglio per le strade militari della Grande Guerra[3] e dall'una e dall'altra parte si incominciò a sparare. Nel *Dunkelwald*[4] gli scoppi e gli spari si rinnovavano di radura in radura, da folto a folto; si spezzettavano, si rincorrevano, si spegnevano qui per riaccendersi più in là tra corse, respiri affannosi, richiami, ordini urlati da una parte e segnali e parole sussurrate dall'altra. Per tutta la giornata, per una notte, per il giorno dopo.
Ogni tanto un ragazzo cadeva e restava come raggomitolato dentro il bosco che l'aveva protetto; gli altri che cadevano, quelli in divisa, venivano invece portati dai camerati[5] verso le strade, caricati sui camion e trasportati via.
Lino era capo squadra, ma non era proprio capo e neanche la sua era una squadra: erano quattro ragazzi di paese e Lino li guidava perché conosceva boschi e montagne in quanto, fin da bambino, andava a caccia con i segugi[6] di famiglia, per tradizione e per passione antica. Ma quella mattina di settembre si aprì ben altra caccia: i caprioli erano loro e i segugi i tedeschi. E che corse dopo quell'alba che si manifestò con scariche di mortaio e raffiche di mitragliere! Il comandante disse: «Sparpagliatevi per la foresta e ritroviamoci domani sulle montagne a nord».
Stavano lì a riprendere fiato e a calmare i battiti del cuore quando un rumore di frasche e uno stranissimo e leggero passo gli fece spianare le armi e mettere l'indice sul grilletto. Era solamente un piccolo capriolo,

1 **rastrellamenti**: operazioni militari svolte dalle milizie nazi-fasciste allo scopo di eliminare partigiani e fuggiaschi.

2 **trivi e quadrivi**: punti di incrocio rispettivamente di tre e quattro strade.

3 **Grande Guerra**: la Prima guerra mondiale (1914-1918).

4 ***Dunkelwald***: in tedesco "selva oscura".

5 **camerati**: commilitoni, compagni d'armi.

6 **segugi**: cani da caccia.

di quelli nati in primavera, ed era solo, ossia senza la madre. Trattennero il fiato, l'animaletto li fissò con gli occhi umidi e poterono vedere e capire il suo sgomento[7]. Ma non andò via, non si allontanò da loro, anzi: venne a sdraiarsi proprio accanto a Lino che stava disteso sul ventre con il mitra spianato.
Lui sapeva come trattare gli animali, apparteneva a quel genere di persone a cui non solamente gli animali domestici diventano confidenti, ma anche i selvatici non dimostrano diffidenza. Parlò sottovoce, sussurrando con dolcezza: «Dove vai... sei spaventato eh... stai qui fermo... stai buono... non muoverti che ci sono i tedeschi in giro per il bosco». Poi, sempre lentamente, la sua mano sinistra lasciò il sottocanna del mitra e con dolcezza incominciò ad accarezzarlo sul collo. Il piccolo capriolo lasciava fare e tremava tutto. Lo sentiva sussultare sotto la mano allo scoppio di una bomba o a una raffica giù per il bosco.
Dopo venne il silenzio, o meglio gli uomini stettero senza provocare rumori innaturali e nella foresta ritornarono le voci usuali: il vento tra i rami più alti, i canti degli uccelli, il ronzio degli insetti.
«Proprio da te che sei anche cacciatore doveva venire questa bestiola, – sussurrò un compagno, – non ti sei accorto che è ferito?» «Sì, ho visto che una pallottola gli ha tranciato una zampa. Si sarà trovato in mezzo a una sparatoria, e chissà cosa sarà capitato a sua madre».
Il piccolo capriolo si lasciava sempre accarezzare; Lino si alzò lentamente a ginocchioni e levatosi il fazzoletto rosso che aveva attorno al collo legò con questo il moncherino sanguinante.
Passò dell'altro tempo, forse un'ora, forse tre, forse meno. Certo era di pomeriggio perché il sole incominciava a scendere; gli scoppi erano giù per la valle e, lontano, si vedeva salire il fumo di una contrada che bruciava. «Ora ci conviene andare, – disse Lino, – in silenzio cerchiamo di raggiungere il margine del bosco, e poi quando sarà notte fonda attraverseremo la conca per poi risalire le montagne a nord, come ci ha detto il comandante. Lì troveremo gli altri».
Si avviarono circospetti e distanziati l'uno dall'altro, e si tenevano in quota in attesa del crepuscolo; Lino veniva per ultimo ma dietro a lui, trotterellando sulle tre gambe sane, lo seguiva anche il capriolo. Quando si fermarono ad aspettare il buio la bestiola venne a coricarsi ai piedi di Lino. «Si è innamorato di te», scherzò un compagno. «No, mi ha preso per madre adottiva, le bestie sanno di chi fidarsi».
Tra i mirtilli e il muschio del sottobosco Lino vide il giallo carico dei cantarelli[8] e si chinò a raccoglierne una manciata che poi porse alla bestiola nel cavo delle mani; questa li annusò muovendo le narici, e poi alzò la testa a guardarlo. «Mangia dài... io non posso darti latte,

7 sgomento: terrore.
8 cantarelli: tipo di funghi di colore giallo dorato, con cappello carnoso e a forma di imbuto.

mangia i finfarli...» «Non ho mai visto i caprioli mangiare funghi», disse un compagno. «Io sì, – rispose Lino, – sono ghiotti di gambesecche, di finfarli e anche di porcini[9]. Non ti sei mai accorto?» Il capriolo annusò i cantarelli, poi con garbo ne prese uno e incominciò a masticarlo tra lo stupore dei tre partigiani. Questo il loro incontro durante il grande rastrellamento del settembre di quarant'anni fa.

Dopo qualche sera, accanto al fuoco tenue del bivacco, gli trovarono anche un nome: Ciaro, perché aveva il pelo chiaro più biondo che rossiccio. A questo nome rispondeva scuotendo la breve coda che sempre portava alta; ma solo quando era chiamato da Lino accorreva, e in lui riconosceva il suo signore, e lo seguiva sempre, anche quando un ordine lo faceva allontanare dalla base.

In breve la ferita della zampa era perfettamente guarita, anche perché Lino gliel'aveva medicata con resina che colava dagli abeti; e poi Ciaro in molti casi si era dimostrato prezioso perché con i sensi molto più sensibili di quelli degli uomini riusciva a segnalare i pericoli con un buon anticipo: a un rumore o a un odore insolito rizzava le orecchie con sospetto mettendo così sull'avviso il gruppo di Lino.

Era diventato proprio un'ottima vedetta e riusciva a distinguere i segnali dei partigiani; ma era anche molto buffo al vederlo saltellare sulle tre zampe seguendo quel giovane irsuto[10] e armato come un brigante.

L'inverno che venne fu duro e amaro, non tutti restarono sulle alte montagne e molti discesero nei paesi dove cercarono di sopravvivere nei caldi fienili ospitali in attesa della primavera. In febbraio la fame si fece sentire in maniera acuta e i rifornimenti diventavano difficili, anche perché la neve portava scritte le tracce che loro cercavano di confondere camminando a ritroso e strascinando sulla neve fresca una grossa rama d'abete.

Diventava tutto più semplice quando nevicava, ma un giorno il comandante disse che se il bel tempo durava sarebbero stati costretti a mangiare Ciaro, che ormai si era fatto grande, scurito di pelo, e si nutriva di cortecce di citiso alpino e di gemme di salicone[11]. Lino si oppose, progettò di andarsene via con lui, magari in un posto più nascosto; invece si industriò a mettere lacci per catturare lepri e fagiani di monte al fine di alleviare la fame dei compagni.

Verso la fine di aprile vennero i giorni grandi della libertà, e finalmente dopo tanto sparare si poteva camminare e cantare senza angoscia. Lino era sempre seguito da Ciaro e il giorno ventisette arrivò a casa senza chiasso, per conto suo, quasi alla chetichella perché i festeggiamenti avrebbero certamente spaventato la bestiola. Lo rinchiuse in stalla e poi andò anche lui a fare festa. Stettero ancora insieme per un anno, ma nel 1946, in luglio, quando i caprioli vanno in amore e sentì nella foresta i loro richiami, lo lasciò libero facendo sapere in giro a cacciatori e bracconieri che assolutamente mai avrebbero dovuto sparare al capriolo monco della zampa anteriore destra.

in *Il libro degli animali*, Einaudi

9 gambesecche ... porcini: sono tutte varietà di funghi.

10 irsuto: che ha capelli e peli ispidi.

11 cortecce di citiso alpino e di gemme di salicone: il citiso è una pianta delle leguminose, dai fiori gialli o bianchi; il salicone è un arbusto che può arrivare fino a 10 metri di altezza, dalla corteccia grigia.

competenze alla prova

LEGGO E...

... COMPRENDO

1 **In quale periodo è ambientato il racconto?**

☐ Durante la Grande Guerra
☐ Durante la crisi del ventinove
☐ Durante la Seconda guerra mondiale
☐ Durante il secondo dopoguerra

2 **Quando iniziano i rastrellamenti dei fascisti e dei tedeschi?**

3 **Quale "*altra caccia*" si apre una mattina di settembre?**

☐ Quella al capriolo
☐ Quella dei rastrellamenti nazi-fascisti
☐ Quella dei rastrellamenti partigiani
☐ Quella che si sarebbe svolta nelle città

4 **Anche il capriolo si rende utile durante l'inverno in montagna; come?**

☐ Segnalando i pericoli
☐ Procurando provviste
☐ Sacrificandosi per il proprio padrone
☐ Scaldando il rifugio

5 **Perché il capriolo viene chiamato Ciaro?**

6 **Che fine fa Ciaro una volta conclusa la guerra?**

☐ Sparisce, dopo aver dato un ultimo saluto a Lino e non si farà mai più vedere
☐ Viene ucciso da un cacciatore che lo scambia per una lepre selvatica
☐ Va a vivere nella casa di Lino e qui resterà fino alla morte
☐ Torna a casa con Lino e qui rimane un anno prima di tornare in libertà nei boschi

7 **Quanto tempo dopo il narratore racconta la storia accaduta?**

... RICAVO DAL TESTO

8 **Che cosa dev'essere capitato alla madre del capriolo?**

9 **Qual è il nome con cui vengono anche chiamati i cantarelli? Motiva la tua risposta.**

10 **Che cosa si vuole indicare nel testo, quando si dice che il ventisette Lino e Ciaro arrivano a casa?**

... ANALIZZO E INTERPRETO

11 **Come potresti definire il comportamento di Lino verso il capriolo?**

☐ Prudenza ☐ Rispetto
☐ Compiacenza ☐ Cattiveria

12 **Perché Lino sa trattare con gli animali?**

☐ Possiede una fattoria
☐ È un cacciatore
☐ Ha molti cani e gatti
☐ Ha una spiccata sensibilità

13 **Nel bosco cadono diversi ragazzi. Perché, secondo te, sono definiti così? Come sono distinti tra loro e che differente sorte hanno?**

14 **In diversi punti del racconto Lino dimostra di avere conoscenze ed esperienze molto avanzate nel campo degli animali. Rintracciali nel testo.**

LE FORME

15 **L'espressione "*E che corse dopo quell'alba che...*" risulta particolarmente efficace sul piano stilistico perché:**

☐ è sottinteso il verbo della frase principale
☐ "che" sottintende "che cosa", come si usa nel linguaggio popolare
☐ corse è un verbo raro, usato al passato remoto
☐ la frase esclamativa sostituisce, in realtà, un'interrogativa

ORA SCRIVO IO

16 **Immagina che il capriolo abbia pensieri umani, che possa riflettere su quanto sta vedendo ed esprimersi con la parola. Che cosa direbbe di quanto gli è accaduto e di ciò cui ha assistito?**

UN MONDO DI PAROLE

17 **Che cosa significa "*spianare le armi*"?**

Giorgio Bassani

Nasce a **Bologna** nel **1916**, da un'**agiata famiglia ebrea** di Ferrara, dove vive fino al 1943, anno in cui viene arrestato in quanto ebreo e antifascista. Dopo aver contribuito alla Resistenza, nel dopoguerra si stabilisce a Roma, dove passa il resto della sua vita, collaborando con diversi periodici e dando inizio alla sua attività di scrittore. Lavora poi, per un decennio, come consulente per il gruppo editoriale Feltrinelli, suggerendo tra l'altro la pubblicazione de *Il gattopardo*, romanzo di Tomasi di Lampedusa, opera che era stata in precedenza rifiutata da Vittorini nella collana i Gettoni di Einaudi e che ottiene ben presto uno straordinario successo internazionale.
Attivo anche nella collaborazione alla sceneggiatura di diversi film, dal 1957 al 1967 è docente di Storia del Teatro all'Accademia Nazionale d'Arte Drammatica. Nel 1971 ottiene un importante riconoscimento dalla Francia, con la nomina a *chevalier* (cavaliere) presso la Legione d'onore. Trascorre il resto della propria vita tra intenso impegno nel lavoro e significativi riconoscimenti in campo artistico e letterario, spegnendosi dopo una lunga malattia nel **2000** a **Roma**.

L'opera

L'esordio letterario di Bassani avviene fin dal 1940, ma è solo nel dopoguerra che l'autore ottiene fama e successo a livello nazionale a seguito della pubblicazione dell'opera *Cinque storie ferraresi* (1956), con cui vince il premio Strega.
Del 1958 è il romanzo *Gli occhiali d'oro*, la triste storia di un medico che, per la sua tendenza omosessuale, perde credibilità e stima nella buona società ferrarese dell'epoca fascista, subendo umiliazioni ed emarginazione, fino alla decisione del suicidio.
Nel 1962 pubblica il suo romanzo più celebre, *Il giardino dei Finzi-Contini*, in cui è descritto - nel quadro delle persecuzioni delle leggi razziali, promulgate in Italia a partire dal 1938 - il rapporto del protagonista con l'agiatissima famiglia ebrea dei Finzi-Contini.
Quest'opera è considerata il culmine della produzione dell'autore (quella che meglio esprime e riassume i suoi temi tipici, ovvero la **descrizione della realtà** attraverso il filtro della **memoria**), anche se negli anni successivi seguiranno altre opere importanti, tra cui vanno ricordate *Dietro la porta* (1964), l'*Airone* (1968) con cui vince il premio Campiello, e *L'odore del fieno* (1972).

Micòl

Il protagonista, un io narrante ormai anziano (che non ha un nome nel corso del romanzo, ma che rappresenta chiaramente un alter-ego dell'autore), ripercorre attraverso il ricordo della sua infanzia e giovinezza il rapporto con la ricca famiglia ebrea dei Finzi-Contini e, in particolare, con la figlia Micòl, una ragazza affascinante e seducente. Profondamente attratto da lei, il giovane protagonista si mostra incerto e goffo, incapace di far sfociare l'amicizia in una relazione corrisposta. Nel passo qui proposto Micòl, ancora bambina, ma già piena di fascino, consola il protagonista che, per avere conseguito un cinque in matematica, vaga disperato per la città.

Il grosso fiasco[1], comunque, l'avevo combinato in matematica. Fino dall'anno precedente, in quarta ginnasiale, l'algebra non era voluta entrarmi in testa. Con la professoressa Fabiani, inoltre, mi ero sempre condotto abbastanza vilmente. Studiavo il minimo necessario per strappare il sei, e neppure quel minimo, molto spesso, calcolando sull'appoggio immancabile che agli scrutini finali avrei avuto dal professor Meldolesi[2]. Che importanza poteva avere la matematica per uno che, come me, aveva dichiarato più volte che all'università si sarebbe iscritto a Lettere? – continuavo a dirmi anche quella mattina, mentre risalivo in bicicletta corso Giovecca[3], diretto al *Guarini*[4] –. Tanto in algebra quanto in geometria non avevo quasi aperto bocca, purtroppo. Ma con questo? La povera Fabiani, che mai aveva osato, durante gli ultimi due anni, darmi meno di sei, in sede di consiglio dei professori non l'avrebbe mai fatto: ed evitavo perfino di pronunciarlo mentalmente, il verbo «bocciare», tanto l'idea della bocciatura, col conseguente strascico di tediose[5] e avvilenti lezioni private a cui mi sarei dovuto sottoporre a Riccione, per tutto il corso

1 fiasco: fallimento.

2 Meldolesi: si tratta dell'insegnante di lettere che dà lezioni a Micòl nella casa dei Finzi-Contini.

3 corso Giovecca: una delle vie principali di Ferrara, la città in cui il romanzo è ambientato.

4 *Guarini*: ginnasio-liceo di Ferrara.

5 tediose: noiose.

Telemaco Signorini, *Sulle colline a Settignano*, 1890 circa.

dell'estate, mi sembrava assurda se riferita a me. Io, proprio io, che non avevo subìto l'umiliazione del rinvio a ottobre nemmeno una volta, e anzi, in prima, seconda e terza ginnasio[6], mi ero fregiato, «per profitto e buona condotta», dell'ambito titolo di «Guardia d'onore ai Monumenti dei caduti e ai Parchi della rimembranza», *io* bocciato, ridotto alla mediocrità, confuso nella massa, insomma! E il papà? Se per ipotesi la Fabiani mi avesse rimandato a ottobre (insegnava matematica anche al liceo: per questo mi aveva interrogato lei, era nel suo diritto!), dove l'avrei trovato il coraggio, di lì a qualche ora, di tornare a casa, sedermi a tavola davanti al papà, e mettermi a mangiare? Forse lui mi avrebbe picchiato: e sarebbe stato meglio, dopo tutto. Qualunque punizione sarebbe stata preferibile al rimprovero che mi fosse venuto dai suoi terribili, muti occhi celesti.
Entrai nell'atrio del *Guarini*. Un gruppo di ragazzi, tra i quali notai subito vari compagni, sostava tranquillo dinanzi alla tabella delle medie. Appoggiai la bicicletta al muro, di fianco al portone d'ingresso, e mi avvicinai tremante. Nessuno aveva mostrato di accorgersi del mio arrivo.
Guardai da dietro una siepe di spalle ostinatamente voltate. La vista mi si annebbiò. Guardai di nuovo: e il cinque rosso, unico numero in inchiostro rosso d'una lunga filza[7] di numeri in inchiostro nero, mi si impresse nell'anima con la violenza e il bruciore di un marchio infuocato.
«Beh, cos'hai?», mi chiese Sergio Pavani dandomi un colpetto gentile sulla schiena. «Non farai mica una tragedia per un cinque in matematica. Guarda me», e rise: «latino e greco».
«Su, coraggio», aggiunse Otello Forti. «Ho una materia anche io: inglese».
Lo fissai inebetito. Eravamo stati compagni di classe e di banco dalla prima elementare, abituati fin d'allora a studiare assieme, un giorno a casa dell'uno e un giorno a casa dell'altro, e convinti ambedue della mia superiorità. Non passava anno che io non fossi promosso a giugno, mentre lui, Otello, doveva sempre riparare qualche materia: ora inglese, ora latino, ora matematica, ora italiano.
E adesso, di colpo, sentirmi paragonare a *un* Otello Forti, e proprio da lui, per giunta! Trovarmi sbalzato d'un tratto al suo livello!
Quello che feci e pensai nelle quattro o cinque ore seguenti non vale la pena di raccontarlo per esteso, a cominciare dall'effetto che ebbe su di me, uscendo dal *Guarini*, l'incontro col professor Meldolesi (sorrideva, lui, senza cappello e cravatta, con il colletto della camicia a righe rovesciato indietro, alla Robespierre, e svelto a darmi conferma, se pur ce ne fosse stato bisogno, della «impuntatura» della Fabiani nei miei confronti, del suo rifiuto categorico a «chiudere un occhio una sola volta di più»), per continuare con la descrizione del lungo, disperato vagabondaggio senza meta a cui mi abbandonai subito dopo aver ricevuto dallo stesso professor Meldolesi un buffetto sulla guancia a titolo di commiato e di incoraggiamento. Basti dire che verso le due del pomeriggio mi aggiravo ancora, in bicicletta, lungo la Mura degli Angeli, dalle parti di corso Ercole I d'Este. A casa non avevo nemmeno

6 prima, seconda e terza ginnasio: prima, seconda e terza media attuali.

7 filza: serie.

telefonato. Il volto rigato di lacrime, col cuore traboccante di una immensa pietà per me stesso, pedalavo senza quasi sapere dove ero, e meditando confusi progetti suicidi.
Mi fermai sotto un albero: uno di quegli antichi alberi – tigli, olmi, platani, castagni – che di lì a una dozzina d'anni, nel gelido inverno di Stalingrado[8], sarebbero stati sacrificati per farne legna da stufe, ma che nel '29 levavano ancora ben alti al di sopra dei bastioni cittadini i loro grandi ombrelli di foglie.
Deserto assoluto, intorno. Il viottolo di terra battuta che, come un sonnambulo, avevo percorso fin lì da Porta San Giovanni, proseguiva serpeggiando fra i tronchi secolari verso Porta San Benedetto e la stazione ferroviaria. Mi sdraiai nell'erba, bocconi accanto alla bicicletta, col viso che mi scottava nascosto nella piega del gomito. Aria calda e ventilata attorno al corpo disteso, desiderio esclusivo di star così, a occhi chiusi. Nel coro narcotizzante[9] delle cicale, soltanto qualche suono spiccava isolato: un grido di gallo proveniente dagli orti dei dintorni, uno sbattere di panni prodotto forse da una lavandaia attardatasi a fare il bucato nell'acqua verdastra del canale Panfilio, e infine, vicinissimo, a pochi centimetri dall'orecchio, il ticchettio via via più lento della ruota posteriore della bicicletta ancora in cerca del punto di immobilità.
A quell'ora, certo – pensavo –, a casa mia avevano già saputo: da Otello Forti, probabilmente. Si erano seduti a tavola? Sì, magari, facendo finta di niente; poi avevano dovuto interrompere di mangiare, non erano riusciti a tirare avanti. Forse mi stavano cercando. Forse avevano sguinzagliato in giro Otello stesso, l'amico buono, l'amico inseparabile, dandogli l'incarico di perlustrare in bicicletta l'intera città, Montagnone e mura compresi, sicché non era impossibile che di punto in bianco me lo vedessi comparire davanti con una faccia rattristata di circostanza, però più che felice, lui, me ne sarei accorto benissimo, di esser stato rimandato soltanto in inglese. Ma no: forse, sopraffatti dall'angoscia, i miei genitori non si erano accontentati del solo Otello, erano arrivati a mettere in moto persino la questura. C'era andato mio padre, a parlare col questore in Castello. Mi pareva di vederlo: balbettante, disfatto, invecchiato paurosamente, l'ombra di se stesso. Piangeva. Eh, ma se due ore prima, a Pontelagoscuro, avesse avuto modo di osservarmi mentre fissavo la corrente del Po dall'alto del ponte di ferro (c'ero rimasto per un bel pezzo, a guardare in giù! Quanto? Almeno almeno venti minuti...), allora sì che si sarebbe spaventato... allora sì che avrebbe capito... allora sì che...
«Pss».
Mi svegliai di soprassalto, ma non aprii subito gli occhi.
«Pss!», udii di nuovo.
Alzai lentamente il capo, girandolo a sinistra, contro sole. Chi mi chiamava? Otello non poteva essere. E allora?
Mi trovavo circa a metà strada di quel tratto delle mura urbane, lungo su per giù tre chilometri, che comincia dal punto dove corso Ercole I ha termine per finire a Porta San Benedetto, di fronte alla stazione. Il

8 nel gelido inverno di Stalingrado: si tratta dell'inverno del 1942, nel pieno della Seconda guerra mondiale.
9 narcotizzante: che provoca sonnolenza, stordimento.

luogo è sempre stato particolarmente solitario. Lo era trent'anni fa, e lo è ancor oggi, nonostante che a destra, specialmente, cioè dal lato della Zona industriale, siano spuntate in pochi anni decine e decine di variopinte casette operaie, a paragone delle quali, e delle ciminiere e dei capannoni che fanno loro da sfondo, il bruno, cespuglioso, selvaggio sperone semidiroccato del baluardo quattrocentesco appare di giorno in giorno più assurdo.

Guardavo, cercavo, socchiudendo gli occhi al riverbero. Ai miei piedi (solo adesso me ne rendevo conto), le chiome dei nobili alberi gonfie di luce meridiana come quelle di una foresta tropicale, si stendeva il Barchetto del Duca[10]: immenso, davvero sterminato, con al centro, mezzo nascoste nel verde, le torricelle e i pinnacoli della *magna domus*[11], e delimitato lungo l'intero perimetro da un muro di cinta interrotto unicamente un quarto di chilometro più avanti, per lasciar defluire il canale Panfilio.

«Ehi, ma sei proprio anche cieco», fece una voce allegra di ragazza.

Dai capelli biondi, di quel biondo particolare striato di ciocche nordiche, da *fille aux cheveux de lin*, che era soltanto suo, riconobbi immediatamente Micòl Finzi-Contini. Si affacciava dal muro di cinta come da un davanzale, sporgendone con tutte le spalle e appoggiandovisi a braccia conserte. Sarà stata a non più di venticinque metri di distanza. Mi osservava di sotto in su: da abbastanza vicino perché riuscissi a vederle gli occhi; che erano chiari, grandi (troppo grandi, forse, allora, nel piccolo viso magro da bambina).

«Che cosa fai, lassù? Sono dieci minuti che sto a guardarti. Se dormivi e ti ho svegliato, scusami. E... condoglianze[12]!»

«Condoglianze? Come, perché?», borbottai, sentendo che il viso mi si copriva di rossore.

Mi ero tirato su.

«Che ora è?», chiesi, alzando la voce.

Dette un'occhiata all'orologino da polso.

«Io faccio le tre», disse, con una graziosa smorfia della bocca. E poi: «Immagino che avrai fame».

Ero disorientato. Dunque sapevano anche loro! Giunsi addirittura a pensare, per un momento, che avessero avuto la notizia della mia sparizione direttamente da mio padre o da mia madre: per telefono, come, certo, infinita altra gente. Ma fu Micòl stessa a rimettermi subito in carreggiata.

«Sono stata al *Guarini* stamattina, con Alberto[13], a vedere i quadri. Ci sei rimasto male, eh?»

«E tu, sei stata promossa?»

«Ancora non si sa. Forse aspettano, a metter fuori i voti, che abbiano finito *anche* tutti gli altri privatisti[14]. Ma perché non scendi giù? Vieni più vicino, così faccio a meno di sgolarmi».

Era la prima volta che mi rivolgeva la parola. Di più: era la prima volta, praticamente, che la sentivo parlare. E fin d'allora notai quanto la sua pronuncia assomigliasse a quella di Alberto. Parlavano ambe-

10 Barchetto del Duca: era così chiamato il giardino dei Finzi-Contini.

11 *magna domus*: in latino "grande casa" (il riferimento è alla villa dei Finzi-Contini).

12 condoglianze: Micòl esprime così il proprio dispiacere per l'insuccesso scolastico del protagonista.

13 Alberto: fratello di Micol.

14 privatisti: allievi che, pur non essendo iscritti a scuole pubbliche, vi sostengono gli esami.

due nello stesso modo: lentamente, in genere, sottolineando certi vocaboli di poco rilievo, di cui essi soli sembravano conoscere il vero senso, il vero peso, e invece sorvolando bizzarramente su altri, che uno avrebbe detto di importanza molto maggiore. La consideravano, questa, la loro *vera* lingua: la loro particolare, inimitabile, tutta privata deformazione dell'italiano. Ad essa davano perfino un nome: il finzi-continico.
Lasciandomi scivolare giù per il declivio[15] erboso, mi accostai alla base del muro di cinta. Per quanto ci fosse ombra – un'ombra che sapeva acutamente di ortiche e di sterco –, faceva più caldo, laggiù. E adesso lei mi guardava dall'alto, la testa bionda al sole, tranquilla come se il nostro non fosse stato un incontro causale, assolutamente fortuito, ma come se, a partire magari da quando eravamo bambini piccoli, non si contassero nemmeno più le volte che ci eravamo dati convegno lì, in quel posto.
«Esageri, però», disse. «Che cosa vuoi che conti avere una materia a ottobre?»
Ma mi prendeva in giro, evidentemente, e un poco anche mi disprezzava. Era abbastanza normale, in fondo, che un fatto simile fosse capitato a un tipo come me, figlio di gente così comune, talmente «assimilata»: a un quasi-*goi*[16], insomma. Che diritto avevo di far tante storie?
«Credo che tu ti faccia delle idee un po' strane», risposi.
«Sì?», sogghignò lei. «E allora spiegami, per favore, per quale ragione oggi non sei andato a casa a mangiare».
«Come lo sai?», mi sfuggì.
«Sappiamo, sappiamo. Abbiamo anche noi i nostri informatori».
Era stato Meldolesi, pensai, non poteva esser stato che lui (infatti non mi sbagliavo). Ma che cosa importava? D'un tratto m'ero accorto che la questione della bocciatura era diventata secondaria, una faccenda bambinesca che si sarebbe sistemata da sé.
«Come fai», chiesi, «a stare lassù? Sembri alla finestra».
«Ho sotto i piedi la mia brava scala a pioli», rispose, scandendo le sillabe di «mia brava» nel suo solito, orgoglioso modo.
Di là dal muro si levò a questo punto un grosso latrato. Micòl girò il capo, gettando dietro la spalla sinistra un'occhiata piena di noia e di affetto insieme. Fece una boccaccia al cane, poi tornò a guardare me.
«Uffa!», sbuffò calma. «È Jor».
«Di che razza è?»
«È un danese. Ha un anno soltanto, ma pesa quasi un quintale. Mi tiene sempre dietro. Io, spesso, cerco di confondere le mie tracce, ma lui dopo un poco mi ritrova, sta' sicuro. È *terribile*».
Quindi, quasi di seguito:
«Vuoi che ti faccia venir dentro?», aggiunse. «Se vuoi, ti insegno subito come devi fare».

Quanti anni sono passati da quel remoto pomeriggio di giugno? Più di trenta. Tuttavia, se chiudo gli occhi, Micòl Finzi-Contini è ancora là, affacciata al muro di cinta del suo giardino, che mi guarda e

15 declivio: discesa, pendio.

16 quasi-*goi*: espressione ebraica che equivale a "quasi cristiano".

mi parla. Era poco più che una bambina, nel 1929, una tredicenne magra e bionda con grandi occhi chiari, magnetici. Io, un ragazzetto in calzoni corti, molto borghese e molto vanitoso, che un piccolo guaio scolastico bastava a gettare nella disperazione più infantile. Ci fissavamo entrambi. Al di sopra di lei, il cielo era azzurro e compatto, un caldo cielo già estivo, senza la minima nube. Niente avrebbe potuto mutarlo, e niente l'ha mutato, infatti, almeno nella memoria.

da *Il giardino dei Finzi-Contini*, Einaudi Tascabili

competenze alla prova

LEGGO E...

... COMPRENDO

1 Perché il protagonista non torna a casa?

2 Che cosa teme?

3 Il ragazzo comunica la brutta notizia alla famiglia?

4 Come si sposta in città il protagonista?

- ☐ A piedi
- ☐ In bicicletta
- ☐ In auto
- ☐ In tram

5 Dopo aver vagato per la città, dove si ferma?

6 In che modo Micòl richiama l'attenzione del giovane?

7 Dove si trova Micòl quando parla al protagonista?

8 Come viene definita la voce della ragazza?

- ☐ Triste
- ☐ Allegra
- ☐ Spaventata
- ☐ Gioiosa

... RICAVO DAL TESTO

9 In che anno si svolge l'episodio narrato?

10 Quanti anni sono passati da quell'episodio?

11 I due personaggi si conoscevano già all'epoca dell'incontro? Individua nel testo l'informazione che ti permette di rispondere.

... ANALIZZO E INTERPRETO

12 Quale atteggiamento ha Micòl quando vede il protagonista sotto l'albero?

- ☐ Lo deride
- ☐ Prova per lui compassione e simpatia
- ☐ Lo tratta con freddo distacco
- ☐ Cerca solo di farsi notare

13 Micòl è decisa e intraprendente, mentre il protagonista è incerto, insicuro e impacciato. Trova nel testo esempi a conferma di ciò.

14 In alcuni punti l'autore si sofferma su particolari fisici di Micòl, mettendone in rilievo la grazia femminile. Individua nel testo degli esempi.

LE FORME

15 Come si può definire lo stile usato dall'autore?

- ☐ Scorrevole ed elegante
- ☐ Ingenuo
- ☐ Difficile e oscuro
- ☐ Di tipo poetico

Per **FLASH-BACK** o **ANALESSI** si intende una rievocazione narrativa di fatti accaduti precedentemente: vengono recuperati segmenti cronologici del passato, di solito allo scopo di chiarire agli occhi del lettore elementi fondamentali per comprendere lo svolgimento della vicenda o determinate caratteristiche dei personaggi. All'analessi o flash-back si contrappone la **PROLESSI** (detta anche **FLASH-FUTURE** o **FLASH-FORWARD**), che interrompe l'ordinato svolgersi della narrazione attraverso l'anticipazione di fatti che avverranno in seguito.

16 L'episodio è narrato come un flash-back. Individua nel testo i passi che confermano l'impiego di questa strategia narrativa.

ORA SCRIVO IO

17 Prova a riscrivere l'episodio narrandolo dal punto di vista della giovane Micòl.

Natalia Ginzburg

Natalia Ginzburg nasce a **Palermo** nel **1916**; il padre, Giuseppe Levi, è professore universitario. Trascorre la sua infanzia e adolescenza a Torino. Giovane piuttosto schiva e solitaria, a diciotto anni pubblica su una rivista il suo primo racconto, *Solaria*.
La sua famiglia, per le proprie **convinzioni politiche antifasciste**, viene duramente provata: il padre e i tre fratelli sono imprigionati e processati, mentre il marito, Leone Ginzburg, sposato nel 1938, per la sua attività clandestina antifascista viene mandato al confino in Abruzzo, dove la scrittrice lo segue. Dopo la morte del marito, ucciso dai fascisti nel carcere romano di Regina Coeli, ritorna a Torino, dove riprende la sua intensa **collaborazione con la casa editrice Einaudi**.
Inizia il suo periodo di maggiore produzione, segnato anche dall'affermazione in numerosi e prestigiosi premi letterari, che fanno della scrittrice una delle figure di riferimento della vita letteraria e culturale di quegli anni. Nel 1983 viene eletta al Parlamento.
Muore a Roma nel **1991**.

L'opera

Natalia Ginzburg si impone all'attenzione con il **romanzo** *È stato così* (1947), storia di un amore e di un dramma familiare, cui seguiranno, dieci anni dopo, i racconti di *Valentino*, e quindi *Le voci della sera* (1961) e quello che è forse il suo scritto più celebre, *Lessico familiare* (1963). In tutte queste opere, l'autrice tende alla ricostruzione, sul filo della memoria, di un **mondo quotidiano**, con saggezza e arguzia, ma anche ponendo attenzione ai piccoli gesti e ai sentimenti della vita di tutti i giorni, rivissuti spesso, anche come autobiografia, nell'intimità della famiglia. Ne nasce così il ritratto di un periodo storico e di una generazione, che è quella a cavallo fra gli anni Trenta e Sessanta, che viene ad arricchirsi con altri romanzi come *Caro Michele* (1973).
Come saggista, raccoglie i propri scritti nel volume *Mai devi domandarmi* (1970), mentre i suoi **scritti teatrali** sono pubblicati, fra l'altro, nel volume *Ti ho sposato per allegria* (1967).

I lavori di casa

Attraverso la riflessione sui lavori di casa svolti da una nonna, Natalia Ginzburg compie una severa analisi della società a lei contemporanea, abituata al disordine e alla progressiva mancanza di regole. La negatività della situazione risalta ancor più se paragonata all'educazione del passato, certamente più rigida, ma probabilmente meno confusa e anche più rispettosa della dignità della persona, al di là delle apparenze.

Non potendo dormire, la vecchia madre usa alzarsi quando ancora è buio, scendere in cucina e farsi il caffè. Dopo, si mette seduta sul divano nella stanza da pranzo, se ne sta lì a fumare e aspetta che venga giorno.

Le piacerebbe mettersi a fare i lavori di casa: spazzare le scale, lavare i pavimenti, lavare porte e finestre. Non può, perché tutti dormono; e questi atti che pensa e non compie la accendono di un freddo fuoco.
Era, da giovane, disordinata e pigra; invecchiando, le è venuta la mania[1] dell'ordine, e una sorta di torvo[2] amore per i lavori di casa; e i figli, le nuore e gli amici usano biasimare questa sua passione, la definiscono un segno squallido e deplorevole di vecchiaia e di aridità. I lavori di casa sono in lei, essi dicono, un alibi[3] per non fare altre e più nobili cose: leggere, occuparsi di politica, coltivarsi. La vecchia madre non ha mai capito nulla di politica; non ha più in testa che tre o quattro pensieri, pietrosi e caparbi, e li coltiva mentre sta sul divano a fumare o quando infuria nei lavori di casa.
Di solito, verso le sei e mezzo, si svegliano i bambini, figli dei suoi figli, venuti a stare con lei nei mesi d'estate. La vecchia non si muove dal suo divano; è là appostata come un avvoltoio, con gli artigli posati su una roccia. Fuma, coltiva i suoi quattro pensieri, e guarda di là dai vetri olivi e vigne immersi nella nebbia dell'alba.

1 mania: attaccamento esagerato, fissazione.

2 torvo: bieco, minaccioso.

3 alibi: scusa, pretesto.

Grant Wood, *Donna con pianta*, 1929 (Cedar Rapids, Iowa, Cedar Rapids Museum of Art).

In un tempo remoto e felicissimo, la madre allora giovane e non vinta dalle disgrazie alzava i suoi bambini appena svegli, li lavava, gli dava il caffelatte e li portava fuori. La sua propria madre le aveva insegnato che tutto questo era essenziale. Lei ricorda di essere stata, come si è detto, molto disordinata e pigra; c'era tuttavia nel suo disordine un pensiero incrollabile: che i bambini appena svegli dovevano essere alzati, insaponati con forza, spruzzati di borotalco, e portati, dopo il caffelatte, nel primo e fresco sole del mattino.
Oggi vorrebbe fare lo stesso con i figli dei suoi figli: ma un'operazione così semplice, come alzare e lavare questi nuovi bambini, non le è consentita. Questi nuovi bambini hanno, nelle loro stanze, biscotti e giornalini illustrati; si alzeranno più tardi, quando a loro stessi piacerà; gireranno per casa nei pigiami di spugna, spargeranno giornalini e biscotti sui genitori ancora immersi nel sonno.
Infine, anche i genitori si svegliano, si alzano e scendono in cucina, arruffati e scalzi: non hanno ciabatte o non si curano di cercarle sotto i letti: la vecchia madre si chiede per quanto tempo sussisterà[4] l'industria delle pantofole, poiché la gente sembra giudicarle inutili. Brancolando ancora nel sonno, i giovani genitori cercano per la cucina pane e tazze. Comincia una lunga colazione caotica, senza caffelatte: il caffelatte, come le pantofole, sembra stia scomparendo dalla faccia della terra. Girano uova strapazzate e sughi di frutta in bottiglia: e una sostanza orribile, scura e untuosa, che si spalma sul pane e che si chiama Nutella.
I bambini vengono interrogati su quello che vogliono mangiare: non lo sanno, e l'indecisione li fa piangere; fuori il sole è già caldo e la vecchia madre pensa che i bambini dovrebbero essere al sole da un pezzo; tace, perché si è ormai abituata a tacere; pensa che il modo come vengono allevati questi nuovi bambini è molto complicato e faticoso; il modo antico era forse autoritario e sbadato; in quell'atto di alzarli appena svegli, lavarli e metterli fuori c'era forse, come dicono ora i suoi figli, un atto di prepotenza e di imperio; la vecchia madre si chiede se anche il caffelatte era una prepotenza: lei stessa lo detestava, ma lo trovava buono quando lo bevevano i suoi bambini.
Frattanto i giovani genitori discutono se andare al mare per tutta la giornata o invece solo al mattino: sembrano ignorare che il mattino è ormai quasi trascorso. Discutono a che spiaggia andare e con quale automobile andare; la madre pensa che l'aspetto essenziale nei giovani oggi è l'indecisione. Nell'indecisione dei genitori sono coinvolti i bambini; piangono, perché l'indecisione li esaspera; mescolano alle incertezze dei genitori le loro proprie incertezze, chiedono in lagrime come saranno vestiti e quali giochi dovranno portare; a un tratto i genitori si arrabbiano, nella rabbia assumono accenti tragici; questi nuovi e giovani genitori non usano sgridare i bambini, ma quando perdono la pazienza credono di dover fare un volto tragico: i bambini singhiozzano, i genitori subito pentiti si appartano con i bambini e non li consolano, ma forniscono loro in un segreto sussurro diffuse

4 **sussisterà**: sopravvivrà.

spiegazioni sul proprio comportamento. La vecchia madre pensa che i rimproveri rapidi, sbadati e distratti, furiosi e subito dimenticati, sono un'altra cosa scomparsa dalla faccia della terra. Infine, se ne vanno, pieni di salvagente, secchielli, asciugamani e borse; e la vecchia madre pensa che potrà fare i lavori di casa.

Sulla porta, nuore e figli le ingiungono[5] di non fare nulla; nelle stanze, essi dicono, è già tutto fatto. La madre, appena se ne sono andati, va nelle stanze: con un piacere torvo e selvaggio, butta all'aria i letti già ricomposti e raccoglie canottiere e giornali. Il numero delle loro canottiere è infinito; se ne trovano ovunque nella casa, macchiate di frutta e intrise di sabbia; e infinito è il numero dei giornali, che lasciano sparsi ovunque sui loro passi. La madre sa che d'inverno essi vivono in un modo diverso; figli e nuore lavorano, i bambini vengono forse lavati appena svegli e portati all'asilo. L'indecisione è un frutto delle vacanze; esplode nell'estate, ma è forse sempre nascosta nella vita dei giovani, come un istinto di vacanza eterna dove il tempo langue[6], tra fiumi di parole senza scopo.

Una volta, nel fare i lavori di casa, la madre nutriva il desiderio segreto che i suoi famigliari lodassero la sua rapidità ed efficienza; ma non vennero mai queste lodi, e invece vennero proteste, commenti infastiditi e giudizi severi; i figli le ingiunsero di piantarla con quegli stupidi lavori di casa; loro vivevano altrettanto bene, le dissero, in una casa dove non si lavavano i pavimenti ogni giorno. Lavando i pavimenti, la madre ha dunque il dubbio di fare una cosa inutile: è infatti vero che si potrebbero anche non lavare ogni giorno. Lei, da giovane, non li lavava mai; c'erano allora donne di servizio, che li lavavano molto bene; e la sua propria madre non concepiva che si potesse abitare in una casa dove ogni giorno le donne di servizio non lavassero in terra. Ma le donne di servizio oggi non esistono più: e se esistono, sono forme così evanescenti e labili[7] che il timore di perderle è più forte del desiderio che lavino in terra. Quanto ai giovani, essi pensano che non sia giusto avere donne di servizio; e nel caso che se ne abbia una, mai si potrà imporle di lavare in terra, essendo questa una mortificazione dello spirito[8], che non deve essere imposta ad anima viva, e non va compiuta se non in via del tutto eccezionale, una volta l'anno.

Lavando i pavimenti con furia, la madre si chiede perché fa questa cosa, forse davvero inutile e mortificante; se in memoria della propria madre, o per un arido e maniaco piacere. Non lo fa per amore della casa: della casa, ha capito che non gliene importa nulla. Ciò che al mondo le importa sono i figli, e i loro dolci e riccioluti bambini: persone a cui non interessa affatto che i pavimenti vengano lavati o no. La madre siede sul divano, fuma, guarda ulivi e vigne ardenti nel sole di mezzogiorno. Ora tutti ritornano, con salvagente, asciugamani umidi e intrisi di sabbia, canottiere, pezzi di pane e giornali: il carico di questo gregge lentissimo, felice e indeciso. La madre si chiede se qualcuno ancora, lei morta, laverà i pavimenti nella casa.

da *Mai devi domandarmi*, Einaudi

5 ingiungono: comandano.

6 langue: si dissolve.

7 evanescenti e labili: che tendono a sparire, con poca consistenza.

8 mortificazione dello spirito: umiliazione.

competenze alla prova

LEGGO E...

... COMPRENDO

1 **Quando, alla protagonista, è venuta la mania dei lavori di casa?**

2 **Come vedono questa mania i suoi parenti e amici? Sottolinea l'informazione nel testo.**

3 **Quando era giovane, come si occupava dei figli piccoli?**

4 **Ora si comporta allo stesso modo con i suoi nipoti? Che cosa fa?**

5 **Come è definita nel testo la colazione dei figli?**

- ☐ Allegra
- ☐ Scomposta
- ☐ Imprevedibile
- ☐ Caotica

6 **Che cos'è la sostanza orribile che si spalma sul pane?**

7 **Dove si recano in tarda mattinata figli e nipoti?**

8 **Quando tutti escono, che cosa pulisce in particolare la vecchia madre?**

... RICAVO DAL TESTO

9 **Che cosa rappresenta per la madre la Nutella, alimento consumato alla mattina per colazione dalla sua famiglia?**

- ☐ La fine del sistema di valori antico
- ☐ Il confronto tra mondi apparentemente diversi, ma in realtà molto simili
- ☐ Il fascino per la modernità
- ☐ Il prodotto di un mondo più evoluto

... ANALIZZO E INTERPRETO

10 **Perché i figli trovano i lavori di casa squallidi?**

- ☐ Perché li dovrebbero fare solo le donne delle pulizie
- ☐ Perché non vogliono sporcarsi
- ☐ Perché impediscono alla madre di fare cose più nobili
- ☐ Perché a loro piace vivere nello sporco

11 **Quali sono le accuse che i giovani fanno al sistema educativo del mondo della madre?**

- ☐ È un sistema prepotente e autoritario
- ☐ È un sistema presuntuoso e intollerante
- ☐ È un sistema freddo e distaccato
- ☐ È un sistema incoerente e irrazionale

12 **Qual è per la madre il vero problema dei giovani d'oggi?**

- ☐ La presunzione
- ☐ L'arroganza
- ☐ L'imprecisione
- ☐ L'indecisione

13 **Qual è per la madre la cosa più importante al mondo?**

- ☐ Avere una casa pulita
- ☐ L'educazione dei figli
- ☐ I figli e i nipoti
- ☐ L'amore per la casa

LE FORME

L'**ONOMATOPEA** è una figura retorica che utilizza parole che, nel loro suono, ricordano il significato che esse esprimono.

14 **L'espressione "*freddo fuoco*" è una figura retorica. Di quale figura si tratta?**

- ☐ Onomatopea
- ☐ Metafora
- ☐ Ossimoro
- ☐ Similitudine

ORA SCRIVO IO

15 **Chi si occupa dei lavori di casa nella tua famiglia? Tu collabori con il tuo aiuto? Racconta la tua esperienza.**

UN MONDO DI PAROLE

16 **Con quale aggettivo sostituiresti *arido* nell'espressione "*arido e maniaco piacere*"?**

- ☐ Asciutto
- ☐ Vuoto
- ☐ Caldo
- ☐ Sabbioso

Elsa Morante

Nasce a **Roma** nel **1912**, dalla relazione tra una maestra ebrea, Irma Poggibonsi, e Francesco Lo Monaco. A darle il cognome sarà Augusto Morante, marito della madre, che la riconosce come figlia naturale. Cresce nel quartiere popolare del Testaccio. Scrittrice precoce, dedica alla letteratura per l'infanzia le sue prime pubblicazioni.

Nel 1936 conosce **Alberto Moravia**, che sposa nel 1941: grazie a lui, entra in contatto con importanti autori e intellettuali come Pasolini, Saba, Bassani e molti altri.

Durante la Seconda guerra mondiale, per timore dei rastrellamenti dei tedeschi, lascia Roma con Moravia e soggiorna a Fondi, nella campagna in provincia di Latina. L'eco di questo suo contatto con il mondo dell'Italia meridionale, tanto diverso dalla capitale, si troverà in uno dei suoi romanzi maggiori (ma anche più discussi), pubblicato nel 1974, *La Storia*.

Nel 1948, grazie all'interessamento di Natalia Ginzburg, pubblica il suo primo romanzo, *Menzogna e sortilegio*, con cui vince il premio Strega. Lo stesso premio le sarà tributato nel 1957 per il romanzo *L'isola di Arturo*.

Separatasi dal marito nel 1961, Elsa Morante frequenta nuovi ambienti (tra cui il cinema, con Luchino Visconti) e sperimenta nuove soluzioni artistiche, cercando una vena nuova, autonoma nella scrittura. L'ultimo romanzo, *Aracoeli*, è del 1982: nel **1985** la scrittrice muore d'infarto dopo un'operazione chirurgica.

L'opera

L'esordio come scrittrice è legato alla pubblicazione di **opere per l'infanzia**: oltre a brevi poesie, filastrocche e racconti, scrive il romanzo per bambini *Le bellissime avventure di Caterì dalla trecciolina* (del 1942, poi riscritto e ripubblicato nel 1959 con il titolo *Le straordinarie avventure di Caterina*).

Traduttrice e saggista, trova grande successo anche come scrittrice di **romanzi** fin dalla sua prima uscita, *Menzogna e sortilegio* (1948).

L'apice della sua produzione è probabilmente rappresentato da *La Storia* (1974), grande affresco ambientato nella Roma della Seconda guerra mondiale e dell'immediato dopoguerra, ma un notevole risultato artistico era già stato raggiunto da un'altra sua importante opera, *L'isola di Arturo* (1957), romanzo in cui è descritta, nella cornice dell'isola di Procida, la difficile adolescenza di Arturo, per il rapporto complesso e morboso con il padre, la nuova matrigna e il fratellastro appena nato.

L'isola di Arturo

Arturo Gerace, l'io narrante del romanzo *L'isola di Arturo*, è un giovane che soffre di profonde crisi nella difficile età di passaggio tra l'infanzia e l'adolescenza. Da un lato, ha un'ammirazione straordinaria per il padre, che però nella sua mente viene fortemente sopravvalutato e idealizzato (nella parte finale del romanzo, Arturo se ne renderà conto); dall'altro, soffre per il complicato rapporto che intercorre tra lui e la matrigna, la nuova moglie del padre, che presto avrà un figlio, togliendo ulteriormente attenzioni al giovane Arturo, che gradualmente prende coscienza di essere innamorato della donna. Il risultato di questa serie di complessi e laceranti sentimenti è uno straordinario senso di solitudine e di abbandono, che il ragazzo vive tra mille inquietudini.

Il fatto era che il ritorno della bella stagione in quell'anno per me si accompagnò, credo, col passaggio di quella età, che vien detta, dalle buone famiglie, *età ingrata*. Non m'era mai accaduto, prima, di sentirmi così brutto: nella mia persona, e in tutto quello che facevo, avvertivo una strana sgraziataggine, che incominciava dalla voce. M'era venuta una voce antipatica, che non era né più da soprano (come la mia di prima) né, ancora, da tenore (come la mia di dopo): pareva quella di uno strumento scordato. E tutto il resto, era come la voce. La mia faccia era ancora di un disegno piuttosto rotondo, liscia; e il corpo, invece, no. Il vestito di prima non m'entrava più, così che N.[1], benché nemica, dovette occuparsi ad aggiustare per la misura mia certi pantaloni da marinaio che una sua amica bottegaia le dette a credito. E intanto io avevo l'impressione di crescere senza grazia, in una maniera sproporzionata. Le mie gambe, per esempio, in poche settimane erano diventate così lunghe da impacciarmi; e le mani mi s'erano fatte troppo grandi in confronto al corpo, rimasto magro e snello. Quando le chiudevo, mi pareva di portare i pugni di un brigante adulto, che non ero io. E non sapevo che fare, con quei pugni da assassino: avevo sempre voglia di menarli dovunque fosse, tanto che, se non me lo avesse impedito la superbia, mi sarebbe piaciuto di litigare col primo incontrato, magari con un capraro, con un bracciante, con chiunque. Invece, non attaccavo discorso né lite con nessuno; e anzi, più ancora di prima, se possibile, mi tenevo distante da tutti. In verità, mi sentivo un personaggio così stonato e maledetto che quasi avrei voluto andare a rinchiudermi in qualche tana, dove mi si lasciasse crescere in pace fino al giorno che, come già ero stato un ragazzino abbastanza bello,

1 **N.**: è l'abbreviazione di Nunziata o Nunziatella, che è il nome della matrigna di Arturo.

Amedeo Modigliani, *Ragazzo con giacca azzurra*, 1918-1919 (Indiana, Indianapolis, Museum of Art).

non fossi diventato un giovane abbastanza bello. Ma: andare a rinchiudermi! sì! una parola! come avrei sopportato di stare rinchiuso, quando mi sembrava d'avere addosso uno spirito infernale, che mi trasformava in una specie di animale selvatico, tutto il giorno alla caccia di non sapevo quale preda! La benignità[2] della stagione inaspriva il mio umore: nell'inverno, nella tempesta sarei stato più contento. Le grazie primaverili dell'isola, che gli altri anni mi piacevano tanto, m'ispiravano quasi una rabbiosa ironia, mentre m'arrampicavo e ridiscendevo per quelle rocce e quei prati con le mie lunghe gambe, simile ad un camoscio o a un lupo, in una turbolenza[3] continua che non trovava sfogo. In qualche momento, l'allegrezza[4] trionfale della natura mi vinceva, trascinandomi a esaltazioni straordinarie. I fiori fantastici dei vulcani, che invadevano ogni pezzo di terreno incolto, sembravano spiegarmi per la prima volta certi motivi deliziosi della loro forma e dei loro colori, invitandomi a una festa gioiosa, cangiante... Ma subito mi riprendeva la solita collera sconsolata, resa più acre[5] dalla vergogna di quel mio vano trasporto[6]. Non ero una capra, o una pecorella, per saziarmi d'erbe e di fiori! E per vendicarmi, devastavo il prato, strappando i fiori, pestandoli ferocemente sotto i piedi.

La mia disperazione somigliava alla fame e alla sete, pur essendo cosa diversa. E dopo aver tanto sospirato di arrivare a una maggiore età, quasi rimpiangevo le mie età di prima: che cosa mi mancava, allora? niente. Avevo voglia di mangiare: e mangiavo. Avevo voglia di bere: e bevevo. Desideravo divertirmi: e me ne andavo sulla *Torpediniera delle Antille*[7]. E l'isola, per me, che cos'era stata, finora? un paese d'avventure, un giardino beato! ora, invece, essa mi appariva una magione[8] stregata e voluttuosa[9], nella quale non trovavo da saziarmi, come lo sciagurato re Mida[10].

Mi prendevano voglie di distruzione. Avrei voluto poter esercitare un mestiere brutale, per esempio, lo spaccapietre, per occupare il mio corpo, dal mattino alla sera, in una qualche azione futile e violenta, che mi distraesse, in qualche modo. Tutti i piaceri della bella stagione, che una volta mi bastavano, mi apparivano insufficienti, irrisorî; e non c'era nessuna cosa ch'io facessi senza una volontà d'aggressione e di ferocia. Mi tuffavo nel mare con atti bellicosi, alla maniera d'un selvaggio che si butti sull'avversario stringendo un coltello fra i denti; e, nuotando, avrei voluto rompere, devastare il mare! Poi saltavo sulla mia barca, remando all'impazzata[11] verso il largo; e là, nell'alto mare, mi davo a cantare disperatamente con la mia voce scordata, come se urlassi delle parolacce.

Al ritorno, mi stendevo sulla rena[12] assolata, che somigliava a un bel corpo di seta, nel suo tepore[13] carnale. Mi abbandonavo, quasi cullato, alla leggera stanchezza del mezzogiorno; e avrei voluto abbracciarmi con la spiaggia intera. A volte, dicevo tenerezze alle cose, come fossero persone. Incominciavo a dire, per esempio: – Ah, bella rena mia! spiaggia mia! luce mia! – e altre tenerezze più complicate, addirittura da pazzo. Ma era impossibile abbracciare il grande corpo della spiaggia, con la sua innumerevole sabbia vetrina[14], che sfuggiva fra le dita. Là

2 La benignità: il favore, la piacevolezza.

3 turbolenza: inquietudine e agitazione.

4 l'allegrezza: l'allegria.

5 acre: aspra.

6 trasporto: momento in cui ci si lascia andare senza eccessivi controlli.

7 *Torpediniera delle Antille*: è la barca di Arturo, che vive sull'isola di Procida.

8 magione: dimora, casa.

9 voluttuosa: che trascina verso i piaceri.

10 re Mida: personaggio del mito greco, che trasformava in oro tutto ciò che toccava (ma, così facendo, non poteva più neppure mangiare o bere).

11 all'impazzata: come un pazzo.

12 rena: sabbia.

13 tepore: tiepido calore.

14 vetrina: di vetro, simile al vetro.

presso, un mucchio d'alghe, macerate dal salino primaverile, mandava un odore dolce e fermentante, come di muffa sull'uva; e io, quasi fossi diventato una gatta, mi divertivo a mordicchiare, a sparpagliare furiosamente quelle alghe. Troppa era la mia voglia di giocare: con chiunque, magari anche con l'aria! E occhieggiavo[15] al cielo, aprendo e richiudendo forte le palpebre. Il puro azzurro disteso su di me sembrava avvicinarsi, trapungendosi[16] come un firmamento[17], poi incendiarsi in un gran fuoco unico, poi farsi nero d'inferno... Mi rivoltavo sulla rena ridendo: la vanità[18] di questi giochi mi esacerbava[19].

da *L'isola di Arturo*, Einaudi

15 occhieggiavo: guardavo di tanto in tanto.
16 trapungendosi: sembrando una trapunta, una coperta tessuta.
17 firmamento: cielo stellato.
18 la vanità: l'inutilità.
19 mi esacerbava: mi esasperava.

competenze alla prova

LEGGO E...

... COMPRENDO

1. **Come si sente Arturo sul piano fisico?**
   - ☐ Bello
   - ☐ Brutto
   - ☐ Né bello né brutto
   - ☐ È un problema che non gli interessa
2. **Qual è il primo elemento che, secondo Arturo, dimostra la sua "sgraziataggine"?**
3. **Quale mestiere vorrebbe fare Arturo per sfogarsi?**

... RICAVO DAL TESTO

4. **Arturo è un ragazzo che ha istinti aggressivi? Motiva la tua risposta.**
5. **Arturo è consapevole che la sua condizione di scontentezza per il suo aspetto fisico è temporanea. Sottolinea nel testo la parte che lo conferma.**

... ANALIZZO E INTERPRETO

6. **Perché l'età in cui entra Arturo è definita "ingrata"?**
7. **Spiega che cosa intende Arturo quando dice "*N., benché nemica, dovette occuparsi ad aggiustare per la misura mia certi pantaloni*".**
8. **Qual è il motivo che più infastidisce Arturo riguardo alla sua crescita?**
   - ☐ Che ormai non è più un bambino
   - ☐ Che la sua crescita è sproporzionata
   - ☐ Che nessuno se ne accorge
   - ☐ Che, pur crescendo, resta ancora piccolo
9. **Arturo prova emozioni molto discordanti tra loro: in alcuni momenti si sente profondamente infelice, in altri sembra trovare una qualche dolcezza nella vita. Trova nel testo esempi per l'una e l'altra situazione.**

LE FORME

10. **Quando Arturo dice che la sua voce "*pareva quella di uno strumento scordato*" usa:**
    - ☐ una similitudine
    - ☐ una metafora
    - ☐ una personificazione
    - ☐ un'allitterazione
11. **Rintraccia una personificazione legata alla spiaggia e sottolinea il passo nel testo.**

ORA SCRIVO IO

12. **È capitato qualche volta anche a te di provare un irrefrenabile desiderio distruttivo? Come sei riuscito a dominarlo? Racconta.**

UN MONDO DI PAROLE

13. **Completa il ragionamento: nell'espressione "strumento scordato" la parola "scordato" significa .... non accordato, mentre in altri casi vuol anche dire ....**
14. **Quando Arturo dice "*andare a rinchiudermi! sì! una parola!*" usa un registro:**
    - ☐ formale
    - ☐ colloquiale
    - ☐ volgare
    - ☐ letterario

Mario Soldati

Torinese di nascita (**1906**), studia dai Gesuiti e poi si laurea in Lettere, assumendo successivamente l'incarico di professore alla Columbia University di Washington.
Al suo ritorno in Italia, si sposa con l'americana Marion Rieckelman (con la quale presto si lascerà) e dimora a Roma per circa trent'anni, non solo pubblicando racconti e romanzi di vario genere, ma anche collaborando attivamente con il mondo del cinema, prima con compiti di scarsa importanza, poi con incarichi di maggior importanza e prestigio, diventando **sceneggiatore** e infine addirittura **regista** di importanti opere letterarie (come i romanzi di Fogazzaro *Piccolo mondo antico* e *Malombra*) trasposte nel linguaggio cinematografico.
Nel 1941 conosce l'attrice istriana Giuliana Kellermann, con la quale passerà il resto dei suoi giorni. Dal 1960 vive prevalentemente nella piccola cittadina di **Tellaro**, frazione di Lerici, in provincia di La Spezia: qui muore nel **1999**.

L'opera

Il **romanzo** di esordio, *La verità sul caso Motta* (1941), rappresenta una curiosa forma di parodia del romanzo poliziesco. Con *Le lettere da Capri* (1954), romanzo vincitore del premio Strega, ma soprattutto con *La confessione* (1955), l'autore affronta temi scottanti per l'epoca, come l'adulterio e l'omosessualità. Del 1964 è uno dei suoi romanzi più ambiziosi, *Le due città*.
In linea generale, la produzione, che spesso riscuote prestigiosi riconoscimenti (come il premio Campiello nel 1970 con il romanzo *L'attore*) è molto ampia, con soluzioni narrative piuttosto varie, che danno la misura della **vena sperimentale** di Soldati. A conferma si può menzionare il romanzo *Lo smeraldo* (1974), appartenente a un genere che potremmo definire della "fanta-politica"; vi è descritta un'Italia spaccata in due, con un Nord controllato da Americani e Russi e un Sud in mano agli Arabi, mentre al centro Roma è stata distrutta da una bomba atomica.

Le due città

Il romanzo *Le due città*, che è molto vicino alle esperienze narrative del Neorealismo, descrive la storia di tutta una vita di due amici – Emilio, di buona famiglia, e Piero, di estrazione più modesta – fino alla conclusione tragica: alla morte di Piero, proprio sulla sua tomba, la figlia Irma ucciderà Emilio, di cui era diventata l'amante.

La lunga e tragica vicenda esistenziale si svolge, come indica il titolo del romanzo, sullo sfondo delle due città, Torino e Roma, in cui vivono i personaggi. Torino, la città dell'infanzia, è sentita come un mondo felice e sereno, al contrario di Roma (nella quale Emilio si trasferirà per lavorare nell'industria cinematografica, a quell'epoca in pionieristica espansione), che rappresenta la corruzione che porterà alla catastrofe finale.
Nel passo qui proposto, la sana vita del mondo torinese è vissuta attraverso l'incanto di una gita in bicicletta tra le cime delle Alpi.

Al ricordo della prima gita in bicicletta, ottobre 1912, si era sovrapposto, confondendolo e quasi cancellandolo, il ricordo di un'altra gita, sempre con Pierino, ma qualche anno dopo, nel giugno 1915. Tutte e due le volte, erano partiti dalla villa[1] e erano tornati alla villa. Pierino aveva ormai diciassette anni. Lui[2], quattordici e mezzo, quasi quindici. Da Rivoli[3] avevano raggiunto Pinerolo; e da Pinerolo il Sestrières, risalendo la valle del Chisone per una strada faticosissima. Poi, dal Sestrières, erano scesi a Cesana e Oulx, e infine a Bussoleno, dove, troppo stanchi per proseguire in sella, avevano preso il treno, mettendo la bicicletta sul bagagliaio.
Più di cento chilometri, certamente. E se la macchina[4] di Pierino era da corsa, quella di Emilio era da viaggio. E le strade erano quelle che erano: da Fenestrelle fino in cima al colle, e dal colle fino a Susa, tutte terra e ghiaia. Sulle rampe dure, Emilio era obbligato a scendere e a spingere la bicicletta a mano. Pierino, più forte, più allenato e più attrezzato, continuava per un tratto, poi scendeva anche lui e attendeva l'amico.
Nonostante la differenza di vita, di ambiente, e le poche occasioni che avevano di vedersi, erano rimasti amici. Pierino era sempre da Musso & Filippa[5]. Impiegato non soltanto nel laboratorio, a sviluppare e a stampare, ma anche nello studio e fuori, si avviava a diventare un vero fotografo. Una volta, monsù[6] Filippa lo aveva imprestato per quindici giorni come secondo aiutante a un operatore cinematografico della Fert[7]. Così, negli stabilimenti di via Luisa del Carretto, barriera di Casale, aveva incominciato a imparare come si gira un film.
Emilio aveva finito il ginnasio superiore: col prossimo ottobre sarebbe entrato in liceo. Era molto studioso e molto solitario: anche perché la prudenza del padre e la vanità della madre manovravano d'accordo per impedirgli di stringere un'amicizia troppo viva con compagni, che *non si sapeva chi fossero*. Quelli, invece, appartenenti a famiglie della nobiltà o della migliore borghesia, non erano particolarmente simpatici ad Emilio. E aiutava, forse, lo spirito di contraddizione proprio a molti ragazzi intorno alla sua età: tanto smaniosi di affermare la propria autonomia, che prendono ogni possibile pretesto per opporsi alla volontà o anche soltanto all'opinione dei genitori. Il papà e la mamma di Emilio non vedevano Pierino di buon occhio; non avevano, però, osato infrangere una consuetudine che ormai sembrava antica, né revocare[8] un permesso che avevano solennemente largito.

1 villa: la casa di Emilio.
2 Lui: Emilio.
3 Rivoli: comune molto vicino a Torino, a ovest della città (come tutte le successive località piemontesi citate nel tour svolto dai due amici).
4 la macchina: qui s'intende "la bicicletta".
5 Musso & Filippa: la ditta presso la quale Pierino lavora.
6 monsù: signor (espressione piemontese, derivata dal francese "monsieur").
7 Fert: stabilimento cinematografico fondato a Torino nel 1919.
8 revocare: ritirare.

Egon Schiele, *Ritratto di Erich Lederer*, 1912 (Basilea, Kunstmuseum Basel).

E forse, c'entrava anche lo snobismo[9]: perché Pierino non era un qualunque ragazzo del popolo: era il nipote del «nostro giardiniere». Così la mamma si sarebbe espressa se qualche signora in visita le avesse quel giorno chiesto dove era Emilio: «È andato a fare una gita col nipote del nostro giardiniere», benché la proprietà del giardino, con la villa, fosse soltanto la speranza molto ottimistica di una futura eredità.
Ostilità dei genitori, non assoluto divieto: le migliori condizioni perché Emilio cercasse la compagnia di Pierino e sentisse crescere il suo affetto per lui.
Paragonati a Pierino, anche i più simpatici compagni di scuola, come Tarchetti o come Bertolé, impallidivano. Va bene: Bertolé e Tarchetti parlavano già di donne. Ma che cosa erano quei racconti, quelle confidenze, quelle descrizioni sussurrate, di solito, nel tanfo[10] di una ritirata[11], da un cesso all'altro, o in classe, nell'intervallo tra le lezioni e nell'attesa di un professore? Che cos'erano, in confronto alla gioia di una salita in bicicletta, sullo sfondo dei prati fioriti nella primavera alpestre, e nell'aria frizzante, inebriante, profumata, quando Pierino gli si affiancava, e lo spingeva per la sella ridendo?
I tubolari della Stucchi[12] di Pierino sfrigolavano[13] sul terreno ghiaioso. Emilio si rizzava sui pedali e spingeva con tutto il cuore, finché ce la faceva, su.
Ah! la gioia della fatica, la gioia del lieve dolore dei muscoli che si stirano e comprimono, con ritmo alterno, e del respiro che sembra mancare, e del cuore che batte più forte, più rapido, più alto, fino in gola, e del sudore che cola giù per la fronte e le gote, fino alle labbra, dolce e amaro, e degli occhi che bruciano per la polvere e il sole. Ora Pierino non parla più: è passato in testa, a tirare. Emilio vede la sua nuca magra e rossa, nuca di giovane contadino, vede il berretto di tela bianco che ondeggia appena contro il cielo azzurro o la montagna nera di rocce. Ma presto, nello sforzo, Emilio abbassa lo sguardo. Vede soltanto: la ruota anteriore della propria bicicletta: la ruota posteriore della Stucchi: la terra che sfrigola e sfugge. Sale sempre più faticosamente, e sempre più adagio. Ecco, la ruota posteriore della Stucchi, a poco a poco, ma inesorabilmente, comincia ad allontanarsi, guadagna terreno a ogni pedalata: o forse è lui, Emilio, che non ce la fa più. Rialza lo sguardo: Pierino è già lontano. È là, alla curva. Si direbbe che salga senza fatica. La sua figura magra, con la maglia marrone e i calzoncini neri, oscilla ritmicamente: le mani appena appoggiate alla sommità del manubrio.

9 snobismo: atteggiamento da snob (persona che manifesta fastidio, disprezzo o senso di superiorità verso gli altri).

10 tanfo: puzza.

11 ritirata: gabinetto.

12 Stucchi: la Prinetti & Stucchi era un'officina meccanica, fondata a Milano nel 1874, che produceva macchine da cucito e veicoli a motore, ma anche biciclette a partire dal 1892.

13 sfrigolavano: producevano sul terreno un rumore simile a uno sfrigolìo.

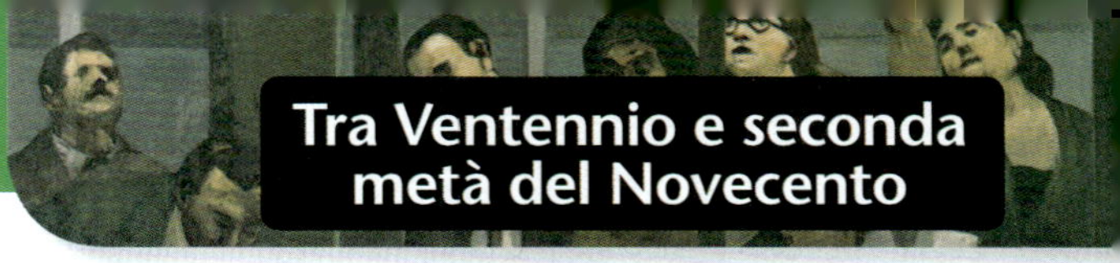

Dalla curva, prima di sparire dietro la roccia, con voce forte, voce già da uomo, voce (pensò Emilio chissà perché) proprio da operario o da contadino, Pierino gridò:
«Daje, Miliu[14]! Pumpa, Ghindu[15]!»
Il grido gutturale[16], ripercosso dall'eco del vallone, suonò all'orecchio di Emilio con violenza strana e selvaggia, quasi con crudeltà. Più che una frustata d'incoraggiamento, gli parve una ferita, un'umiliazione. Arrivò a sospettare che Pierino fosse malvagio: per un attimo, attribuì questa malvagità alla gioia sportiva di superare, così come attribuiva il proprio risentimento al dolore di venir superato. Poi, sentì che non era così. La propria sofferenza andava oltre la sconfitta in bicicletta e oltre la coscienza di un'inferiorità sportiva: gli rivelava, improvvisamente, una fatale e forse irrimediabile estraneità dell'amico, che pure tanto amava. Pierino, insomma, non era malvagio. Era, semplicemente, diverso da lui. Come se, una volta lanciato su per l'aspra salita, nell'entusiasmo, nello sforzo e dopo avere decisamente distanziato il compagno signorino, senza saperlo avesse liberato con quel grido ironico la propria natura più vera: l'antica forza popolare del suo sangue, la durezza della trascorsa infanzia e dell'educazione:
«Pumpa, Ghindu!»
Naturalmente, era un'ironia inconscia e simbolica[17]. Emilio aveva un bello spingere, aveva un bel «pompare»: non avrebbe mai raggiunto l'amico. Il mondo di Pierino era un mondo in cui Emilio sentiva dolorosamente che non sarebbe mai potuto entrare. D'altra parte, l'ammirazione che Emilio aveva per Pierino si alimentava appunto di questa diversità costituzionale. Che cosa non avrebbe dato per essere come Pierino: parlare in dialetto, lavorare, guadagnare, e pedalare come lui!
Giunti alla deserta prateria del Colle, sostarono qualche minuto al rustico fontanile di pietra, per dissetarsi. Pierino, bocca aperta sotto il getto gelido, bevve a garganella con tranquilla abilità. Emilio cercò invano di imitarlo e si infradiciò miseramente. Pierino scoppiò a ridere.
Rideva largo, abbandonato, senza riserve, scoprendo un dente che gli mancava: rivelando tutta la simpatia e forse la bellezza del suo volto brutto, magro, irregolare. Proprio in quel riso leale, Emilio ebbe subito il conforto di vedere svanire il sospetto che per un attimo lo aveva attraversato. Pierino malvagio? E quando mai! No, Pierino era buono. Pierino gli voleva bene come a un fratello e come a un vero amico.
Il vento forte e teso del colle era un refrigerio inebriante[18] per le membra affrante e sudate. Ma Pierino, esperto, lo obbligò a rivestire la maglietta di scorta che Emilio aveva legata sul portapacchi: e a infilare un giornale ripiegato in quattro tra la maglietta e la camicia, come protezione per la discesa:
«Se'd no, s'it pije n'anfreidur, tua maman a dirà che la culpa a l'è mia, e n'auta volta a s'ancala pì nen a dete 'l permess[19].»
C'era, in queste parole, e nel sorriso che le accompagnava, non soltanto un senso di protezione per l'età più giovane di Emilio: ma un'al-

14 Daje, Miliu!: in piemontese "Dai, Emilio!".

15 Pumpa, Ghindu!: è un'espressione tratta dal titolo di una canzone dedicata nel 1909 a un giocatore di palla a pugno (Ghindu di Cravanzana): "pumpa" (in piemontese "pompa") significa qui "pedala", "dacci dentro".

16 gutturale: di gola.

17 inconscia e simbolica: inconsapevole e che può assumere un valore più astratto rispetto a quello reale.

18 inebriante: ubriacante.

19 Se'd no ... permess: "Se no, se ti prendi un raffreddore, tua madre dirà che la colpa è mia, e un'altra volta non osa più darti il permesso".

lusione scherzosa alla delicatezza del giovinetto di buona famiglia, figlio unico cresciuto tra le continue precauzioni di genitori troppo amorosi e timorosi. C'era, inoltre, il senso sicuro che sarebbe stato un gran bene per Emilio se avesse provato a «tirarsi un po' fuori».
Lo spettacolo delle Alpi, come Emilio Viotti lo vide quella prima volta e per quei pochi minuti dal Colle del Sestrières, nello splendore limpidissimo di una mattina di giugno, non doveva più cancellarsi dalla sua memoria. In faccia, oltre la valle verde di boschi e azzurra d'ombre, nella quale si preparava a scendere, era un giro, vasto quanto l'orizzonte, di monti altissimi, alcuni dei quali rocciosi, altri invece scintillanti di neve.

da *Le due città*, Garzanti

competenze alla prova

LEGGO E...

... COMPRENDO

1 **Quale dei due amici è più allenato e forte?**

2 **Che lavoro fa Pierino? Ed Emilio?**

3 **I genitori di Emilio sono contenti dell'amicizia del figlio con Pierino?**

- ☐ Sì, molto
- ☐ Sì, abbastanza
- ☐ No, per niente
- ☐ Non molto, ma la accettano

4 **Indica il passo in cui l'autore insiste maggiormente sulla bellezza delle sensazioni che si provano andando in bicicletta.**

5 **Che cosa sospetta durante la salita Emilio? Il suo sospetto è fondato oppure no?**

... RICAVO DAL TESTO

6 **Quale differenza di età c'è tra Pierino ed Emilio. Chi è più anziano?**

7 **Chi dei due ha la bicicletta più bella?**

... ANALIZZO E INTERPRETO

8 **Da che cosa si può intendere che Pierino è un buon amico nei confronti di Emilio?**

9 **Che tipo di ditta è Musso & Filippa?**

10 **L'espressione "*la bellezza del suo volto brutto*" è apparentemente contraddittoria. Secondo te, che cosa intende dire l'autore, quando la usa?**

LE FORME

11 **Spiega perché, secondo te, le parole "*non si sapeva chi fossero*" sono scritte in corsivo.**

12 **Nella descrizione il narratore, come se guardasse con gli occhi di Emilio, fa riferimento a molti colori. Associa a ciascuno di essi il corrispondente elemento:**

- rosso: ....
- bianco: ....
- azzurro: ....
- nero: ....
- marrone: ....
- verde: ....

ORA SCRIVO IO

13 **Hai mai provato una sensazione di felicità svolgendo un'attività sportiva, oppure praticare sport, per te, è un noioso dovere o un peso? Spiega liberamente il tuo punto di vista in proposito.**

Il contesto culturale: oltre il Neorealismo

Tra realtà e fantasia

Molte delle istanze sociali e politiche che hanno animato la letteratura e il cinema del Neorealismo stanno anche alla base di un altro filone della narrativa italiana. Si tratta dell'opera di autori che scelgono di raccontare certe storture e **assurdità della realtà loro contemporanea** con una prospettiva che non si limita a un'osservazione realistica e fotografica di ambienti e personaggi.
In altre parole, l'esigenza di denunciare, o anche solo di osservare criticamente, la realtà rimane profonda in questi scrittori, tuttavia la rappresentazione dei fatti spazia tra realtà e fantasia, tra realismo e surrealismo.

In Italia

Tra gli autori italiani che più avvertono la necessità di superare la descrizione realistica dei fatti, pur con esiti molto diversi, si pongono **Dino Buzzati** e **Italo Calvino**. Il primo presenta ambienti e personaggi che appaiono comuni e inseriti nella quotidianità: in realtà lo sviluppo delle vicende assume contorni surreali e i personaggi diventano **allegorie** di una dimensione umana inquietante.
Un tocco di maggiore leggerezza e uno spirito fiabesco caratterizzano molte opere di **Italo Calvino**. Dopo una prima fase legata al Neorealismo, con gli anni della maturità lo scrittore ligure adotta una visione meno statica della realtà, indirizzandola verso il **fantastico** e il **fiabesco**. A Calvino si deve, non a caso, la raccolta *Fiabe italiane* (1956), opera nata come ricerca e trascrizione dei racconti popolari delle varie regioni della penisola.
I nostri antenati (1960) sono la trilogia che consacra la tendenza di Calvino al racconto fantastico: narrare le vicende di personaggi fiabeschi è un modo per indagare il mondo e metterne a nudo, senza atteggiamenti moralistici, le assurdità e i problemi.

Un fenomeno non solo italiano

Lo scarto da una lettura realistica dei fatti non si osserva solo in Italia.
Un precursore di questa tendenza è il poeta e narratore argentino **Juan Luis Borges** (1899-1986), che molto condizionò Calvino e altri scrittori italiani. Borges supera una visione realistica creando una sorta di **mitologia letteraria** fatta di simboli come gli specchi, il labirinto, la biblioteca. Tra le sue opere ricordiamo *Finzioni* (1944) e *L'Aleph* (1952).
Dagli anni Sessanta si impone una generazione di scrittori sudamericani in cui la rappresentazione della realtà è all'insegna di quello che è stato definito il **realismo magico**: la realtà dei personaggi è solo in apparenza "normale", dal momento che sono presenti nelle loro pagine spettri, apparizioni, premonizioni del futuro che riportano a una dimensione magica. Tra i principali esponenti di questo filone ricordiamo il brasiliano **Jorge Amado**, il colombiano **Gabriel Garcia Marquez** e la cilena **Isabel Allende**.

Joan Miró, *Terra arata*, 1923-1924 (New York, Guggenheim Museum).

Dino Buzzati

Nato a **Belluno** nel **1906**, Buzzati intraprende presto la professione di cronista e poi di inviato per il quotidiano milanese «Il Corriere della Sera». Da questa attività ricava uno stile terso, essenziale e incisivo.
È del 1933 il racconto lungo *Barnabo delle montagne*. Ma l'opera che lo impone all'attenzione della critica è il romanzo *Il deserto dei Tartari* del 1940. In seguito alterna l'attività di scrittore a quella di autore teatrale.
Muore a **Milano** nel **1972**.

L'opera

Ne *Il deserto dei Tartari* Buzzati fissa l'attenzione sull'assurdità di un'esistenza spesa nell'attesa di qualcosa di ignoto. Emblema di questa condizione esistenziale è Giovanni Drogo, un ufficiale inviato, in gioventù, a presidiare una fortezza ai confini del paese, dove si teme l'attacco dei Tartari. Le ambizioni di Drogo di mettersi in luce in una grande battaglia svaniscono presto: la sua è una vita spesa in una dimensione di inutile attesa e in assurdi rituali, senza che l'arrivo dei temuti nemici si verifichi.
L'opera è stata considerata tra le 100 migliori del Novecento dal quotidiano francese «Le monde». Dal romanzo nel 1976 è stato tratto l'omonimo film per la regia di Valerio Zurlini.
Tra le opere successive ricordiamo i **racconti** *I sette messaggeri* (1942), *La boutique del mistero* (1968), *Le notti difficili* (1971); tra i **romanzi** *La famosa invasione degli orsi in Sicilia* (1960), per il quale Buzzati realizza anche le illustrazioni.
La vasta opera di Buzzati alterna toni cupi e angosciosi a momenti più ironici e disincantati.

I temi

Buzzati guarda alla realtà con atteggiamento disilluso e spesso cinico. Le sue opere rappresentano vicende solo in apparenza normali: l'aspetto quotidiano di situazioni e personaggi nasconde la volontà di superare la descrizione realistica della realtà alla ricerca di **significati diversi**, quasi allegorici.

Giovanni Drogo diventa quindi l'emblema di chi spende la propria intera esistenza nell'attesa, fine a se stessa, di qualcosa che non arriva, in un immobilismo inquietante. Domina il senso dell'**angoscia** e dell'inquietudine dell'essere umano che si sente schiacciato ora dal peso delle istituzioni e delle convenzioni sociali (la caserma, la vita militare), ora dai meccanismi di un destino oscuro e opprimente (i Tartari).

Dino Buzzati, *Il colombre*, ex voto, 1970.

L'arrivo dei Tartari

Ti proponiamo un passo tratto dalle ultime pagine del romanzo *Il deserto dei Tartari*. Drogo, diventato maggiore, è ormai un uomo di mezza età. Dopo anni di attesa, viene annunciato l'arrivo dei Tartari. Ma Drogo è ormai gravemente ammalato e non è più in grado di combattere, di cogliere cioè quella grande occasione che aveva aspettato per tutta la vita. Considerate le sue condizioni, spera, a un certo momento, che i nemici non sferrino più l'attacco.

La fortezza del Krak dei Cavalieri, XII secolo; Siria, Homs.

Si volta pagina, passano mesi ed anni. Quelli che furono i compagni di scuola di Drogo sono quasi stanchi di lavorare, essi hanno barbe quadrate e grigie, camminano con compostezza per le città salutati rispettosamente, i loro figli sono uomini fatti, qualcuno è già nonno. Gli antichi amici di Drogo, sulla soglia della casa che si sono costruita, amano adesso soffermarsi a osservare, paghi della propria carriera, come corra il fiume della vita e nel turbine della moltitudine si divertono a distinguere i propri figli, incitandoli a fare presto, sopravanzare gli altri, arrivare per primi. Giovanni Drogo invece aspetta ancora, sebbene la speranza si affievolisca ad ogni minuto.

Adesso sì egli è finalmente cambiato. Ha cinquantaquattro anni, il grado di maggiore e il comando in seconda del magro presidio della Fortezza. Fino a poco tempo fa non era gran che mutato, lo si poteva dire ancora giovane. Di tanto in tanto, sia pure con fatica, faceva per igiene[1] qualche giro a cavallo per la spianata.

Poi ha cominciato a dimagrire, il volto si è fatto di un tristo colore giallo, i muscoli si sono afflosciati. Disturbi di fegato, diceva il dottor Rovina, oramai vecchissimo, determinato ostinatamente a finire lassù la vita. Ma le polverine del dottor Rovina non ebbero effetto, Giovanni al mattino si svegliava con una scoraggiante stanchezza che lo prendeva alla nuca. Seduto poi nel suo ufficio, non vedeva l'ora che la sera arrivasse, per poter gettarsi su una poltrona o sul letto. Disturbi di fegato aggravati da esaurimento generale, diceva il medico, ma stranissimo era un esaurimento con la vita che faceva Giovanni. Comunque era una cosa passeggera, frequente a quell'età – diceva il dottor Rovina – un po' lunghetta, forse, ma senza alcun pericolo di complicazioni.

Si innestò così nella vita di Drogo un'attesa supplementare[2], la speranza della guarigione. Del resto egli non si mostrava impaziente. Il deserto settentrionale era sempre vuoto, nulla lasciava presagire un'eventuale discesa nemica.

1 per igiene: per mantenersi in forma.

2 supplementare: ulteriore, in aggiunta alla prima.

«Stai meglio di cera» gli dicevano quasi ogni giorno i colleghi, ma in verità Drogo non sentiva il minimo miglioramento. Erano sì scomparsi i mali di testa e le penose diarree dei primi tempi; nessuna specifica sofferenza lo tormentava. Le energie complessive però si facevano sempre più fioche.

Simeoni, il comandante della Fortezza, gli diceva: «Prenditi una licenza, va' a riposarti, ti farebbe bene una città di mare». E dicendogli Drogo di no, che già si sentiva meglio, che preferiva restare, Simeoni scuoteva il capo riprovando, come se Giovanni respingesse per ingratitudine un consiglio prezioso, corrispondente in tutto allo spirito del regolamento, all'efficienza del presidio e al suo medesimo vantaggio personale. Perché Simeoni riusciva perfino a far rimpiangere il Matti[3], da tanto faceva pesare sugli altri la propria virtuosa perfezione.

[...]

Per fortuna Drogo si era fatto amico del dottor Rovina e aveva ottenuto la sua complicità per poter rimanere. Una oscura superstizione gli diceva che se avesse lasciato adesso la Fortezza, per malattia, mai più sarebbe ritornato. Questo pensiero gli era motivo di angoscia. Vent'anni prima sì avrebbe voluto andarsene, mettersi nella placida e brillante vita di guarnigione, con le manovre estive, le esercitazioni di tiro, le gare a cavallo, i teatri, le società, le belle signore. Ma adesso che cosa gli sarebbe restato? Mancavano pochi anni alla sua messa in pensione, la carriera era esaurita, tutt'al più gli potevano dare un posto in qualche Comando, tanto perché terminasse il servizio. Gli restavano pochi anni, l'ultima riserva, e forse prima del termine poteva accadere l'avvenimento sperato. Aveva buttato via gli anni buoni, adesso voleva almeno attendere fino all'ultimo minuto.

Rovina per affrettare la guarigione, consigliò a Drogo di non strapazzarsi, di starsene tutto il giorno a letto e di farsi portare in camera le pratiche da sbrigare. Questo avveniva in un marzo freddo e piovoso, accompagnato da smisurate frane sulle montagne, interi pinnacoli crollavano improvvisamente, per sconosciuti motivi, sfracellandosi negli abissi, e lugubri voci rintronavano nella notte anche per ore e ore.

Finalmente, con estremi stenti, cominciò ad affacciarsi la buona stagione. La neve sul valico si era già sciolta ma nebbie bagnate si attardavano sulla Fortezza. Ci voleva un sole potente per scacciarle, tanto intristita dall'inverno era l'aria delle valli. Ma una mattina, svegliandosi, Drogo vide risplendere sul pavimento di legno una bella striscia di sole e sentì venuta la primavera.

Si lasciò prendere dalla speranza che al bel tempo corrispondesse in lui una simile ripresa di forze. Anche nelle antiche travi risuscita di primavera un residuo di vita; di qui gli innumerevoli scricchiolii che popolano quelle notti. Tutto sembra ricominciare da capo, un fiotto di salute e di gioia si riversa sul mondo.

[...]

Drogo osservava una mosca che si era fermata per terra proprio sulla striscia di sole, bestia strana in quella stagione, chissà come sopravvis-

3 il Matti: il maggiore che aveva accolto Drogo al suo arrivo nella fortezza.

suta all'inverno. La osservava camminare con circospezione, quando uno batté alla porta.
Era un picchio diverso dai soliti, notò Giovanni. Non era certo l'attendente, né il capitano Corradi della maggiorità, il quale soleva invece chiedere permesso, né alcun altro dei visitatori abituali. «Avanti!» disse Drogo.
Si aprì la porta e avanzò il vecchio caposarto Prosdocimo, tutto curvo oramai, con uno strano vestito che un giorno doveva essere stato una uniforme da maresciallo. Si fece avanti ansimando un poco, fece un segno, con l'indice destro, riferendosi a cosa di là dei muri.
«Vengono! Vengono!» esclamò in sordina, come fosse un grande segreto.
«Chi vengono?» fece Drogo, stupito di vedere il caposarto così spiritato. "Sto fresco" pensò "questo qui comincia le sue chiacchiere e va avanti per un'ora almeno."
«Dalla strada vengono, se Dio vuole, dalla strada del nord! Sono andati tutti sulla terrazza a vederli.»
«Dalla strada del nord? Dei soldati?»
«A battaglioni, a battaglioni!» gridava, fuori di sé il vecchietto, stringendo i pugni. «Questa volta non ci si sbaglia, e poi è venuta una lettera dello Stato Maggiore, per avvertire che ci mandano rinforzi! La guerra, la guerra!» gridava e non si capiva se fosse anche un poco spaventato.
«E si vedono già!» chiese Drogo. «Si vedono anche senza cannocchiale?» (Si era levato a sedere sul letto, invaso da una tremenda inquietudine).
«Perdio se si vedono! I cannoni si vedono, ne hanno già contati diciotto!»
«E fra quanto potranno attaccare, quanto tempo ci metteranno ancora?»
«Ah, con la strada fanno presto, io dico che fra due giorni sono qui, due giorni al massimo!»
Maledetto questo letto, si disse Drogo, eccomi bloccato qui, dalla malattia. Non gli passò neppure per la mente che Prosdocimo avesse detto una storia, improvvisamente egli aveva sentito che tutto era vero, si era accorto che persino l'aria era in qualche modo cambiata, perfino la luce del sole.
«Prosdocimo» disse con affanno. «Va' a chiamarmi Luca, il mio attendente, è inutile che suoni il campanello, deve essere giù in maggiorità ad aspettare che gli diano delle carte, fa' presto, ti prego!»
«Su, svelto, signor maggiore» raccomandò Prosdocimo avviandosi. «Non ci pensi più ai suoi malanni, venga anche lei sulle mura a vedere!»
Uscì svelto dimenticando di chiudere la porta; si udì il suono dei suoi passi allontanarsi per il corridoio, poi ritornò il silenzio.
«Dio, fammi star meglio, te lo scongiuro, almeno per sei sette giorni» bisbigliò Drogo senza riuscire a dominare l'orgasmo. Voleva alzarsi

subito, ad ogni costo, andare immediatamente sulle mura, farsi vedere da Simeoni, far capire che lui non mancava, che era al suo posto di comando, che avrebbe preso le sue responsabilità come al solito, come se non fosse ammalato.
Ban! un respiro di vento nel corridoio fece sbattere la porta malamente. Nel grande silenzio il rumore echeggiò forte e cattivo, come risposta alla preghiera di Drogo. E perché Luca non veniva, quanto ci metteva quell'imbecille a fare due rampe di scale?
Senza attenderlo, Drogo scese dal letto e fu colto da un'onda di vertigine, che però lentamente si dissolse. Adesso era davanti allo specchio e guardava spaventato il proprio volto, giallo e consunto. È la barba che mi fa sembrare così, provò a dirsi Giovanni; e a passi incerti, ancora in camicia da notte, girò per la stanza in cerca del rasoio. Ma perché Luca non si decideva a venire?
Ban! fece nuovamente la porta, agitata dalla corrente. «Che ti prenda il diavolo!» disse Drogo e si avviò per chiuderla. In quel momento udì i passi dell'attendente che si avvicinavano.

Sbarbato e vestito di tutto punto – ma si sentiva ballare dentro alla troppo larga divisa – il maggiore Giovanni Drogo uscì dalla camera, si avviò per il corridoio che gli parve molto più lungo del solito. Luca stava al suo fianco, leggermente più indietro, pronto a sorreggerlo, perché vedeva come l'ufficiale stesse in piedi a fatica. Ora le ondate di vertigine ritornavano a sbalzi, ogni volta Drogo doveva fermarsi, appoggiandosi al muro. "Mi agito troppo, il solito nervosismo" pensò "nel complesso però mi sento meglio".
Effettivamente i capogiri passarono e Drogo giunse sulla terrazza sommitale del Forte, dove diversi ufficiali stavano scrutando con i cannocchiali il triangolo visibile di pianura lasciato libero dalle montagne. Giovanni restò abbacinato dal pieno splendore del sole, a cui non era più abituato, rispose confusamente ai saluti degli ufficiali presenti. Gli parve, ma forse era soltanto un'interpretazione maligna, che i subalterni lo salutassero con una certa disinvoltura, quasi egli non fosse più il loro diretto superiore, l'arbitro in un certo senso della loro vita quotidiana. Lo giudicavano già liquidato?
Questo sgradevole pensiero fu breve, ritornando la maggiore preoccupazione: l'idea della guerra. Drogo scorse per prima cosa, dal ciglio della Ridotta Nuova, alzarsi un sottile fumo; dunque c'era stata rimessa la guardia, erano state già prese misure d'eccezione, il Comando era già in moto, senza che nessuno avesse interpellato lui, comandante in seconda. Non l'avevano neppure avvertito, anzi. Se Prosdocimo di sua iniziativa non fosse andato a chiamarlo, Drogo sarebbe stato ancora in letto, ignaro della minaccia.
Lo colse un'ira cocente ed amara, gli occhi gli si appannarono, dovette appoggiarsi al parapetto della terrazza, e lo fece controllandosi al massimo, perché gli altri non capissero in che stato egli era ridotto. Si sentiva orribilmente solo, fra gente nemica. C'era sì qualche gio-

vane tenente, come Moro, che gli era affezionato, ma che cosa contava per lui l'appoggio dei subalterni?
In quel mentre sentì dare l'attenti. A passi precipitati si fece avanti il tenente colonnello Simeoni, rosso in volto.
«È mezz'ora che ti cerco dappertutto» esclamò a Drogo. «Non sapevo più come fare! Bisogna prendere delle decisioni!»
Si accostò con esuberante cordialità, aggrottando le ciglia, come fosse preoccupatissimo e ansioso di avere i consigli di Drogo. Giovanni si sentì disarmato, la sua ira di colpo si spense, benché sapesse bene che Simeoni lo stava ingannando. Simeoni si era illuso che Drogo non potesse muoversi, non si era più curato di lui, aveva deciso per suo conto, salvo poi a informarlo quando tutto fosse stato eseguito: poi gli avevano detto che Drogo era in giro per la Fortezza, era corso alla sua ricerca, ansioso di dimostrare la sua buona fede.
«Ho qui un messaggio del generale Stazzi» disse Simeoni, prevenendo ogni domanda di Drogo e conducendolo in disparte perché gli altri non potessero udire. «Stanno arrivando due reggimenti, capisci? E io dove li metto?»
«Due reggimenti di rinforzo?» fece Drogo sbalordito.
Simeoni gli diede il messaggio. Il generale annunciava che per misura di sicurezza, temendosi possibili provocazioni nemiche, due reggimenti, il 17° Fanteria, più un secondo di formazione con un gruppo di artiglieria leggera, erano stati mandati a rinforzare il presidio della Fortezza; si ristabilisse, appena possibile, il servizio di guardia secondo l'antico organico, vale a dire con forza completa, si preparassero gli accantonamenti per ufficiali e soldati. Una parte, naturalmente, si sarebbe attendata.
«Intanto ho mandato un plotone alla Ridotta Nuova, ho fatto bene, no?» aggiunse Simeoni senza dar tempo a Drogo di rispondere. «Li hai già visti?»
«Sì, sì, hai fatto bene» rispose Giovanni faticosamente. Le parole di Simeoni gli entravano nelle orecchie con un suono staccato e irreale, le cose attorno oscillavano sgradevolmente. Drogo si sentiva male, uno sfinimento atroce lo aveva invaso di colpo, tutta la sua volontà era concentrata nel solo sforzo di sostenersi in piedi. "O Dio, o Dio" supplicò mentalmente, "aiutami un poco!"
Per mascherare il collasso si fece dare un cannocchiale (era il famoso cannocchiale del tenente Simeoni) e si mise a guardare verso il nord appoggiando i gomiti al parapetto, ciò che lo aiutava a tenersi in piedi. Oh, se almeno i nemici avessero aspettato un poco, sarebbe bastata una settimana perché lui si potesse rimettere, avevano aspettato tanti anni, non potevano tardare ancora qualche giorno, qualche giorno soltanto?
Guardò nel cannocchiale il visibile triangolo di deserto, sperò di non scorgere nulla, che la strada fosse deserta, non ci fosse alcun segno di vita; questo si augurava Drogo dopo aver consumato la vita nell'attesa del nemico.

Sperava di non scorgere nulla e invece una striscia nera attraversava obliquamente il fondo biancastro della pianura e questa striscia si muoveva, un denso brulichio di uomini e convogli che scendeva verso la Fortezza. Altro che le miserabili file di armati al tempo della delimitazione del confine. Era l'armata del nord, finalmente e chissà...
A questo punto Drogo vide l'immagine entro al cannocchiale mettersi a girare con moto di vortice, farsi sempre più scura, piombare nel buio. Svenuto, si afflosciò sul parapetto come un fantoccio. Simeoni lo sostenne in tempo; sorreggendo il corpo svuotato di vita sentì, attraverso la stoffa, lo scarno telaio delle ossa.

da *Il deserto dei Tartari*, in A. Marchese, *Letteratura italiana intertestuale*, D'Anna

competenze alla prova

LEGGO E...

... COMPRENDO

1 **In quale ambiente si svolge il racconto?**
- ☐ In una famiglia
- ☐ Tra compagni di scuola
- ☐ Tra soldati
- ☐ Tra amici

2 **In quale luogo è ambientato?**

3 **Chi annuncia a Drogo l'arrivo dei nemici?**
- ☐ Il capitano Corradi
- ☐ Il sarto Prosdocimo
- ☐ Il dottor Rovina
- ☐ Il comandante Simeoni

4 **Quale incidente ha Drogo quando vede arrivare i nemici?**

... RICAVO DAL TESTO

5 **"*Si innestò così nella vita di Drogo un'attesa supplementare, la speranza della guarigione*". Da questa frase si deduce che finora la principale attesa del protagonista è stata un'altra. Quale?**

... ANALIZZO E INTERPRETO

6 **All'inizio del brano, Drogo è contrapposto ai suoi vecchi commilitoni. In che senso?**

7 **Spiega con parole tue il significato della frase "*Sperava di non scorgere nulla e invece una striscia nera...*". Perché ora Drogo spera che i Tartari non arrivino?**

8 **La fine di Drogo è descritta con poche parole molto efficaci. Individuale nel testo.**

9 **Da quale personaggio è filtrata questa scena finale?**

LE FORME

10 **Quale figura retorica compare nelle parole "*Gli antichi amici di Drogo... amano adesso soffermarsi a osservare... come corra il fiume della vita*"?**
- ☐ Similitudine
- ☐ Onomatopea
- ☐ Metafora
- ☐ Anafora

Rintraccia nel testo altre figure retoriche dello stesso tipo.

11 **In generale, il brano è ricco di figure retoriche?**
- ☐ Sì
- ☐ No

12 **Come definiresti lo stile del brano?**
- ☐ Complesso e difficile
- ☐ Poetico e ricco di immagini
- ☐ Oscuro e incomprensibile
- ☐ Piuttosto semplice e diretto

ORA SCRIVO IO

13 **Scrivi il riassunto del brano.**

Italo Calvino

Italo Calvino nasce a **Cuba** nel **1923**, dove i genitori si sono trasferiti per lavoro. Nel 1925 rientra in Italia e si stabilisce a **Sanremo**. Nella riviera ligure di Ponente trascorre l'infanzia e la giovinezza, partecipando alla Resistenza nelle formazioni partigiane "Garibaldi".
Nel dopoguerra studia Lettere a **Torino**, dove frequenta intellettuali come Cesare Pavese, Elio Vittorini e Natalia Ginzburg, che condizionano la sua formazione avvicinandolo al Neorealismo letterario e, in politica, al Partito Comunista Italiano. Da questo partito Calvino prende le distanze deluso dalla violenta repressione attuata dall'URSS nei confronti dei moti di ribellione in Ungheria, nel 1956.
Oltre che narratore, Calvino è stato anche studioso di letteratura (*Lezioni americane*), critico letterario e opinionista su riviste e giornali.
Muore a Siena nel **1985**.

L'opera

L'opera di Calvino attraversa fasi, generi e tematiche diverse. In giovinezza, condizionato dall'ambiente torinese, lo scrittore è vicino **al realismo letterario** con opere legate alla Resistenza, come il romanzo *Il sentiero dei nidi ragno* e i racconti *Ultimo viene il corvo*.
La trilogia intitolata *I nostri antenati* segna il distacco da questa fase. Dalla descrizione neutra della realtà e dall'interesse verso la storia contemporanea, lo scrittore passa a **storie fantastiche e personaggi fiabeschi**. La trilogia si apre con *Il visconte dimezzato* (1952): durante una battaglia contro i Turchi, a fine Seicento, Medardo di Terralba viene spaccato in due da una palla di cannone. Una metà è giusta e altruista (il Buono), l'altra malvagia e crudele (il Gramo). Il personaggio del visconte spaccato in due è simbolo della contrapposizione tra bene e male all'interno dell'uomo. *Il barone rampante* (1957) è ambientato tra fine Settecento e inizi Ottocento a Ombrosa, nella Liguria di Ponente: protagonista è Cosimo, un adolescente che, in seguito a un litigio in famiglia, decide di trascorrere tutta la sua vita sugli alberi, senza scendere più a terra. Il romanzo è un'allegoria di chi non vuole farsi imprigionare da condizionamenti troppo rigidi in famiglia e nella società. Protagonista del *Cavaliere inesistente* (1959) è il nobile Agilulfo, di cui esiste solo la lucida corazza bianca, che dentro è vuota. La storia si svolge all'epoca di Carlo Magno e dei suoi paladini. Agilulfo è quanto mai efficiente e dedito al dovere, ma è un essere senza cuore. Al periodo fantastico appartengono anche le *Cosmicomiche* (1965) e *Ti con zero* (1967), di argomento fantascientifico.
Calvino si è mostrato sensibile ai **problemi del degrado ambientale** e delle condizioni di vita nelle città industriali (*Marcovaldo, ovvero le stagioni in città*, 1963), ma anche alle **contraddizioni dell'uomo moderno** (*Palomar*, 1983).

I temi

Nella sua vasta opera, Calvino ha riflettuto su numerosissimi temi, ora con approccio più distaccato e oggettivo, ora con un taglio più fantasioso. Tra i temi più ricorrenti vi sono le **contraddizioni della storia e della società**, ma anche le **tensioni dell'essere umano** diviso tra bene e male, ragione e sentimento, libertà e condizionamenti educativi e sociali. Lo sguardo di Calvino è lontano da atteggiamenti moralistici e mostra misura, **distacco e ironia**, caratteristiche che il suo stile terso ed elegante hanno sempre evidenziato.

Il duello finale

Sia il Buono che il Gramo, le due "metà" in cui è diviso il visconte Medardo di Terralba, si sono innamorati di una giovane contadina, la bella Pamela. Si decide allora che la giovane andrà in sposa al vincitore di un duello all'ultimo sangue, secondo le usanze dell'epoca. Ma gli scherzi del destino sono di nuovo in agguato. E come il romanzo aveva preso l'avvio dall'incredibile sopravvivenza delle due parti forzatamente separate del visconte, così il finale si conclude con un colpo di scena fantasioso, come spesso accade nelle opere di Calvino.

Pamela disse che non avrebbe lasciato il bosco che al momento del corteo nuziale. Io[1] facevo le commissioni per il corredo. Si cucì un vestito bianco con il velo e lo strascico lunghissimo e si fece corona e cintura di spighe di lavanda. Poiché di velo le avanzava ancora qualche metro, fece una veste da sposa per la capra e una veste da sposa anche per l'anatra, e corse così per il bosco, seguita dalle bestie, finché il velo non si strappò tutto tra i rami, e lo strascico non raccolse tutti gli aghi di pino e i ricci di castagne che seccavano per i sentieri.

Ma la notte prima del matrimonio era pensierosa e un po' spaurita. Seduta in cima a una collinetta senz'alberi, con lo strascico avvolto attorno ai piedi, la coroncina di lavanda di sghimbescio, poggiava il mento su una mano e guardava i boschi intorno sospirando.

Io ero sempre con lei perché dovevo fare da paggetto, insieme a Esaù che però non si faceva mai vedere. – Chi sposerai, Pamela? – le chiesi.

– Non so, – lei disse, – non so proprio che succederà. Andrà bene? Andrà male?

Dai boschi si levava ora una specie di grido gutturale, ora un sospiro. Erano i due pretendenti dimezzati, che in preda all'eccitazione della

1 Io: la voce narrante è il nipote del visconte, all'epoca un bambino di sette anni.

Jacques-Henry Sablet, *Elegia Romana o Doppio ritratto nel cimitero protestante di Roma*, 1791 (Brest, Musée des Beaux-Arts).

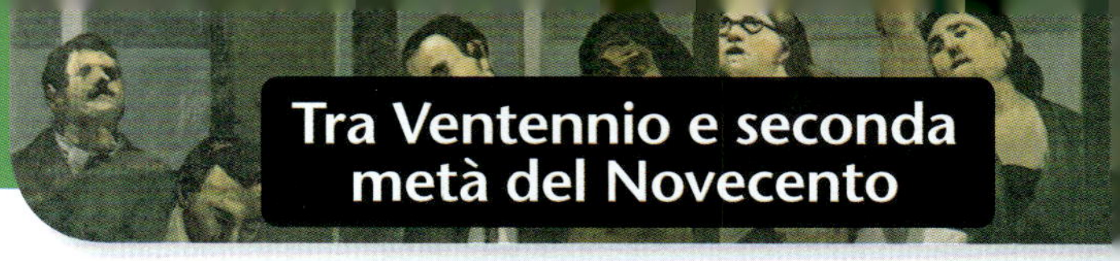

vigilia vagavano per anfratti e dirupi del bosco, avvolti nei neri mantelli, l'uno sul suo magro cavallo, l'altro sul suo mulo spelacchiato, e mugghiavano[2] e sospiravano tutti presi nelle loro ansiose fantasticherie[3]. E il cavallo saltava per balze e frane, il mulo s'arrampicava per pendii e versanti, senza che mai i due cavalieri s'incontrassero.

Finché, all'alba, il cavallo spinto al galoppo non si azzoppò giù per un burrone; e il Gramo non poté arrivare in tempo alle nozze. Il mulo invece andava piano e sano, e il Buono arrivò puntuale in chiesa, proprio mentre giungeva la sposa con lo strascico sorretto da me e da Esaù che si faceva trascinare. A veder arrivare come sposo soltanto il Buono che s'appoggiava alla sua stampella, la folla rimase un po' delusa. Ma il matrimonio fu regolarmente celebrato, gli sposi dissero sì e si scambiarono l'anello, e il prete disse: – Medardo di Terralba e Pamela Marcolfi, io vi congiungo in matrimonio.

In quella dal fondo della navata, sorreggendosi alla gruccia, entrò il visconte, con l'abito nuovo di velluto a sbuffi zuppo d'acqua e lacero. E disse: – Medardo di Terralba sono io e Pamela è mia moglie.

Il Buono arrancò di fronte a lui. – No, il Medardo che ha sposato Pamela sono io.

Il Gramo buttò via la stampella e mise la mano alla spada. Al Buono non restava che fare altrettanto.

– In guardia!

Il Gramo si lanciò in un a-fondo[4] il Buono si chiuse in difesa, ma erano già rotolati per terra tutti e due.

Convennero[5] che era impossibile battersi tenendosi in equilibrio su una gamba sola. Bisognava rimandare il duello per poterlo preparare meglio.

– E io sapete cosa faccio? – disse Pamela, – me ne torno al bosco –. E prese la corsa via dalla chiesa, senza più paggetti che le reggessero lo strascico. Sul ponte trovò la capra e l'anatra che la stavano aspettando e s'affiancarono a lei trotterellando.

Il duello fu fissato per l'indomani all'alba al Prato delle Monache. Mastro Pietrochiodo[6] inventò una specie di gamba di compasso, che fissata alla cintura dei dimezzati permetteva loro di star ritti e di spostarsi e pure d'inclinare la persona avanti e indietro, tenendo infissa la punta nel terreno per star fermi. Il lebbroso Galateo[7], che da sano era stato un gentiluomo, fece da giudice d'armi; i padrini del Gramo furono il padre di Pamela e il caposbirro; i padrini del Buono due ugonotti. Il dottor Trelawney[8] assicurò l'assistenza, e venne con una balla di bende e una damigiana di balsamo, come avesse da curare una battaglia. Buon per me, che dovendo aiutarlo a portar tutta quella roba potei assistere allo scontro.

C'era l'alba verdastra; sul prato i due sottili duellanti neri erano fermi con le spade sull'attenti. Il lebbroso soffiò il corno: era il segnale; il cielo vibrò come una membrana tesa, i ghiri nelle tane affondarono le unghie nel terriccio, le gazze senza togliere il capo di sotto l'ala si strapparono una penna dall'ascella facendosi dolore, e la bocca del

2 mugghiavano: emettevano versi come di tori.

3 fantasticherie: idee fantastiche.

4 a-fondo: colpo di scherma tirato diritto contro l'avversario.

5 Convennero: capirono entrambi, furono d'accordo.

6 Mastro Pietrochiodo: il falegname di Terralba che il Gramo costringe a costruire macchinari per uccidere o torturare.

7 lebbroso Galateo: è un lebbroso che passa spesso per Terralba a chiedere l'elemosina.

8 dottor Trelawney: medico inglese di circa sessant'anni arrivato in seguito a un naufragio a Terralba.

lombrico mangiò la propria coda, e la vipera si punse coi suoi denti, e la vespa si ruppe l'aculeo sulla pietra, e ogni cosa si voltava contro se stessa, la brina delle pozze ghiacciava, i licheni diventavano pietra e le pietre lichene, la foglia secca diventava terra, la gomma spessa e dura uccideva senza scampo gli alberi. Così l'uomo s'avventava contro di sé, con entrambe le mani armate d'una spada.

Ancora una volta Pietrochiodo aveva lavorato da maestro: i compassi disegnavano cerchi sul prato e gli schermidori si lanciavano in assalti scattanti e legnosi in parate e in finte. Ma non si toccavano. In ogni a-fondo, la punta della spada pareva dirigersi sicura verso il mantello svolazzante dell'avversario, ognuno sembrava si ostinasse a tirare dalla parte in cui non c'era nulla cioè dalla parte dove avrebbe dovuto esser lui stesso. Certo, se invece di mezzi duellanti fossero stati duellanti interi, si sarebbero feriti chissà quante volte. Il Gramo si batteva con rabbiosa ferocia, eppure non riusciva mai a portare i suoi attacchi dove davvero era il suo nemico; il Buono aveva la corretta maestria dei mancini, ma non faceva che crivellare il mantello del visconte.

A un certo punto si trovarono elsa contro elsa: le punte di compasso erano infitte nel suolo come erpici. Il Gramo si liberò di scatto e già stava perdendo l'equilibrio e rotolando al suolo, quando riuscì a menare un terribile fendente, non proprio addosso all'avversario, ma quasi: un fendente parallelo alla linea che interrompeva il corpo del Buono, e tanto vicino a essa che non si capì subito se era più in qua o più in là. Ma presto vedemmo il corpo sotto il mantello imporporarsi di sangue dalla testa all'attaccatura della gamba e non ci furono più dubbi. Il Buono s'accasciò, ma cadendo, in un'ultima movenza ampia e quasi pietosa, abbatté la spada anch'egli vicinissimo al rivale, dalla testa all'addome, tra il punto in cui il corpo del Gramo non c'era e il punto in cui prendeva a esserci. Anche il corpo del Gramo ora buttava sangue per tutta l'enorme antica spaccatura: i fendenti dell'uno e dell'altro avevano rotto di nuovo tutte le vene e riaperto la ferita che li aveva divisi, nelle sue due facce. Ora giacevano riversi, e i sangui che già erano stati uno solo ritornavano a mescolarsi per il prato.

Tutto preso da quest'orrenda vista non avevo badato a Trelawney, quando m'accorsi che il dottore stava spiccando salti di gioia con le sue gambe da grillo, battendo le mani e gridando: – Salvo! Salvo! Lasciate fare a me.

Dopo mezz'ora riportammo in barella al castello un unico ferito. Il Gramo e il Buono erano bendati strettamente assieme; il dottore aveva avuto cura di far combaciare tutti i visceri e le arterie dell'una parte e dell'altra, e poi con un chilometro di bende li aveva legati così stretti che sembrava, più che un ferito, un antico morto imbalsamato. Mio zio fu vegliato giorni e notti tra la morte e la vita. Un mattino, guardando quel viso che una linea rossa attraversava dalla fronte al mento, continuando poi giù per il collo, fu la balia Sebastiana[9] a dire: – Ecco: s'è mosso.

9 la balia Sebastiana: è un'anziana e saggia signora che ha fatto da balia a Medardo e anche al narratore della vicenda.

Un sussulto di lineamenti stava infatti percorrendo il volto di mio zio, e il dottore pianse di gioia al vedere che si trasmetteva da una guancia all'altra.
Alla fine Medardo schiuse gli occhi, le labbra; dapprincipio la sua espressione era stravolta: aveva un occhio aggrottato e l'altro supplice, la fronte qua corrugata là serena, la bocca sorrideva da un angolo e dall'altro digrignava i denti. Poi a poco a poco ritornò simmetrico.
Il dottor Trelawney disse: – Ora è guarito.
Ed esclamò Pamela: – Finalmente avrò uno sposo con tutti gli attributi.

Così mio zio Medardo ritornò uomo intero, né cattivo né buono, un miscuglio di cattiveria e bontà, cioè apparentemente non dissimile da quello ch'era prima di esser dimezzato. Ma aveva l'esperienza dell'una e l'altra metà rifuse insieme, perciò doveva essere ben saggio. Ebbe vita felice, molti figli e un giusto governo. Anche la nostra vita mutò in meglio. Forse ci s'aspettava che, tornato intero il visconte, s'aprisse un'epoca di felicità meravigliosa; ma è chiaro che non basta un visconte completo perché diventi completo tutto il mondo.

da *Il visconte dimezzato, I meridiani*, Mondadori

competenze alla prova

LEGGO E...

... COMPRENDO

1. **Perché il Gramo arriva in ritardo alle nozze? Sottolinea l'informazione nel testo.**
2. **Perché, il giorno delle nozze, il duello viene interrotto?**
3. **Qual è il macchinario che Mastrochiodo inventa per far combattere le due metà? Sottolinea l'informazione nel testo.**
4. **Quale colpo del Gramo dà una svolta al duello?**
5. **Come termina il duello?**

... RICAVO DAL TESTO

6. **Quali elementi del testo ti permettono di collocare la vicenda nel passato?**

... ANALIZZO E INTERPRETO

7. **Oltre ai due protagonisti, il Gramo e il Buono, compaiono altri due personaggi fondamentali nella vicenda. Chi sono?**
8. **Che ruolo hanno questi due personaggi?**
9. **Indica il tipo di narratore impiegato nel racconto.**
10. **A tuo giudizio, qual è il tono generale del brano?**
    - ☐ Drammatico
    - ☐ Ironico
    - ☐ Lirico
    - ☐ Cronachistico

    Motiva la tua risposta con una frase del testo.

ORA SCRIVO IO

11. **In un'intervista, Italo Calvino, parlando del *Visconte dimezzato*, affermò che "tutti ci sentiamo in qualche modo incompleti, tutti realizziamo una parte di noi stessi e non l'altra". Commenta questa affermazione partendo dalla tua esperienza.**

Il contesto culturale: la poesia della seconda metà del Novecento

Una pluralità di tendenze

La poesia della seconda metà del Novecento è, in generale, un fenomeno di minor risonanza rispetto a correnti precedenti, come il Futurismo e l'Ermetismo, forse anche a causa e in coincidenza con l'intenso sviluppo del romanzo e della narrativa. **Manca un gusto poetico dominante**, mentre si afferma una pluralità di linee di tendenza difficilmente sintetizzabili. Ricordiamo, a titolo di esempio, la poesia di **Sandro Penna**, che riprende con originalità moduli tradizionali e la lezione poetica di Umberto Saba; la tendenza post-ermetica di **Mario Luzi**; infine la poesia visionaria e personalissima di **Alda Merini**.
Dagli anni Sessanta si impone anche, a livello di sperimentalismo, il **Gruppo '63** i cui esponenti più noti sono il poeta **Edoardo Sanguineti** e, nelle sue prime fasi, **Umberto Eco**. Il Gruppo '63 intende rinnovare la poesia tradizionale attraverso composizioni spesso poco fruibili al lettore e, talvolta, di forte impatto ideologico.

Maria Helena Vieira da Silva, *Biblioteca*, 1949
(Parigi, Museo Nazionale d'Arte Moderna, Centro Georges Pompidou).

Sandro Penna

Sandro Penna nasce nel **1906** a **Perugia**, città in cui vive la sua giovinezza insieme al padre, un commerciante, in un rapporto caratterizzato da tensioni e conflitti. In seguito raggiunge la madre a Roma, dove svolge senza regolarità vari lavori, tra cui il ragioniere, il mercante d'arte, il correttore di bozze, trovandosi spesso in difficili condizioni economiche. A Roma entra in contatto con poeti e intellettuali e, alla fine degli anni Venti, scrive le sue prime poesie che invia a Umberto Saba, alla cui poetica si ispira. Nel 1939 pubblica la sua prima raccolta di versi (*Poesie*), ma ottiene una certa fama soprattutto nel dopoguerra, grazie al supporto dello scrittore Pasolini.
Muore a **Roma** nel **1977**.

L'opera

Dopo *Poesie* (1939), Penna pubblica varie raccolte tra cui *Una strana gioia di vivere* (1956), *Croce e delizia* (1958), *Stranezze* (1976) e, usciti postumi, *Il viaggiatore insonne* (1977) e *Confuso sogno* (1980).

I temi

La poesia di Penna si discosta dalle principali correnti del Novecento, rifiuta l'Ermetismo e accoglie **strutture e metri della tradizione**, rivisitandoli alla luce dell'esperienza personale del poeta e della sua sensibilità. La sua poesia è stata avvicinata da alcuni critici a quella dei lirici greci dell'età arcaica, da altri a Saba, con cui intrattenne un rapporto epistolare.
Nelle sue composizioni Penna coglie **l'attimo unico e irripetibile di un'esperienza**, di una sensazione, cesellandolo in immagini intense e di straordinaria eleganza formale, pur con un linguaggio semplice.

Non era la città dove la sera

Il poeta, rivedendo la città della sua infanzia, Perugia, non ritrova più l'atmosfera che ricordava. Il luogo gli appare ormai ostile e soprattutto estraneo. È la sensibilità dell'essere umano – sembra dirci – a determinare le caratteristiche di un luogo che non è mai neutro, oggettivo. Quello che era un ambiente conosciuto e familiare, legato ai ricordi dell'infanzia, perde la sua luminosità, il suo fulgore, si spegne in qualcosa in cui dominano le assenze, più che le presenze.

Non era la città dove la sera
ebbro[1] cantavo fra le sparse luci
sopra la dolce umidità del fiume[2].
Adesso un biondo sole sulla nera
bottega[3] di mio padre par che bruci
la nostra assenza. E non ritrovo il fiume.

in *Poesia*, Garzanti

1 **ebbro**: ubriaco, ma anche, in senso figurato, esaltato.
2 **fiume**: il Tevere.
3 **bottega**: il padre di Penna era un commerciante.

competenze alla prova

LEGGO E...

... COMPRENDO

1. Su che cosa si sofferma il poeta in questo componimento?
   - ☐ Il fiume Tevere
   - ☐ La città natale del poeta
   - ☐ La famiglia del poeta
   - ☐ Un incendio

2. Quale figura della famiglia di Penna è menzionata nella poesia?
   Di questa figura familiare, che cosa viene ricordato?

3. Nella poesia viene citato due volte un elemento del paesaggio. Di che cosa si tratta?

4. Nella prima terzina tale elemento è caratterizzato da un aspetto positivo. Quale?

... RICAVO DAL TESTO

5. Per il poeta, la bottega del padre è nera. Qual è il significato di questa scelta poetica?
   - ☐ La bottega è andata distrutta
   - ☐ La bottega ha un portone color nero
   - ☐ Il nero indica il conflitto con il padre
   - ☐ Il nero è il colore dell'oblio

... ANALIZZO E INTERPRETO

6. Con una freccia collega gli elementi della poesia con le sensazioni relative.

cantavo	
sparse luci	sensazione uditiva
umidità	sensazione visiva
biondo sole	sensazione tattile
nera bottega	

7. Qual è il tempo e il modo dei verbi usati nei primi tre versi?

   ....

   Questa forma verbale è usata per:
   - ☐ anticipare il futuro
   - ☐ rievocare il passato
   - ☐ trasferire il presente nel passato
   - ☐ nessuna ragione specifica

8. Qual è il tempo e il modo dei verbi usati negli ultimi tre versi?

   ....

   Questa forma verbale è usata per:
   - ☐ dimenticare il passato
   - ☐ insistere sul passato
   - ☐ osservare il presente
   - ☐ nessuna ragione specifica

9. Sottolinea nella prima parte della poesia gli elementi positivi, nella seconda quelli negativi.

10. Nella seconda parte della poesia è predominante una sensazione. Quale?
    - ☐ Del rimpianto
    - ☐ Dell'assenza
    - ☐ Della disperazione
    - ☐ Dell'indifferenza

LE FORME

La **RIMA INTERNA** consiste nella presenza di rime all'interno dei versi (e non in fondo).

11. Quale verso è usato nella poesia?
    Si tratta di un verso tipico della tradizione poetica italiana?
    ☐ Sì ☐ No

12. Indica lo schema delle rime.

13. Che cosa crea la vicinanza tra "era" e "sera"?
    - ☐ Una rima interna
    - ☐ Un'allitterazione
    - ☐ Un ossimoro
    - ☐ Una metafora

ORA SCRIVO IO

14. Rivedere la propria città così cambiata rispetto al ricordo crea, nel poeta, una sorta di delusione, in quanto egli non trova più cose e persone di un tempo. Ti è mai capitato di provare un sentimento simile? Racconta le tue sensazioni.

Mario Luzi

Nasce a **Firenze** nel **1914** dove trascorre l'infanzia e studia, laureandosi in Letteratura francese. Inizia a scrivere poesia sotto l'influenza dell'Ermetismo e collabora a riviste di avanguardia letteraria. Successivamente sperimenta altre forme poetiche più personali. Alterna l'attività di poeta e di traduttore con quella di **docente universitario** di Letteratura francese. Nel 2004 è nominato senatore a vita per meriti artistici.
Muore a **Firenze** nel **2005**.

L'opera

La produzione di Luzi è vastissima. Nel 1935 pubblica la sua prima raccolta di poesie, *La barca*, cui segue *Avvento notturno*, nel 1940, all'insegna dell'Ermetismo. In seguito Luzi si distacca progressivamente dall'Ermetismo con la raccolta *Il giusto della vita* (1960), che comprende tutte le poesie composte sino al 1960. Seguono *Nel magma* (1963), *Dal fondo delle campagne* (1965), *Al fuoco della controversia* (1978) e più recentemente *Per il battesimo dei nostri frammenti* (1985).
Luzi ha scritto anche saggi e testi per il teatro.

I temi

Uno dei temi centrali della poesia di Luzi è la **fede cristiana**, mai vissuta in modo ostentato, ma come meditazione sulla condizione dell'uomo quale creatura dell'universo. In questo senso, per la sua poesia si è parlato di "realismo metafisico", perché partendo da situazioni comuni Luzi ha inteso riflettere sul significato della vita, del tempo, del rapporto tra uomo e Dio.
Nella prima produzione predominano le forme oscure dell'**Ermetismo**, mentre successivamente lo stile si fa più disteso e chiaro, talora accostandosi al **parlato**.

Antonietta Raphael, *La lamentazione di Giobbe*, 1967 (Collezione privata, Torino).

Senior

La poesia è tratta dalla raccolta *Dal fondo delle campagne*, opera che esce nel 1965 raccogliendo testi degli anni precedenti.
Nella sua essenzialità – il componimento sembra quasi un frammento – la poesia affronta il tema della vecchiaia, età in cui si spengono molti desideri e bisogni e ci si accontenta di poco. Ma la prospettiva della vecchiaia, e della morte che ne segue, è di incitamento, a chi è ancora nel "pieno dell'età", ad agire, a vivere senza accontentarsi, a impegnarsi in scelte e azioni significative per sé e gli altri.

Ai vecchi
tutto è troppo.
Una lacrima nella fenditura
della roccia può vincere
la sete quando è così scarsa. Fine
e vigilia della fine chiedono
poco, parlano basso.
Ma noi, nel pieno dell'età,
nella fornace dei tempi[1], noi? Pensaci.

da *Dal fondo delle campagne*, in *Poeti italiani del Novecento*, a cura di P.V. Mengaldo, Oscar Mondadori

1 nella fornace dei tempi: nel pieno della vita e delle attività dell'esistenza.

Edvard Munch, *Autoritratto: uomo che passeggia di notte* (particolare), 1923-1924 (Oslo, Munch-museet).

competenze alla prova

LEGGO E...

... COMPRENDO

1 **Che cosa significa che per i vecchi "*tutto è troppo*"?**

- ☐ Che i vecchi si accontentano di poche cose
- ☐ Che i vecchi stanno per morire
- ☐ Che i vecchi rimpiangono la giovinezza
- ☐ Che i vecchi hanno paura del domani

2 **La "*lacrima nella fenditura della roccia*" indica:**

- ☐ che il dolore è sempre presente
- ☐ che l'angoscia della morte è sempre presente
- ☐ che un piccolo bisogno può essere soddisfatto da una piccola cosa
- ☐ che si fa sentire il ricordo delle persone che non ci sono più

3 **Che cosa indica la "*fine*"?**

- ☐ La malattia
- ☐ La morte
- ☐ Il pensiero della morte
- ☐ La speranza

4 **Che cosa indica la "*vigilia della fine*"?**

- ☐ La vecchiaia
- ☐ Il rimpianto
- ☐ L'imminenza di una malattia
- ☐ La delusione

5 **Che cosa significa "*parlare basso*"?**

6 **A chi sono contrapposti i vecchi?**

- ☐ Ai morti
- ☐ Ai bambini
- ☐ Alle persone nel fiore degli anni
- ☐ Alle persone che stanno per diventare vecchie

... RICAVO DAL TESTO

7 **Il poeta usa una metafora per indicare il fervore della vita dei giovani, il loro essere attivi e partecipi agli avvenimenti storici. Quale?**

8 **Questa immagine è associata a un elemento. Quale?**

- ☐ Acqua
- ☐ Terra
- ☐ Aria
- ☐ Fuoco

Sapresti spiegare perché?

... ANALIZZO E INTERPRETO

9 **I vecchi si dissetano con poco: che cosa vuol significare questa immagine, secondo te?**

10 **Che cosa rende triste e stanca la condizione degli anziani?**

11 **Nei versi "*Ma noi, nel pieno dell'età ... noi?*" manca il verbo. Perché?**

- ☐ Il poeta lascia sottintendere che i giovani non provano gli stessi sentimenti degli anziani
- ☐ Il poeta non sa che cosa dire
- ☐ Il poeta prova rispetto, ma anche pietà per gli anziani
- ☐ Il poeta critica i giovani che non si curano degli anziani

12 **La poesia termina con "*Pensaci*". Il poeta rivolge al suo interlocutore**

- ☐ un invito a riflettere su che cos'è la vita
- ☐ una domanda sul futuro
- ☐ una critica ai giovani
- ☐ un ammonimento a chi è deluso

13 **Chi è, secondo te, l'interlocutore del poeta?**

- ☐ La donna amata
- ☐ Un amico
- ☐ Un anziano
- ☐ Tutti i lettori

LE FORME

14 **Che tipo di verso è usato dal poeta?**

15 **Sono presenti rime?**

16 **Che figura retorica è presente in "*nella fenditura / della roccia*"?**

- ☐ Anastrofe
- ☐ Chiasmo
- ☐ Allitterazione
- ☐ Enjambement

17 **Com'è, a tuo giudizio, il linguaggio della poesia?**

ORA SCRIVO IO

18 **Descrivi una persona anziana che conosci, delineandone il carattere, l'aspetto, i gusti, i passatempi.**

Alda Merini

Alda Merini nasce a **Milano** nel **1931**, città profondamente amata in cui vive sino alla morte.
Inizia a comporre sin da giovanissima, incoraggiata da Giacinto Spagnoletti, critico letterario e poeta.
La sua prima raccolta, *La presenza di Orfeo*, pubblicata nel 1953, è accolta dalla critica con interesse. Affetta dalla sindrome bipolare, viene più volta internata in manicomio, esperienza da lei descritta come devastante. Dopo anni difficili per problemi di salute e per i rifiuti editoriali, negli anni Ottanta Alda Merini inizia a ottenere successo e riconoscimenti. Vince il premio *Librex-Guggenheim "Eugenio Montale"* per la poesia nel 1993, attribuito in precedenza a Caproni, Bertolucci, Luzi e altri grandi poeti italiani. Si dedica anche a spettacoli teatrali e tournées in Italia: la più famosa resta, nel 2004, *Milva canta Merini*, una rassegna cantata dei suoi principali testi poetici.
Muore a Milano nel **2009**.

L'opera

La produzione della Merini ha assunto aspetti quasi "fluviali" (Testa), visto il **gran numero di raccolte e opere** prodotte soprattutto negli ultimi due decenni. Ricordiamo, oltre il testo d'esordio *La presenza di Orfeo* (1953), le raccolte *La Terra Santa* (1984), *L'altra verità. Diario di una diversa*, che riguarda la sua drammatica esperienza in manicomio (1986), *La pazza della porta accanto* (1995), *Padre mio* (2009), e infine gli *Aforismi* (1993).

I temi

La vita della poetessa è stata profondamente segnata dai disturbi mentali e dall'esperienza dell'internamento in ospedali psichiatrici, vissuta come solitudine e al tempo stesso come fonte di ispirazione.
Alda Merini si sente simile a una **profetessa** che vede e sa andare oltre le apparenze di una realtà superficiale fatta di convenzioni e ipocrisia: la sua parola e la sua visione squarciano questa dimensione comunemente accettata proiettando sulla vita terrena significati ultraterreni. La Merini si serve di **potenti simbologie**, tratte soprattutto dal Vecchio Testamento, da cui ricava immagini e un lessico mistico e sacrale.

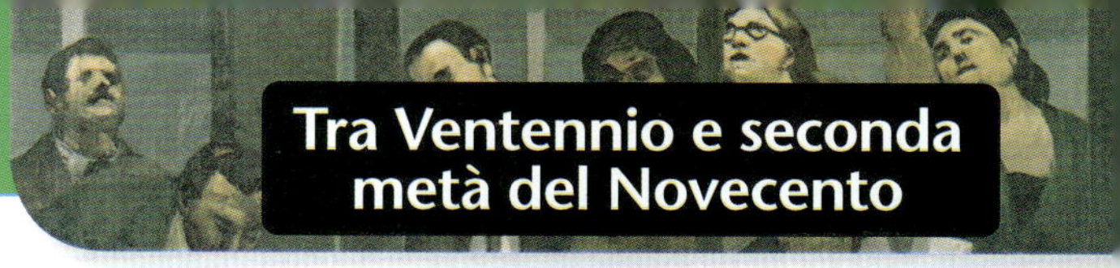

Il manicomio è una grande cassa

La poesia seguente è tratta da *La Terra Santa*, la raccolta con cui Alda Merini ritorna a scrivere dopo un periodo di silenzio dovuto alla malattia e all'internamento in manicomio. La raccolta è considerata il suo capolavoro. Attraverso una poesia visionaria e simbolica, la poetessa racconta la sua esperienza di follia e di reclusione nell'ospedale psichiatrico. Anche in questo testo viene impiegato il simbolismo biblico, frequente nelle sue opere.

Il manicomio è una grande cassa
di risonanza
e il delirio diventa eco
l'anonimità[1] misura,
il manicomio è il monte Sinai[2],
maledetto, su cui tu[3] ricevi
le tavole di una legge
agli uomini sconosciuta.

da *La Terra Santa*, in *Dopo la lirica. Poeti italiani 1960-2000*, a cura di E. Testa, Einaudi

1 anonimità: la perdita della propria identità; questa situazione caratterizza i malati di mente.

2 monte Sinai: secondo il Vecchio Testamento, è il monte dove Mosè ha ricevuto dal Signore le tavole su cui erano incisi i dieci comandamenti.

3 tu: si tratta di un tu generico; il riferimento è ai pazzi, scelti da Dio per comunicare con gli uomini.

competenze alla prova

LEGGO E...

... COMPRENDO

1. Il manicomio viene definito in due modi: quali?
2. A che cosa fa riferimento, nel terzo verso, il "delirio"?
3. Secondo la poetessa, in che cosa si trasforma l'anonimità?
4. Che cosa si riceve sul monte Sinai?

... RICAVO DAL TESTO

5. Quando la poetessa dice che il delirio diventa eco e l'anonimità misura, a quale situazione si riferisce?

... ANALIZZO E INTERPRETO

6. Nonostante la loro malattia, i malati di mente del manicomio possono essere visti come degli "eletti" dal Signore. Spiega con parole tue che cosa intende dire la poetessa.
7. Quando l'autrice sostiene che le leggi sono sconosciute agli uomini, che cosa intende affermare?
   - ☐ Che gli uomini si comportano generalmente male
   - ☐ Che chi non vive nel manicomio non ne conosce le leggi
   - ☐ Che solo il folle vede quello che gli uomini comuni non vedono
   - ☐ Che gli esseri umani non rispettano le leggi

LE FORME

8. La poesia è caratterizzata dalla ripetizione in particolare di una figura retorica, quale?
   - ☐ Anastrofe
   - ☐ Onomatopea
   - ☐ Chiasmo
   - ☐ Enjambement

   Motiva la tua risposta.

ORA SCRIVO IO

9. Svolgi una breve ricerca sull'episodio, narrato nel Vecchio Testamento, relativo alla presenza di Mosè sul monte Sinai.

FACCIAMO IL PUNTO

Come il contemporaneo Neorealismo letterario, la pittura di Renato Guttuso (1912-1987) ha una spiccata attenzione alla realtà dei più umili e, insieme, un forte carattere di **denuncia sociale**.
La tela *Occupazione delle terre incolte in Sicilia* fa riferimento ai moti popolari scoppiati negli anni Quaranta contro una delle secolari piaghe del Sud, il latifondismo, lotta che il pittore sente in modo particolare in quanto anch'egli siciliano e di modesta condizione. La speranza di una nuova stagione di riforme assume nella tela quasi il **risvolto epico** di una lotta contro ogni ingiustizia. Il pittore usa colori accesi, dispone le figure nello spazio con forza ed energia, le linee delle figure sono mosse e drammatiche. Il risultato è realistico. Guttuso rigetta infatti le suggestioni pittoriche delle avanguardie, ma anche la retorica di certi artisti vicini al fascismo.

Renato Guttuso, *Occupazione delle terre incolte in Sicilia*, 1949-1950 (Berlino, Stiftung Archiv der Akademie der Kunste).

A Come nella letteratura e nel cinema del Neorealismo, protagonisti dell'opera sono contadini, braccianti, diseredati. Non vi è paternalismo nella loro rappresentazione, ma il senso della **dignità umana offesa**.

B Nella tela compaiono anche alcune donne. La loro rappresentazione è ben lontana dagli ideali di compostezza e di bellezza dell'arte classica: si tratta di **donne del popolo**, vestite con abiti ordinari, umili nell'atteggiamento, provate dal lavoro e dalle difficoltà della vita.

C L'artista rappresenta anche alcuni **bambini e ragazzi**. A sinistra nella tela una bambina stringe tra le braccia un neonato e lo bacia, con affetto materno. La visione della realtà non esclude i più deboli, principali vittime delle ingiustizie sociali e degli eventi storici.

competenze alla prova

1. **In quali opere di questa sezione gli autori, come nel quadro di Guttuso, prendono le parti del popolo, addirittura condividono le ragioni della rivolta?**
2. **In quale dei brani letti la figura femminile si impone anche in azioni di rivolta?**
3. **Come nella letteratura neorealistica, Guttuso lascia spazio anche ai bambini. In quali brani letti compaiono bambini e adolescenti?**
4. **Nel Novecento, la vita contadina è rappresentata con realismo, cioè con attenzione alle dure condizioni di vita dei braccianti e dei piccoli agricoltori. Quali autori rappresentano la realtà dei tempi in questo modo?**
5. **La questione meridionale emerge in alcuni autori legati al Neorealismo. Di chi si tratta in particolare?**

La narrativa contemporanea

Dalla fine del Novecento a oggi

ah il mio sonno; e ah? e involuzione? e ah? e oh?
[devoluzione? (e uh?)
e volizione! e nel tuo aspetto e infinito e generantur!

da E. Sanguineti, *ah il mio sonno…*, in *Laborintus*, 1956

L'arte e la narrativa degli anni del boom economico si interrogano sulla **società del benessere** e sugli aspetti consumistici della realtà. A un miglioramento materiale delle condizioni di vita, successivo alla fine della Seconda guerra mondiale, corrisponde una **crisi di valori e di ideali** che lascia l'essere umano incerto e disorientato.

La figura femminile dell'opera di Douane Hanson, del 1969, presenta nei suoi aspetti di mostruosità l'apparente normalità di un gesto quotidiano: fare la spesa in un supermercato. La donna ha lo sguardo vuoto, il suo incedere trionfale all'interno del supermercato è l'assurda rivincita della casalinga che fa dell'acquisto il momento più emozionante di un'esistenza piatta e senza prospettive.

Douane Hanson, *Supermarket Lady*, 1969. Resina in poliestere con vestiti e oggetti reali (Acquisgrana, Ludwing Forum).

Il contesto storico

Dopo la contestazione

Gli ultimi decenni del Novecento presentano nuovi aspetti politici e culturali. Entrano infatti in crisi molti elementi che avevano caratterizzato gli anni '60 e '70: in particolare perde consistenza la **contestazione giovanile** culminata nel '68 e con essa viene meno progressivamente la cultura dell'impegno sociale e politico. Si spengono anche le tensioni dovute al terrorismo che negli anni '60 e '70 aveva insanguinato molti paesi europei, tra cui l'Italia, dove erano attive le Brigate Rosse (questo periodo viene indicato con l'espressione "anni di piombo").

Il crollo del muro di Berlino

Sul fronte internazionale, una data che rappresenta uno spartiacque è il **1989**, anno del crollo del muro di Berlino. Si dissolvono uno dopo l'altro gli Stati comunisti dell'Est europeo e finisce la guerra fredda che, dal 1945, aveva opposto il blocco atlantico ai paese alleati dell'Unione Sovietica.
L'Europa si fa sempre più unita: dal 1991 la Comunità Economica Europea lascia il posto alla Comunità Europea, che dal 1° dicembre 2009, con l'adozione del Trattato di Lisbona, diventa **Unione Europea (UE)**. Nel 2013 gli Stati membri sono 28. L'Italia ne è stata uno dei paesi fondatori.

La caduta del Muro di Berlino (9 novembre 1989).

Wayne Thiebaud,
Fette di torta, 1963.

Una società spinta verso il consumismo

Nella seconda metà del Novecento si fa sempre più esasperata la ricerca del benessere, che si trasforma in una frenetica **corsa ai consumi**. Il tutto è accelerato dalla sempre maggiore influenza dei mezzi di comunicazione di massa, in particolare della televisione, che impone modelli di vita all'insegna del disimpegno e della ricchezza.
In Italia il sistema dei partiti viene travolto negli anni '90 dall'esplosione di **Tangentopoli**, originata da un insieme di indagini giudiziarie che mettono in evidenza la corruzione dilagante nella politica, senza però che si arrivi a una situazione di maggiore trasparenza e legalità. I primi decenni del nuovo millennio, in Italia, sono infatti caratterizzati dall'instabilità politica.

La globalizzazione

Sullo scenario internazionale, il fenomeno della **globalizzazione** cambia gli equilibri economici e sociali. A un crescente benessere dei paesi del nord del pianeta, si contrappongono le condizioni disperate dei paesi della cosiddetta "periferia" del mondo, in cui miseria, epidemie e analfabetismo condannano milioni di individui a condizioni di vita drammatiche. La **migrazione** costante dai paesi più poveri è diventata alla fine del millennio una vera emergenza.
Negli ultimi anni, la **recessione economica** mondiale ha colpito anche la classe media degli Stati "ricchi", creando notevoli sacche di incertezza e di povertà anche nei paesi occidentali.

Il contesto culturale

La fine della cultura dell'impegno

Gli anni dell'impegno sociale lasciano posto, come abbiamo visto, a una realtà apparentemente più disimpegnata e culturalmente più superficiale. Gli ultimi decenni del Novecento sono gli anni del **boom delle televisioni private**, con le televendite e programmi di massa come le telenovelas. In musica, dopo gli anni dei cantautori impegnati (come Fabrizio De Andrè, Francesco Guccini, Francesco De Gregori ecc.) si passa ai tormentoni da hit parade e alla disco-music, e più recentemente alla house e tecno.

Nuovi temi sociali

Solo negli ultimi anni, si assiste a una ripresa dell'impegno diretto dei cittadini, in **ambito politico e soprattutto ecologico**. Associazioni ambientaliste e movimenti civili lottano contro le grandi multinazionali accusate di devastare la natura e di sfruttare indiscriminatamente le risorse del pianeta senza preoccuparsi delle nuove generazioni. Alcuni movimenti si schierano a difesa dei diritti civili e umani, contro le scelte di governi spesso asserviti a interessi economici e finanziari.

Attivisti di Greenpeace manifestano contro i cambiamenti climatici.

La letteratura

In letteratura, l'industria culturale ha portato a una grande produzione narrativa in termini quantitativi. Non appare più chiara come un tempo la distinzione tra narrativa di qualità e narrativa di consumo. La contraddizione è tutta evidente nei *best sellers*, alcuni caratterizzati da raffinatezza e spessore culturale (si pensi a *Il nome della Rosa* di Umberto Eco), i più finalizzati all'evasione.

Alcuni autori italiani si distinguono per l'eleganza narrativa e la tensione morale delle loro opere.

Ricordiamo **Umberto Eco** e **Sebastiano Vassalli**, che rinnovano la tradizione del romanzo storico, **Antonio Tabucchi**, che attribuisce all'intellettuale un nuovo ruolo all'insegna dell'impegno sociale, **Maurizio Maggiani**, testimone della realtà degli ultimi, siano essi contadini, proletari, emigranti.

Altri narratori contemporanei sono **Vincenzo Consolo** che, attraverso una prosa intessuta di poesia, mette al centro delle sue opere la sua terra d'origine, la Sicilia; **Nico Orengo**, narratore attento al fascino del paesaggio e alla dimensione dell'infanzia e dell'adolescenza; **Alessandro Baricco**, artista poliedrico e di grande raffinatezza; **Susanna Tamaro**, scrittrice sensibile alla sfera dei sentimenti e dell'interiorità.

Umberto Eco

Nato ad **Alessandria** nel **1932**, si laurea all'università di Torino con una tesi sul filosofo medievale Tommaso d'Aquino. Studioso in particolare di filosofia e di letteratura medievale, ha svolto indagini anche sullo sperimentalismo in poesia e sulla comunicazione di massa. Per un breve periodo ha lavorato in RAI con l'incarico di rinnovare i programmi televisivi. Ha alternato l'attività di saggista e di docente universitario con quella di narratore.

L'opera

Eco ha ottenuto un successo mondiale nel 1980 con il romanzo *Il nome della rosa*, cui sono seguiti *Il pendolo di Foucault* (1988), sul mistero dei Templari, *Baudolino* (2000), racconto dei viaggi avventurosi dell'omonimo protagonista in un Medioevo ricco di insidie e di elementi fantastici, *Il cimitero di Praga* (2010), ambientato nell'Ottocento risorgimentale.

I temi

L'imponente opera di Umberto Eco spazia dalla saggistica alla narrativa. Nei romanzi prevale il taglio storico: un'ambientazione fedelmente ricostruita nei suoi elementi storici e sociali diventa lo sfondo per questioni filosofiche e **riflessioni culturali** di cui sono protagonisti personaggi ora reali ora inventati. Nella sua opera più nota, *Il nome della rosa*, Eco affronta uno dei grandi misteri letterari del Medioevo: la scomparsa del secondo libro della Poetica del filosofo greco Aristotele, che doveva trattare del riso e del comico. In un'epoca in cui la trasmissione dei testi avveniva nei conventi, a opera dei bibliotecari e degli amanuensi che ricopiavano le opere antiche, un'opera pagana sul riso era guardata con sospetto, perché contraria al senso religioso ufficiale.

Il nome della rosa è l'imponente affresco storico di un periodo travagliato, caratterizzato da conflitti religiosi, superstizioni, paure, ma anche un **thriller** avvincente, ambientato in un luogo solo in apparenza di preghiera e di pace. Eco, con stile accattivante, immerge il lettore in un'epoca in cui la cultura e la sua divulgazione sono controllate, spesso senza scrupoli, dai monaci bibliotecari.

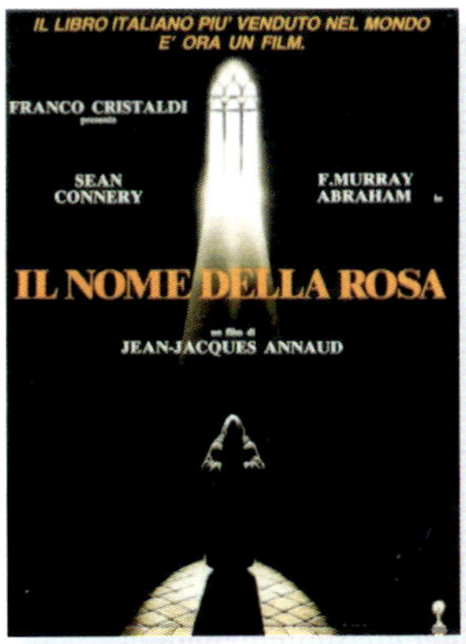

Locandina del film "Il nome della rosa" tratto dall'omonimo romanzo di Umberto Eco.

La morte di frate Venanzio

La vicenda si svolge nel secolo XIV in un imprecisato monastero benedettino dell'Italia settentrionale. Qui, durante un rigido inverno, si recano il giovane novizio Adso da Melk, protagonista e voce narrante, e il suo maestro, Gugliemo da Baskerville, un frate francescano inglese che, nonostante l'oscurantismo dei tempi, cerca di osservare la realtà con un atteggiamento razionale e con metodo deduttivo. Nel monastero si verificano misteriose morti, in un primo tempo interpretate come suicidi. Ma la verità è ben più drammatica: dietro ai delitti si nasconde il tentativo del frate bibliotecario, il venerabile Jorge, di non divulgare un'opera di Aristotele incentrata sul tema del riso.
Frate Guglielmo, appena arrivato nel monastero, è invitato dall'Abate a indagare su queste strane morti. Un primo frate, Adelmo, incaricato di miniare i codici della biblioteca del convento, sembra si sia suicidato cadendo da una finestra. Un secondo frate, Venanzio, viene ritrovato cadavere in una condizione che non fa pensare a un suicidio, ma semmai a un omicidio ben architettato.

Hugo Simberg, *Il giardino della morte*, 1896 (Helsinki, Ateneumin Taidemuseo).

Tra mattutino e laudi[1] il monaco non torna in cella, anche se la notte è ancora fonda. I novizi seguirono il loro maestro nella sala capitolare a studiare i salmi, alcuni dei monaci restarono in chiesa ad accudire agli arredi sacri, i più passeggiarono meditando in silenzio nel chiostro, e così facemmo Guglielmo e io. I servi dormivano ancora e continuavano a dormire quando, il cielo ancora scuro, ritornammo nel coro per le laudi. Ricominciò il canto dei salmi, e uno in particolare, di quelli previsti per il lunedì, mi ripiombò nei miei primitivi timori: "La colpa si è impadronita dell'empio, dell'intimo del suo cuore – non v'è timore di Dio negli occhi suoi – agisce con frode al suo cospetto – in modo che la sua lingua diventi odiosa." Mi parve di cattivo presagio che la regola avesse prescritto proprio per quel giorno un ammonimento così terribile. Né calmò i miei palpiti di inquietudine[2], dopo i salmi di lode, la consueta lettura dell'Apocalisse[3], e mi tornarono alla mente le figure del portale[4] che mi ave-

1 Tra mattutino e laudi: il mattutino è la preghiera che nei conventi avviene tra le 2,30 e le 3; le laudi tra le 5 e le 6.

2 i miei palpiti di inquietudine: le mie angosce, le mie paure. Chi narra è il giovane Adso, inquieto per la morte avvenuta nei giorni precedenti di frate Adelmo e per il clima non sereno che si vive nel convento.

3 Apocalisse: libro con cui si conclude il Nuovo Testamento.

4 portale: sul portale del convento sono raffigurate scene infernali che hanno spaventato il ragazzo.

vano tanto soggiogato il cuore e lo sguardo il giorno prima. Ma dopo il responsorio, l'inno e il versetto, quando stava iniziando il cantico del vangelo, scorsi dietro alle finestre del coro, proprio sopra all'altare, un chiarore pallido che già faceva rilucere le vetrate dei loro diversi colori, sino ad allora mortificati dalla tenebra. Non era ancora l'aurora, che avrebbe trionfato durante prima, proprio mentre avremmo cantato *Deus qui est sanctorum splendor mirabilis* e *Iam lucis orto sidere*[5]. Era appena il primo flebile annuncio dell'alba invernale, ma fu abbastanza, e fu abbastanza a rinfrancarmi il cuore la lieve penombra che nella navata ora stava sostituendo il buio notturno.

Cantavamo le parole del libro divino e, mentre testimoniavamo del Verbo venuto a illuminare le genti, mi parve che l'astro diurno[6] in tutto il suo fulgore stesse invadendo il tempio. La luce, ancora assente, mi parve rilucere nelle parole del cantico, giglio mistico che si schiudeva odoroso tra le crociere delle volte. "Grazie o Signore per questo momento di gaudio inenarrabile," pregai silenziosamente, e dissi al mio cuore "e tu stolto di che temi?"

All'improvviso alcuni clamori si levavano dalla parte del portale settentrionale. Mi domandai come mai i servi, preparandosi al lavoro, disturbassero così le sacre funzioni. In quel punto entrarono tre porcai[7], col terrore sul viso, e si appressarono all'Abate sussurrandogli qualcosa. L'Abate dapprima li calmò con un gesto, come se non volesse interrompere l'ufficio: ma altri servi entrarono, le grida si fecero più forti: "È un uomo, un uomo morto!" diceva qualcuno, e altri: "Un monaco, non hai visto i calzari?"

Gli oranti[8] tacquero, l'Abate uscì precipitosamente, facendo cenno al cellario che lo seguisse. Guglielmo andò dietro a loro, ma ormai anche gli altri monaci abbandonavano i loro stalli[9] e si precipitavano fuori. Il cielo era ora chiaro, e la neve per terra rendeva ancora più luminoso il pianoro. Sul retro del coro, davanti agli stabbi[10], dove dal giorno innanzi troneggiava il grande recipiente col sangue dei maiali, uno strano oggetto di forma quasi cruciforme spuntava dal bordo dell'orcio, come fossero due pali infitti al suolo, da ricoprire di stracci per spaventare gli uccelli.

Erano invece due gambe umane, le gambe di un uomo ficcato a testa in giù nel vaso di sangue.

L'Abate ordinò che si traesse dal liquido infame il cadavere (perché purtroppo nessuna persona viva avrebbe potuto restare in quella oscena posizione). I porcai esitanti si appressarono al bordo e bruttandosi di sangue ne trassero la povera cosa sanguinolenta. Come mi era stato detto, rimestato a dovere subito dopo esser stato versato, e lasciato al freddo, il sangue non si era raggrumato, ma lo strato che ricopriva il cadavere tendeva ora a solidificarsi, ne inzuppava le vesti, ne rendeva il volto irriconoscibile. Si appressò un servo con un secchio di acqua e ne gettò sul volto a quella misera spoglia. Qualcun altro si chinò con un panno a pulirne i lineamenti. E appare ai nostri occhi il volto bianco di Venanzio da Salvemec, il sapiente

5 *Deus... sidere*: si tratta di inni che venivano cantati nelle funzioni liturgiche: "Dio che è ammirevole splendore dei santi" e "Ormai sorto l'astro della luce" (cioè il sole). Il latino è la lingua della liturgia cristiana per tutta l'età medievale e anche successivamente.

6 astro diurno: il sole; cioè si fa giorno.

7 tre porcai: guardiani dei porci: nel convento lavorano infatti alcuni allevatori e contadini per provvedere ai bisogni materiali dei frati. Nei giorni in cui si svolge la vicenda i porcai avevano ucciso dei maiali e raccolto il loro sangue per fare sanguinacci e salumi.

8 oranti: coloro che pregavano.

9 stalli: seggi.

10 stabbi: stalle, recinti per il bestiame.

di cose greche con cui avevamo discorso nel pomeriggio davanti ai codici di Adelmo.
"Forse Adelmo si è suicidato," disse Guglielmo fissando quel volto, "ma non certo costui, né si può pensare che si sia issato per accidente sino al bordo dell'orcio e sia caduto per errore."
L'Abate gli si appressò: "Frate Guglielmo, come vedete qualcosa accade all'abbazia, qualcosa che richiede tutta la vostra saggezza. Ma vi scongiuro, agite presto!"
"Era presente in coro durante l'ufficio?" domandò Guglielmo additando il cadavere.
"No," disse l'Abate. "Avevo notato che il suo stallo era vuoto."
"Nessun altro era assente?"
"Non mi pare. Non ho notato nulla."
Guglielmo esitò prima di formulare la nuova domanda, e la fece in un sussurro, attento che gli altri non udissero: "Berengario[11] era al suo posto?"
L'Abate lo guardò con inquieta ammirazione, quasi a significare che egli fosse colpito al vedere il mio maestro nutrire un sospetto che egli stesso aveva per un istante nutrito, ma per più comprensibili ragioni. Poi disse rapido: "C'era, sta in prima fila, quasi alla mia destra."
"Naturalmente," disse Guglielmo, "tutto questo non significa nulla. Non credo che nessuno per entrare in coro sia passato dietro all'abside, e quindi il cadavere poteva già essere qui da varie ore, almeno da dopo che si era andati tutti a dormire."
"Certo, i primi servi si alzano con l'alba e per questo l'hanno scoperto solo ora."
Guglielmo si chinò sul cadavere, come se fosse uso a trattare corpi morti. Intinse il panno che giaceva accanto nell'acqua del secchio e deterse meglio il viso di Venanzio. Frattanto gli altri monaci si affollavano spaventati, formando un cerchio vociante[12] a cui l'Abate stava imponendo il silenzio. Tra di loro si fece strada Severino, a cui era affidata la cura dei corpi dell'abbazia, e si chinò presso il mio maestro. Io, per udire il loro dialogo, e per aiutare Guglielmo che aveva bisogno di aver un nuovo panno pulito intriso nell'acqua, mi unii a loro, superando il mio terrore e il mio disgusto.
"Hai mai visto un annegato?" chiese Guglielmo.
"Molte volte," disse Severino. "E se indovino quello che vuoi intendere, non hanno questo volto, i loro lineamenti sono gonfi."
"Allora l'uomo era già morto quando qualcuno lo ha buttato nella giara."
"Perché avrebbe dovuto far questo?"
"Perché avrebbe dovuto ucciderlo? Siamo di fronte all'opera di una mente distorta[13]. Ma ora occorre vedere se ci siano ferite o contusioni sul corpo. Propongo di portarlo nei balnea[14], di spogliarlo, lavarlo ed esaminarlo. Ti raggiungerò presto."
E mentre Severino, ricevuta licenza[15] dall'Abate, faceva trasportare il corpo dai porcai, il mio maestro chiese che i monaci fossero fatti rien-

11 Berengario: è il frate aiutante bibliotecario.
12 vociante: di persone che parlavano.
13 distorta: folle, malvagia.
14 balnea: bagni.
15 licenza: il permesso.

trare in coro seguendo la strada da cui erano venuti, e che i servi si ritirassero nello stesso modo, in modo che lo spiazzo rimanesse deserto. L'Abate non gli chiese il perché di questo suo desiderio e lo accontentò. Rimanemmo così soli, accanto all'orcio dal quale il sangue aveva debordato durante la macabra operazione di ricupero, la neve intorno tutta rossa, sciolta in più punti dall'acqua che era stata sparsa, e una gran chiazza scura dove il cadavere era stato disteso.

"Un bel pasticcio," disse Guglielmo accennando al gioco complesso di orme lasciato tutto intorno dai monaci e dai servi. "La neve, caro Adso, è una ammirevole pergamena[16] sulla quale i corpi degli uomini lasciano scritture leggibilissime. Ma questo è un palinsesto[17] mal raschiato e forse non ci leggeremo nulla di interessante. Da qui alla chiesa, è stato un gran accorrere di monaci, da qui allo stabbio e alle stalle sono venuti i servi a frotte. L'unico spazio intatto è quello che va dagli stabbi all'Edificio. Vediamo se troviamo qualcosa di interessante."

"Ma cosa vorreste trovare?" chiesi.

"Se non si è buttato da solo nel recipiente, qualcuno ve lo ha portato, immagino già morto. E chi trasporta il corpo di un altro lascia tracce profonde nella neve. E allora cerca se trovi qui intorno delle tracce che ti paiano diverse da quelle lasciate da questi monaci vociferatori che ci hanno rovinato la nostra pergamena."

Così facemmo. E dico subito che fui io, Dio mi salvi dalla vanità, che scoprii qualcosa tra il recipiente e l'Edificio. Erano impronte di piedi umani, abbastanza fonde, in una zona in cui nessuno era ancora passato e, come notò subito il mio maestro, più lievi di quelle lasciate dai monaci e dai servi, segno che altra neve vi era caduta, e quindi erano state lasciate tempo addietro. Ma ciò che più ci parve degno di interesse, era che tra quelle impronte si frammischiava una traccia più continua, come di qualcosa trascinato da chi aveva lasciato le impronte. In breve, una scia che andava dalla giara alla porta del refettorio, sul lato dell'Edificio che stava tra la torre meridionale e quella orientale.

"Refettorio, scriptorium[18], biblioteca," disse Guglielmo. "Ancora una volta la biblioteca. Venanzio è morto nell'Edificio, e più probabilmente nella biblioteca."

"E perché proprio nella biblioteca?"

"Cerco di mettermi nei panni dell'assassino. Se Venanzio fosse morto, ucciso, nel refettorio, nella cucina o nello scriptorium, perché non lasciarlo là? Ma se è morto nella biblioteca occorreva trasportarlo altrove, sia perché nella biblioteca non sarebbe mai stato scoperto (e forse all'assassino interessava proprio che fosse scoperto), sia perché l'assassino probabilmente non vuole che l'attenzione si concentri sulla biblioteca."

"E perché all'assassino poteva interessare che fosse scoperto?"

"Non so, faccio delle ipotesi. Chi ti dice che l'assassino abbia ucciso Venanzio perché odiava Venanzio? Potrebbe averlo ucciso, in luogo di chiunque altro, per lasciare un segno, per significare qualcosa d'altro."

16 pergamena: sottile pelle di pecora usata come foglio per scrivere.

17 palinsesto: foglio di pergamena riciclato, cioè cancellato e raschiato per essere impiegato nuovamente.

18 scriptorium: locale adibito alla scrittura e alla copiatura dei codici antichi.

19 Omnis ... scriptura: ogni creatura dell'universo è come un libro e una scritta.

20 Credo in unum Deum...: credo in un unico Dio.

"Omnis mundi creatura, quasi liber et scriptura...[19]" mormorai. "Ma di che segno si tratterebbe?"
"Questo è ciò che non so. Ma non dimentichiamo che ci sono anche segni che sembrano tali e invece sono privi di senso, come blitiri o bu-ba-baff..."
"Sarebbe atroce," dissi, "uccidere un uomo per dire bu-ba-baff!"
"Sarebbe atroce," commentò Guglielmo, "uccidere un uomo anche per dire *Credo in unum Deum*...[20]"

da *Il nome della rosa*, Bompiani

competenze alla prova

LEGGO E...

... COMPRENDO

1. **Che cosa stanno facendo Adso e frate Guglielmo quando arriva la notizia del ritrovamento del cadavere?**
2. **Chi reca la notizia del delitto?**
3. **A chi per primo viene riportata la notizia?**
   - ☐ A frate Guglielmo
   - ☐ Ad Adso
   - ☐ All'Abate
   - ☐ A Severino
4. **Dove viene ritrovato il cadavere?**
5. **Qual è la posizione del cadavere?**
6. **Di che cosa era esperto Venanzio?**
7. **Venanzio era presente durante il mattutino e le laudi? Sottolinea nel testo l'informazione.**

... RICAVO DAL TESTO

8. **In quale ora del giorno viene scoperto il cadavere di frate Venanzio? Sottolinea nel testo l'informazione che ti permette di rispondere.**
9. **Perché frate Guglielmo pensa che Venanzio non sia morto affogato?**
10. **Qual è la successiva deduzione che Guglielmo fa partendo da questo dato?**

... ANALIZZO E INTERPRETO

11. **Qual è l'atteggiamento di Adso all'inizio dell'episodio?**
    - ☐ Tranquillo e sicuro
    - ☐ Angosciato e inquieto
    - ☐ Indifferente
    - ☐ Cupo e misterioso
12. **Con quale atteggiamento Guglielmo affronta l'"indagine" sul cadavere di Venanzio? Descrivilo con parole tue.**
13. **A tuo giudizio, il modo di ragionare di Guglielmo assomiglia di più a quello di un:**
    - ☐ bibliotecario
    - ☐ poeta
    - ☐ detective
    - ☐ maestro
14. **Quando Guglielmo dice che la neve è come un foglio di carta pergamena, o meglio un palinsesto, che cosa intende dire?**
    - ☐ Vuol sottolineare la bellezza della natura
    - ☐ Fa un riferimento alle attività dei porcai
    - ☐ Intende dire che Venanzio era competente nel suo lavoro
    - ☐ Invita Adso a osservare bene la neve per scoprire delle tracce
15. **Con quale termine Guglielmo definisce i propri ragionamenti a proposito del cadavere? Sottolinea la parola nel testo.**
16. **Quale sospetto si fa strada alla fine del brano?**

LE FORME

17. **Quali dei seguenti elementi riconducono il brano al genere del romanzo storico?**
    - ☐ Descrizione degli usi e costumi del tempo
    - ☐ Uso del latino
    - ☐ Suspense
    - ☐ Finale a sorpresa
    - ☐ Elementi poetici
    - ☐ Accurata descrizione dell'ambiente

ORA SCRIVO IO

18. **Scrivi il riassunto del brano.**

Sebastiano Vassalli

Sebastiano Vassalli nasce a **Genova** nel **1941**. Si trasferisce da ragazzo a Milano dove studia e lavora. Inizia presto l'attività di scrittore privilegiando opere di carattere sperimentale, sia in poesia che in prosa. Nelle opere successive si avvicina a forme narrative più tradizionali. Carattere schivo, Vassalli lascia la città per ritirarsi a vivere in campagna.

L'opera

Dopo le prime opere a carattere sperimentale, Vassalli si dedica presto a libri-inchiesta, biografie e romanzi per lo più **a carattere storico**. Tra le biografie più note *La notte della cometa* (1984) racconta la vita del poeta Dino Campana; ai problemi dell'Alto Adige è dedicata l'inchiesta *Sangue e suolo* (1985). L'opera più famosa di Vassalli è *La chimera* (1990), storia di un'orfana, Antonia, nel Piemonte dell'inizio del XVII secolo. Dopo aver trascorso l'infanzia in un convento, Antonia viene adottata da contadini della campagna di Novara. Divenuta adulta, la ragazza non si integra nella vita del paese, a causa di invidie e sospetti: la gente la considera una strega e, come tale, Antonia viene condannata a morte dalla Santa Inquisizione.
Vassalli ha dedicato anche romanzi all'antichità latina (*Un infinito numero*, del 1999) e alle trasformazioni della società italiana tra Ottocento e Novecento (*Cuore di pietra*, del 1996).

I temi

Al centro delle opere di Vassalli vi è il **conflitto tra l'individuo e la società**. Il singolo viene spesso rifiutato e allontanato, se non corrisponde alle aspettative che la società ripone su di lui. Il poeta Dino Campana si pone come un disadattato in un mondo che non lo capisce. Antonia viene ingiustamente accusata di stregoneria da contadini incolti che vedono con sospetto la sua bellezza e il suo comportamento libero.
Lo sfondo delle opere di Vassalli è la **storia** che lo scrittore ricostruisce attraverso lunghe e meticolose indagini. L'ambiente così ricostruito serve da termine di confronto con la società dei nostri giorni.

La nascita di Antonia

**Il testo che segue è tratto dal romanzo *La chimera*, ambientato nella Novara del XVII secolo, all'epoca della dominazione spagnola in Italia.
Il romanzo racconta la vicenda di una giovane donna, Antonia, che viene accusata di stregoneria e condannata al rogo. La storia prende l'avvio dalla nascita di Antonia, che apre il primo capitolo del romanzo.**

Nella notte tra il 16 e il 17 gennaio 1590, giorno di Sant'Antonio abate, mani ignote deposero sul torno cioè sulla grande ruota in legno che si trovava all'ingresso della Casa di Carità di San Michele fuori le mura, a Novara, un neonato di sesso femminile, scuro d'occhi, di pelle e di capelli: per i gusti dell'epoca, quasi un mostro[1].

[1] **mostro**: l'autore si riferisce al fatto che, secondo i gusti dell'epoca, i neonati considerati belli erano di carnagione rosea e possibilmente di capelli e occhi chiari.

Rogo di tre streghe condannate a Derneburg, XVI secolo.

L'inverno era gelido, il mostro era avvolto in un brandello di coperta senz'altri indumenti specifici che gli riparassero le mani e i piedi e sarebbe certamente morto se una bayla (balia) in servizio temporaneo presso la Casa di Carità, tale Giuditta Cominoli da Oleggio, non avesse compreso, dall'abbaiare dei cani e da altri indizi, che qualcuno s'era avvicinato al torno e non si fosse alzata dal letto per andare a vedere, sfidando il freddo polare di quella notte senza luna; se non avesse suonato la campana che obbligava le inservienti della Casa ad alzarsi: attirandosi ogni genere d'improperi, càncari, malemorti[2] ed altre cortesie. Il mostro visse. Venne battezzato due giorni dopo il suo ritrovamento (era domenica) nella chiesetta medioevale di San Michele, annessa alla Pia casa, e si chiamò Antonia Renata Giuditta Spagnolini: Antonia, perché qualunque fosse stato il giorno in cui realmente aveva visto la luce, era rinata (Renata) sopra il torno il 17 gennaio, Sant'Antonio; Giuditta, in ricordo della bayla che l'aveva salvata dalla morte per assideramento, e che s'era presa cura di lei; Spagnolini, infine, perché il colore nero dei suoi occhi e la pelle scura avevano fatto pensare ad una diretta discendenza da qualcuno dei non pochi ufficiali e soldati spagnoli che costituivano la guarnigione di Novara[3] e che abitavano nel castello compreso dentro la cinta dei bastioni[4], a sud della città. A quell'epoca, si poteva ancora imporre col battesimo anche il cognome, oltre il nome: sicché in mancanza di padre accertato o presunto ci si poteva sbizzarrire a inventare un cognome, seguendo l'estro[5] o i segni zodiacali o le proprie private congetture[6] sull'origine del bambino, o quell'altro ancora che si voleva. Nel caso di Antonia l'invenzione fu facile[7]; anche se poi, a ben vedere, il colore degli occhi e della pelle e la precocità dei capelli non dimostravano proprio niente, e le origini di Antonia avrebbero anche potute essere diverse da quelle che il cognome alludeva. Alla fabbrica degli esposti, cioè dei bambini abbandonati sopra il torno, a Novara, lavoravano in molti oltre ai soldati spagnoli del presidio; a onor dei

2 càncari, malemorti: cancri e morti violente. Si tratta di maledizioni ed espressioni di malaugurio.

3 la guarnigione di Novara: gran parte dell'Italia, all'epoca, era sotto il dominio spagnolo.

4 cinta dei bastioni: mura che circondano la città.

5 estro: fantasia.

6 congetture: ipotesi.

7 l'invenzione fu facile: l'autore vuol dire che il colorito scuro, i capelli e gli occhi neri di Antonia hanno fatto supporre che suo padre fosse uno dei tanti soldati o ufficiali spagnoli che vivevano a Novara in quel tempo.

quali va anzi detto che talvolta, per orgoglio di sangue, per scrupoli religiosi e per chissà quali altri motivi, riconoscevano i loro figli illegittimi davanti al fonte battesimale ed all'altare. [...]

Novara, all'epoca della nascita di Antonia, era forse la più disgraziata in assoluto tra le molte disgraziatissime città che costituivano il regno disgraziato di Filippo II di Spagna[8]: i cui dominî, come già quelli di suo padre Carlo V, erano così vasti e sparsi per il mondo da giustificare il detto che "il sole non vi tramontava mai". I guai di Novara – cioè, i guai grossi: ché di guai minori ce n'erano sempre stati, come dappertutto – erano cominciati nel 1550; quando l'allora comandante generale delle truppe imperiali, don Ferrante Gonzaga, guardando la carta geografica aveva avuto un'illuminazione, e aveva deciso che proprio Novara, e nessun'altra città, avrebbe dovuto diventare la roccaforte dell'Impero contro la Francia[9] e gli Stati suoi alleati, nel centro-sud dell'Europa. Una città fortezza, cinta da mura inespugnabili: un baluardo[10] a prova d'assedio e di cannoni, che sbarrasse l'accesso alla pianura del Po dalla parte del Ducato dei Savoia, e delle valli alpine. Dal quartiere generale delle truppe imperiali erano giunti all'allora podestà[11] di Novara, gentiluomo Giovan Pietro Cicogna[12], ordini perentori[13] e insensati: provvedesse immediatamente a far distruggere i quartieri esterni, in cui risiedevano i tre quarti della popolazione civile, e a riutilizzare le macerie per rinforzare le mura, aggiungendovi nuovi contrafforti, nuovi bastioni, nuove opere di difesa; erano in gioco, oltre alla carriera personale del Cicogna, le sorti del conflitto, l'avvenire, l'Impero, il mondo intero. Il Cicogna, uomo ambiziosissimo, si buttò a capofitto in quell'adempimento[14] senza guardare in faccia a chicchesia, laico o ecclesiastico: distrusse tutto quello che doveva distruggere e poi anche cominciò a fortificare l'antica cerchia dei bastioni come gli era stato ordinato di fare; ma, arrivato a questo punto dell'impresa, si accorse di tre cose.
La prima fu che alla relativa facilità del distruggere non corrispondeva un modo altrettanto spedito[15] di riedificare e che per procedere alle opere di fortificazione volute dal Gonzaga occorrevano soldi: un mare di soldi.
La seconda cosa di cui il Cicogna si rese conto fu che il teatro del conflitto, mentre lui spianava i sobborghi di Novara, s'era spostato in modo irreversibile verso altre parti dell'Europa e del mondo, e così da questa seconda constatazione discese l'ultima: che Novara e le sue difese, se davvero in passato erano potute interessare a qualcuno, ormai non interessavano più. I lavori furono abbandonati e non ne restano tracce nel presente; del resto, si trattava di muraglioni di ciottoli, laterizi e calcina che ben difficilmente avrebbero potuto sostenere un vero assedio e che al primo tiro diretto delle artiglierie sarebbero crollati come scenari di cartone[16]: sicché anche dal punto di vista militare il progetto non era poi tanto buono. Novara giacque, stremata, in un mare di macerie.

da *La chimera*, Einaudi

8 il regno ... Spagna: Filippo II, re di Spagna dal 1555 al 1598, a causa della vastità dei territori posseduti dovette affrontare gravi problemi relativi alla difesa dei confini, alle tensioni interne e alle difficoltà economiche.

9 la Francia: la Francia, da sempre rivale della Spagna, si schierò con le Province Unite (le province a maggioranza protestante del nord dell'Olanda), che si erano ribellate a Filippo II.

10 baluardo: protezione, difesa.

11 podestà: governatore.

12 Giovan Pietro Cicogna: nobile dell'epoca, realmente vissuto.

13 perentori: che non ammettono repliche.

14 adempimento: esecuzione.

15 spedito: veloce, che non incontra impedimenti.

16 scenari di cartone: il paragone è con i fondali usati per le scenografie.

competenze alla prova

LEGGO E...

... COMPRENDO

1. **Chi è Antonia?**
2. **Perché si chiama così?**
3. **Perché le viene dato come cognome Spagnolini?**
4. **In quale data viene deposta dentro il torno?**
5. **Chi ve la depone?**
   - ☐ Giuditta Cominoli
   - ☐ Un soldato spagnolo
   - ☐ Il signor Cicogna
   - ☐ Qualcuno di cui non si conosce l'identità
6. **Per quale motivo Novara era a quell'epoca una città disgraziatissima?**
7. **Chi è Giovan Pietro Cicogna e quale decisione prende?**
8. **Per portare a buon fine la costruzione che egli intende realizzare, che cosa fa?**
   - ☐ Fa costruire nuovi edifici intorno ai bastioni
   - ☐ Fa distruggere gli edifici dei quartieri esterni per riutilizzare le macerie
   - ☐ Fa distruggere le mura già esistenti
   - ☐ Costruisce un nuovo castello
9. **Mentre è intento alla sua impresa, il Cicogna si accorge di tre cose. Quali?**

... RICAVO DAL TESTO

10. **All'epoca dei fatti Novara era sotto il dominio di una potenza straniera. Quale?**
   - ☐ Austria
   - ☐ Francia
   - ☐ Spagna
   - ☐ Portogallo

... ANALIZZO E INTERPRETO

11. **In quale tempo è collocata la vicenda?**
   - ☐ Nel periodo in cui è vissuto l'autore
   - ☐ Nel futuro
   - ☐ In un passato lontano da quello dell'autore
   - ☐ In un tempo indefinito
12. **Di Antonia viene data una descrizione fisica e una caratterizzazione sociale. Specificale entrambe.**
13. **Il passo che hai letto si divide in due parti che trattano due argomenti diversi.**
   - Individuali e segnalali a fianco del testo.
   - Quale differenza individui fra i due?
14. **A che cosa serve la seconda parte del testo?**
   - ☐ A presentare la protagonista
   - ☐ A precisare l'ambientazione storica della vicenda
   - ☐ A esprimere giudizi su particolari vicende storiche
   - ☐ A spiegare il motivo dell'esistenza della Casa di Carità
15. **Considerando i dati storici presenti nel testo, come potresti definirli?**
   - ☐ Sono frutto della fantasia di Vassalli
   - ☐ Nascono da un accurato lavoro di documentazione storica di Vassalli
   - ☐ Sono irrilevanti nel racconto
   - ☐ Sono uno sfoggio di cultura
16. **A che cosa contribuisce l'impiego del narratore esterno?**
   - ☐ A creare un'atmosfera poetica e magica, lontana nel tempo
   - ☐ A coinvolgere maggiormente il lettore nella vicenda
   - ☐ Non vi è narratore esterno, ma interno
   - ☐ A dare oggettività al racconto
17. **Sulla base delle risposte precedenti, a che tipo di romanzo appartiene questo testo?**
   - ☐ Romanzo sociale
   - ☐ Romanzo storico
   - ☐ Romanzo di formazione
   - ☐ Altro

   Indica almeno due elementi che motivino la tua risposta.

ORA SCRIVO IO

18. **Racconta il ritrovamento di Antonia dal punto di vista di Giuditta Cominoli in prima persona. Scegli se usare il presente o il passato e giustifica la tua scelta.**

Antonio Tabucchi

Antonio Tabucchi nasce a **Pisa** nel **1943**. Alterna l'attività di docente di letteratura portoghese in diverse università italiane alla passione per la scrittura. È considerato il principale studioso e traduttore italiano del poeta portoghese Fernando Pessoa, che tanto ha influenzato le sue opere. Dal 1985 al 1987 è stato direttore dell'Istituto Italiano di Cultura della capitale portoghese. Muore a Lisbona, da lui considerata come una seconda patria, il 25 marzo **2012**.

L'opera

La prima opera è *Piazza d'Italia*, del 1973. Il romanzo ripercorre la storia italiana dall'unità alla proclamazione della repubblica attraverso le vicende di una famiglia toscana di anarchici e comunisti. Tabucchi, come già Verga, adotta così la prospettiva degli ultimi, schiacciati dai grandi avvenimenti della storia, ma mai rassegnati. Altre atmosfere si incontrano in *Notturno indiano* (1987), il racconto del viaggio in India di un giovane alla ricerca di un amico, ma in realtà alla ricerca di se stesso. L'opera gli vale il *Prix Médicis* in Francia.
Ma il romanzo forse più famoso è *Sostiene Pereira, una testimonianza,* del 1994, mosso da un senso di profondo **impegno civile**. Sono gli anni in cui l'Italia è investita da Tangentopoli, ma anche dagli efferati delitti di mafia che hanno come vittime i magistrati Falcone e Borsellino. Dal romanzo, vincitore di numerosi premi in Italia e in Europa, è stato tratto l'omonimo film di Roberto Faenza interpretato da Marcello Mastroianni.

I temi

La produzione di Tabucchi è molto vasta e abbraccia problematiche diverse. Uno dei temi principali è la tensione morale che l'**intellettuale** vive nei confronti del potere e della politica. Il profondo **senso di responsabilità** che anima certi personaggi, come lo stesso protagonista di *Sostiene Pereira*, e la critica ai regimi che mortificano la libertà, soprattutto intellettuale, sono motivi radicati nell'opera di Tabucchi. Lo scrittore fu critico non solo verso i totalitarismi e le dittature, ma anche nei confronti delle disuguaglianze delle democrazie occidentali.

René Magritte, *Il senso della notte*, 1927 (Houston, The Menil Collection).

L'incontro con Marta

Il romanzo *Sostiene Pereira, una testimonianza* è ambientato nella Lisbona degli anni Trenta, all'epoca della dittatura fascista di Salazar. Il protagonista è Pereira, un anziano e indolente giornalista del quotidiano «Lisboa» che, dopo la morte dell'amata moglie, conduce una vita passiva e routinaria.
In seguito all'assunzione del giovane praticante Monteiro Rossi e alla conoscenza con Marta, la sua fidanzata, Pereira si trova suo malgrado coinvolto nella resistenza al regime.
Il momento di svolta si ha con la morte di Monteiro Rossi, ucciso in un pestaggio da parte della polizia politica. Pereira deve affrontare una difficile scelta: continuare la sua vita tranquilla senza prendere posizione, oppure denunciare all'opinione pubblica la morte del giovane. Pereira decide di pubblicare la notizia, mettendo così a repentaglio la propria vita.
Nel brano che riportiamo, Pereira fa la conoscenza di Marta. Per l'anziano giornalista comincia a incrinarsi il bozzolo di certezze in cui era vissuto sino a quel momento.
Tutto il romanzo è narrato come una testimonianza offerta da Pereira molti anni dopo. Da qui il sottotitolo "*una testimonianza*" e il ripetersi, nel testo, delle parole "sostiene Pereira".

La ragazza che arrivò, sostiene Pereira, portava un cappello di refe[1]. Era bellissima, chiara di carnagione, con gli occhi verdi e le braccia tornite. Indossava un vestito con delle bretelle che si incrociavano dietro la schiena e che mettevano in risalto le sue spalle dolci e ben squadrate.
Questa è Marta, disse Monteiro Rossi, Marta ti presento il dottor Pereira del "Lisboa", mi ha ingaggiato questa sera, da ora sono un giornalista, come vedi ho trovato lavoro. E lei disse: molto piacere, Marta. E poi, rivolta a Monteiro Rossi, gli disse: chissà perché sono venuta a una serata come questa, ma già che ci sono perché non mi fai ballare, mio tonto, che la musica è invitante e la serata magnifica?
Pereira restò solo al tavolino, sostiene, ordinò un'altra limonata e se la bevve a piccoli sorsi guardando i ragazzi che ballavano lentamente guancia a guancia. Sostiene Pereira che in quel momento pensò ancora alla sua vita passata, ai figli che non aveva mai avuto, ma su questo argomento non vuole fare ulteriori dichiarazioni. Dopo il ballo i ragazzi vennero a sedersi al tavolino e Marta, come se parlasse d'altro, disse: oggi ho comprato il "Lisboa", purtroppo non parla dell'alentejano[2] che la polizia ha massacrato sul carretto, parla di uno yacht americano, non è una notizia interessante, credo. E Pereira, che sentì un ingiustificato senso di colpa, rispose: il direttore è in ferie, è alle terme, io mi occupo solo della pagina culturale, perché sa, il "Lisboa" dalla prossima settimana avrà una pagina culturale, la dirigo io.
Marta si tolse il cappello e lo posò sul tavolo. Dal cappello uscì una cascata di capelli castani che avevano riflessi rossi, sostiene Pereira,

1 refe: filo di canapa o lino.
2 alentejano: persona proveniente dall'Alentejo, regione a sud del Portogallo.

dimostrava qualche anno in più del suo compagno, forse ventisei o ventisette anni, e così lui le chiese: e lei cosa fa nella vita? Scrivo lettere commerciali per una ditta di import-export, rispose Marta, lavoro solo la mattina, così il pomeriggio posso leggere, passeggiare e qualche volta vedere Monteiro Rossi. Pereira sostiene che trovò strano che lei chiamasse il giovanotto Monteiro Rossi, col cognome, come se fossero solo colleghi; comunque non obiettò e cambiò discorso e disse, tanto per dire: pensavo che lei fosse della gioventù salazarista. E lei?, replicò Marta. Oh, fece Pereira, la mia gioventù se n'è andata da un pezzo, quanto alla politica, a parte che non me ne interesso molto, non mi piacciono le persone fanatiche, mi pare che il mondo sia pieno di fanatici. Bisogna distinguere tra fanatismo e fede, rispose Marta, perché si possono avere degli ideali, per esempio che gli uomini siano liberi e uguali, e anche fratelli, mi scusi, in fondo sto recitando la rivoluzione francese, lei crede nella rivoluzione francese? Teoricamente sì, rispose Pereira; e si pentì di quel teoricamente, perché avrebbe voluto dire: praticamente sì; ma aveva detto in fondo quel che pensava. E a quel punto i due vecchietti della viola e della chitarra attaccarono a suonare un valzer in fa, e Marta disse: dottor Pereira, mi piacerebbe ballare questo valzer con lei. Pereira si alzò, sostiene, le tese il braccio e la condusse fino alla pista da ballo. E ballò quel valzer quasi con trasporto, come se la sua pancia e tutta la sua carne fossero sparite per incanto. E intanto guardava il cielo sopra le lampadine colorate di Praça da Alegria, e si sentì minuscolo, confuso con l'universo. C'è un uomo grasso e attempato che balla con una giovane ragazza in una piazzetta qualsiasi dell'universo, pensò, e intanto gli astri girano, l'universo è in movimento, e forse qualcuno ci guarda da un osservatorio infinito. Poi ritornarono al loro tavolino e Pereira, sostiene, pensava: perché non ho avuto dei figli? Ordinò un'altra limonata, pensando che gli facesse bene perché quel pomeriggio, con quel caldo atroce, aveva avuto dei problemi di intestini. E intanto Marta chiacchierava come se fosse completamente a suo agio, e diceva: Monteiro Rossi mi ha parlato del suo progetto giornalistico, mi sembra una buona idea, ci sarebbero un sacco di scrittori che sarebbe l'ora che se ne andassero, per fortuna quell'insopportabile Rapagnetta[3] che si faceva chiamare D'Annunzio se n'è andato qualche mese fa, ma anche quella beghina di Claudel[4], anche di lui basta, non le pare?, e certo il suo giornale, che mi sembra di tendenza cattolica, ne parlerebbe volentieri, e poi quel furfante di Marinetti[5], quel brutto tipo, dopo aver cantato la guerra e gli obici si è schierato con le camicie nere di Mussolini, sarebbe bene che ci la-

3 Rapagnetta: vero cognome del poeta italiano Gabriele D'Annunzio (1863-1938). Lo scrittore fu vicino al fascismo.

4 Claudel: Paul Claudel (1868-1955), scrittore e drammaturgo francese; impresse alla sua opera un forte dogmatismo religioso.

5 Marinetti: Filippo Tommaso Marinetti (1876-1944), poeta italiano legato al Futurismo.

sciasse anche lui. Pereira cominciò a sudare leggermente, sostiene, e sussurrò: signorina, abbassi la voce, non so fino a che punto si rende conto del luogo in cui ci troviamo. E allora Marta si rimise il cappello e disse: beh, io di questo posto sono stufa, mi sta dando ai nervi, vedrà che fra poco cominceranno a intonare marce militari, è meglio che la lasci con Monteiro Rossi, sicuramente avrete cose da discutere, intanto io vado fino al Tago[6], ho bisogno di respirare aria fresca, buonanotte e arrivederci.

da *Sostiene Pereira*, Feltrinelli

6 Tago: fiume che attraversa Lisbona.

competenze alla prova

LEGGO E...

... COMPRENDO

1. Dove si svolge la scena?
   - ☐ In una piazza
   - ☐ In una sala da ballo
   - ☐ In un hotel
   - ☐ In un parco
2. Quanti anni ha Marta?
   Ha più o meno anni di Monteiro Rossi? Sottolinea l'informazione nel testo.
3. Marta a un certo punto menziona un importante avvenimento storico del passato. Quale?
4. Marta cita tre scrittori dell'epoca. Indicali.
5. Che cosa fa alla fine Marta?
   - ☐ Canta
   - ☐ Balla con Pereira
   - ☐ Se ne va
   - ☐ Si mette a leggere il giornale

... RICAVO DAL TESTO

6. Da quale frase del testo puoi capire che Pereira non si interessa di politica?
7. Da che cosa puoi capire che Marta è in un certo senso una "rivoluzionaria"?
8. Qual è il giudizio implicito che Marta dà dei tre scrittori citati? Da che cosa lo puoi capire?

... ANALIZZO E INTERPRETO

9. Pereira a un certo punto parla di "fanatici". Cerca la definizione di "fanatismo" in un dizionario e riportala qui sotto.

   ....

   ....

   ....

   In che significato Pereira usa tale termine?
   - ☐ Politico
   - ☐ Religioso
   - ☐ Letterario
   - ☐ Sportivo
10. Marta distingue tra fanatismo e fede. Quale dei due termini è per lei positivo?
11. A quale concetto Marta avvicina l'idea di fede?
    - ☐ Alla religione
    - ☐ A Dio
    - ☐ Agli ideali
    - ☐ Al giornalismo
12. Dopo le parole di Marta, Pereira "*cominciò a sudare leggermente*". Di che cosa è indizio questa reazione?

ORA SCRIVO IO

13. Tutti gli interventi e le azioni di Marta sono all'insegna del rifiuto della situazione che sta vivendo e indicano il suo spirito ribelle. Quali passi del brano te lo fanno capire? Che personaggio è Marta? Prova a descriverla, così come puoi dedurre dal brano che hai letto e sulla base di ciò che immagini di lei.

Maurizio Maggiani

Maurizio Maggiani nasce a **Castelnuovo Magra**, in provincia di La Spezia, nel **1951**. La sua terra d'origine, posta tra Toscana e Liguria, tra monti e mare, lontana dai grandi centri industriali, ne condiziona fortemente l'opera. Nato in una famiglia modesta e cresciuto in un contesto proletario, Maggiani intraprende in giovinezza diversi mestieri, dal venditore al fotografo all'insegnante. La carriera di narratore si schiude con la vittoria a un concorso letterario promosso dal settimanale «L'espresso», nel 1987. In seguito alterna l'attività di **romanziere** con quella di collaboratore per alcuni giornali, anche se dichiara di non avere "né la costanza né la disciplina" per fare il giornalista. Lo scrittore cura il suo profilo nel sito www.mauriziomaggiani.it.

L'opera

L'opera di Maggiani è soprattutto legata alla narrativa. Dopo gli esordi, il romanzo che dà celebrità a Maggiani è il *Coraggio del pettirosso* (1995), con il quale vince il Premio Campiello e il Premio Viareggio. Seguono *La regina disadorna* (1998), *Il viaggiatore notturno* (2005), *Mi sono perso per Genova* (2007), *Meccanica celeste* (2010). Nel 2013 pubblica una raccolta dei suoi editoriali sul quotidiano "Il Secolo XIX" (*111 volte domenica: omelie pagane per il Secolo XIX*).

I temi

Le storie di Maggiani gravitano intorno alla realtà degli **umili**, poveri braccianti, artigiani, minatori, donne e uomini dotati di grande fierezza e forza interiore, spesso travolti dalle vicende della storia. Con stile analitico, ma al tempo stesso ricco di poesia, Maggiani racconta le complesse dinamiche della storia che coinvolgono e spesso travolgono i ceti subalterni, con la complicità delle politiche dei governi.

L'attenzione per i diritti dei più deboli e l'anelito a una **giustizia sociale** sono tra i suoi temi ispiratori. Per Maggiani la scrittura è il **potere straordinario dell'immaginazione** di dare voce a cose e persone che sarebbero presto dimenticate, inghiottite dallo scorrere del tempo.

René Magritte, *La chiaroveggenza*, 1936 (Collezione privata).

Il coraggio del pettirosso

Nel romanzo *Il coraggio del pettirosso* lo scrittore Maurizio Maggiani racconta, in forma autobiografica, la storia di Saverio, un giovane di origini italiane che vive ad Alessandria d'Egitto. Nel brano seguente Saverio rievoca un episodio della sua infanzia di cui è protagonista il padre, un semplice fornaio, originario di un paesino delle Alpi Apuane, da sempre animato da ideali di libertà e di uguaglianza.

Mi ricordo di una sua[1] storiella della buona notte, la favoletta che mi ha raccontato per anni – ricordo addirittura il tono della sua voce, l'inflessione del suo italiano[2] – per spiegarmi a suo modo come eravamo "noi libertari[3]"; non mi stancavo mai di starla a sentire e del resto credo che dovesse essere l'unica storiella che sapeva. Ero molto piccolo, si intende, e i miei genitori aspettavano che io mi addormentassi prima di scendere al forno a preparare il pane della notte.

Da dentro il mio letto lo chiamavo e lui si fermava accanto alla sponda[4] diritto su di me come un grande e ombroso eucalipto[5]. Non aveva mai voglia lui di fare quello che si vede così spesso nei film: di sedere al capezzale del proprio unico figlio: un po' perché il mio letto era assai alto – mia madre era molto preoccupata di tutti gli animaletti, a lei ignoti, che strisciavano, si arrampicavano e saettavano qua e là per la stanza – un po' perché la storia era molto breve e non valeva la pena di sedersi.

– Noi si è i pettirossi, Saverio.

Iniziava sempre così, bisbigliandomi dalla sua altitudine questa constatazione che a me suonava insieme misteriosa ed esaltante, non avendo mai visto un pettirosso e immaginandomelo come un uccello meraviglioso. – Noi libertari si è pettirossi, coraggiosi come quell'uccellino di tanto tempo fa che volle andare dal falchetto. Vuoi che te la conto ancora?

E non aspettava mai che io gli dicessi di sì.

– Allora, c'era questo pettirosso, piccolo che lo tenevi nel pugno della mano, ma con le sue idee che nessuno riusciva a togliergliele dal capo. Voleva volare in qua e in là a vedere il mondo, becchettare dove c'era da sfamarsi e non gli piaceva per nulla che gli avessero assegnato il suo posticino e morta lì[6]. Così che un giorno prese il coraggio a quattro mani e si presentò dal signor falchetto il re degli uccelli del bosco. "Vorrei il permesso, signoria[7], di andare un po' dove mi pare, tanto non darei fastidio a nessuno, piccolino come sono." Così gli disse e intanto gli tremavano tutte le penne. Il falchetto s'adombrò[8] immediatamente e fece la voce grossa: "Questa è una faccenda che non mi piace per nulla. Tu devi mettere la testa a posto e non star a disturbare con le tue pretese. Fila via o chiamo le gazze." E nel dirgli questo, senza neppure farci caso, gli diede una zampata che gli artigliò a sangue un'ala. L'aveva pagata cara quell'uccelletto la sua smania[9] di

1 sua: cioè del padre.

2 l'inflessione del suo italiano: cioè la cadenza tipica della Lunigiana, zona dell'alta Toscana dalla quale proviene il padre del protagonista.

3 noi libertari: il padre di Saverio è un anarchico, appartiene cioè a un movimento politico, attivo a partire dalla fine dell'Ottocento, che propugna una società senza governo e gerarchie, dove tutti sono uguali, liberi e autonomi.

4 sponda: parte che delimita il letto.

5 eucalipto: albero ad alto fusto.

6 morta lì: espressione colloquiale che significa "senza possibilità di cambiare".

7 signoria: vostra maestà, titolo onorifico.

8 s'adombrò: si incupì, si infuriò.

9 smania: forte desiderio.

libertà. Ma testardo com'era, in due o tre giorni era di nuovo in aria a volare. Certo, alla bell'e meglio, che arrancava dietro alla sua aluccia offesa tutto di sghimbescio. Sembrava diventato un pagliaccio tanto era buffo come si era ingegnato di volare con un'ala sola. E tutti gli uccelli giù a ridere. E ridevano a crepapelle anche il signor falchetto e le sue gazze. Così che dal gran ridere nessuno si accorgeva che a ogni giorno che passava il pettirosso volava sempre un po' più in alto e un po' più in là del posto che gli avevano assegnato. E il giorno che il falchetto se n'è accorto il pettirosso oramai volava così in su che dall'alto prese a bombardare sul capo il re degli uccelli a colpi di cacatine.

da *Il coraggio del pettirosso*, Feltrinelli

competenze alla prova

LEGGO E...

... COMPRENDO

1 Qual è la professione del padre di Saverio? Sottolinea nel testo il punto da cui ricavi l'informazione.

2 Descrivi il momento in cui il padre racconta a Saverio la favola.

3 Che cosa chiede il pettirosso al falchetto?

4 Come reagisce il falchetto alla richiesta del pettirosso?

5 Quale ruolo hanno le gazze?

6 Come termina la favola?

... RICAVO DAL TESTO

7 Come in tutte le favole, gli animali rappresentano vizi e virtù umane. Di che cosa sono simbolo i protagonisti di questa favola?

- Il falchetto ➲ ....
- Il pettirosso ➲ ....

... ANALIZZO E INTERPRETO

8 La favola raccontata dal padre al figlio istituisce un'analogia: i libertari sono come il pettirosso, esattamente come .... sono come il falchetto. Che cosa puoi sostituire ai puntini?

9 Spiega brevemente qual è l'insegnamento della favola.

10 Che collegamento c'è, a tuo avviso, tra questa favola e il titolo di tutto il romanzo?

LE FORME

11 L'autore descrive il padre accanto al suo letto dicendo che era "*diritto su di me come un grande e ombroso eucalipto*". Di quale figura retorica si tratta?

12 Come definiresti lo stile del testo?

- ☐ Colloquiale
- ☐ Formale
- ☐ Medio
- ☐ Specialistico

ORA SCRIVO IO

13 Dividi il testo in sequenze e, dopo aver assegnato a ciascuna un titolo, procedi alla stesura del riassunto, utilizzando gli opportuni connettivi.

UN MONDO DI PAROLE

14 Tra le parole seguenti, eventualmente utilizzando il dizionario, sottolinea quelle che hanno la stessa radice del termine libertà.

libellula - libero - libro - libertario - libbra - liberale - liberalità - liberto - liberare - libare

15 Analizza le due espressioni seguenti.

- Che cosa significa "*prese il coraggio a quattro mani*"?
- "*Gli tremavano tutte le penne*": nell'uso comune, quale termine compare al posto di *penne*?

FACCIAMO IL PUNTO

Maurizio Cattelan è un artista italiano contemporaneo (Padova, 1960) che ha conquistato fama internazionale con opere fortemente provocatorie e di notevole impatto. Cattelan ha rivoluzionato la **scultura**, sia per l'impiego dei materiali usati, per lo più tratti dalla vita di tutti i giorni (come nell'opera qui raffigurata), sia per i soggetti rappresentati.

Maurizio Cattelan, *Betsy*. Cera, resina poliestere, capelli naturali, vestiti, frigorifero.

In *Betsy* l'attenzione è centrata sulla vecchietta che sembra nascondersi in un comune frigorifero. La provocazione dell'artista è mettere insieme una donna della terza età, che rappresenta il passato, la tradizione, la memoria storica di un paese, e l'elettrodomestico che per eccellenza salvaguarda la freschezza dei cibi. L'insieme rappresenta il **contradditorio connubio tra antico e moderno**, tra consumismo dei tempi moderni, in cui la merce è il massimo dei valori, e l'individuo, che sembra privato della sua dignità interiore e spiritualità ed è fatto merce tra la merce.

A Il viso della vecchina è sorridente e disteso: nell'epoca del benessere tutti sembrano destinati alla gioia e alla serenità, anche se si tratta di una **condizione apparente** ed esteriore.

B Gli abiti della signora, il tailleur grigio e la camicetta di seta, sono l'espressione del **tipico abbigliamento borghese**, serio, dignitoso, ma molto spento. In contrasto appaiono più vivaci le verdure e gli altri alimenti colorati contenuti nel frigo.

L'ambiente è asettico: perfettamente pulito, con la superficie a specchio, ordinato. Si tratta di una tipica cucina occidentale in cui l'ordine, la pulizia, la quantità dei cibi contrasta con il vuoto di presenze umane e di calore della famiglia.

competenze alla prova

1. **Gli autori italiani di questa sezione operano una riflessione sulla realtà loro contemporanea attraverso due strade diverse: quella del romanzo storico e quella del romanzo impegnato. Quale degli autori letti ti sembra più critico verso i suoi tempi?**
2. **Nei brani letti, compare spesso un'accusa al potere che schiaccia l'intellettuale. Fai un esempio e commentalo.**
3. **Alcune delle opere che illustrano questa sezione presentano una forte critica alla società attuale: prova a fare un confronto tra l'opera di Maurizio Cattelan, *Betsy*, e uno dei quadri che servono a illustrare i brani qui proposti.**

Indice delle voci di glossario